国家文化产业资金支持媒体融合重大项目

Hulianwang
Jinrong Gailun

高等职业教育金融教学改革创新教材

互联网金融概论

第二版

崔满红 李照临 主编

东北财经大学出版社
Dongbei University of Finance & Economics Press
大连

图书在版编目（CIP）数据

互联网金融概论 / 崔满红，李照临主编．—2版．—大连：东北财经大学出版社，2020.8

（高等职业教育金融教学改革创新教材）

ISBN 978-7-5654-3888-2

Ⅰ．互…　Ⅱ．①崔…②李…　Ⅲ．互联网络-应用-金融-高等职业教育-教材　Ⅳ．F830.49

中国版本图书馆CIP数据核字（2020）第104460号

东北财经大学出版社出版

（大连市黑石礁尖山街217号　邮政编码　116025）

网　址：http://www.dufep.cn

读者信箱：dufep@dufe.edu.cn

大连市东晟印刷有限公司印刷　　东北财经大学出版社发行

幅面尺寸：185mm×260mm　　字数：260千字　　印张：12.75

2020年8月第2版　　2020年8月第1次印刷

责任编辑：李丽娟　韩敌非　徐　群　　责任校对：齐　力

封面设计：冀贵收　　版式设计：钟福建

定价：32.00元

教学支持　售后服务　　联系电话：（0411）84710309

版权所有　侵权必究　　举报电话：（0411）84710523

如有印装质量问题，请联系营销部：（0411）84710711

第二版前言

2013年是中国互联网金融元年，互联网金融这一概念被大众普遍接受，互联网金融的各种业态随即出现。互联网与金融的深度融合是大势所趋，其对金融产品、业务、组织和服务等方面产生了深刻的影响。互联网金融对促进小微企业发展和扩大就业发挥了现有金融机构难以替代的积极作用，为大众创业、万众创新打开了大门。随着互联网金融在国内的蓬勃发展，越来越多的创业者进入这一领域。

由于互联网金融领域的相关教材不多，且有些内容不适应高等职业院校学生的特点，为了更好地满足互联网经济背景下对互联网金融相关教材的迫切需求，经过长时间的酝酿准备与论证后，山西金融职业学院与相关互联网金融机构合作编写了《互联网金融概论》一书。本教材发行两年多以来，得到了教师和学生们广泛采用和好评。本次我们依据互联网金融领域新的形势与政策以及市场的变化，进一步修订完善内容，努力使之成为一部精品教材。

修订后本书的主要特色有：

1.理论够用，突出实训。本教材紧跟国家最新政策，涵盖了当前互联网金融领域的最新内容，注重在实训中强化学生对基本概念和基本知识的掌握和运用。

2.校企合作开发教材。我们深入互联网金融企业进行调研与交流，理论与实践相结合，收集整理最新案例，与相关企业合作开发本教材。本教材因材施教，与就业对接，有针对性地培养社会需要的人才。

3.引入二维码数字技术。将有助于进一步理解本书有关知识点的拓展内容及相关视频等内容，以二维码的形式嵌入教材，学生通过手机扫描二维码，可以阅读相关内容或观看相关视频，以增强学生自主学习和情景学习的效果。

本教材由崔满红教授和山西金融职业学院李照临副教授担任主编，一起负责总体设计，制定大纲。山西工商学院创新创业学院院长、山西金融职业学院客座教授李志锋博士和校企合作的有关专家与山西金融职业学院的几位老师共同参与了本书的编写工作。具体编写分工如下：李志锋编写第一章互联网金融概述；李金秋编写第二章电子货币；于鸿飞编写第三章互联网银行；李照临编写第四章互联网证券和第九章大数据金融；刘洁编写第五章互联网保险；胡静编写第六章第三方支付；朱宇蕊编写第七章P2P网络借贷；李书婷编写第八章众筹和第十章互联网金融风险与监管；最后由主编对全书统一加工、整理，并总纂定稿。

本书的编写得到了山西省互联网金融协会、山西辰典电子商务有限公司、易宝支付有限公司山西分公司、山西省中小企业金融信息服务股份有限公司、上海市锦天城（太原）律师事务所等互联网金融企业的领导和专家的关心和支持，在此一并向他们表示衷心的感谢！

本教材在编写、修订过程中，参阅了大量的国内外相关文献、数据资料和案例，其中大部分以主要参考文献的形式作了列示，在此向原作者特别致谢。少数因为出处不详等原因无法列示，敬请作者谅解。

由于编写修订时间较短，加之编者水平有限，修订后的教材仍难免有不足之处，欢迎各院校师生、互联网金融领域的同仁和广大读者不吝赐教。

编　者

2020年6月

目 录

第一章
互联网金融概述

学习目标

知识目标：了解互联网金融发展的背景和趋势，理解互联网金融的概念，掌握互联网金融的功能。

能力目标：能够识别互联网金融的类型。

案例导入

互联网金融是什么？

媒体上不断出现有关互联网公司开展金融业务或金融公司技术形式互联网化的新闻。总之，“互联网金融就是未来”。目前对互联网金融的研究多从技术和市场角度展开，认为其是科技与数据金融的结合。但如此理解，可能有所偏颇。当从行为主体和参与形式的角度来理解时，互联网金融有着更大的普惠和民主金融的意义。

什么是互联网金融呢？可能是这样一个场景：每个人作为其中的个体，都有充分的权利和方式参与到金融活动之中，在信息相对对称的情况下平等自由地获取金融服务，逐步实现金融上的充分有效性和民主化。互联网技术的发展使这样的蓝图成为可能，尤其是数据产生、数据挖掘、数据安全和搜索引擎技术，都是互联网金融的有力支撑。

社交网络、电子商务、第三方支付、搜索引擎等应用产生了庞大的数据量；云计算和行为分析理论使大数据挖掘成为可能；数据安全技术使隐私保护和交易支付顺利进行；搜索引擎使个体更加容易获取信息。这些技术的发展极大地减少了金融交易的成本并降低了风险，扩大了金融服务的边界。其中，技术实现所需的数据几乎成了互联网金融的代名词。

资料来源：李均：互联网金融的真正含义［EB/OL］.［2019-12-15］. http：//tech.163.com/13/0315/01/8PVJPPUG000915BF.

第一节 互联网与互联网金融的崛起

互联网金融是基于互联网技术的发展而产生的一种新的金融形态。自21世纪以来，在金融的发展与变迁中，明显体现出现代金融发展的一些新特征：一方面是经济金融化和金融全球化，金融渗透到经济的每一个方面，并蔓延至全球；另一方面是金融的科技化，科技与信息技术尤其是大数据和人工智能等新兴技术对金融创新过程的渗透力与推动力日益增强，科技创新已经成为金融发展的重要物质手段。智能手机的发展使21世纪的世界由互联网时代升级为移动互联网时代。中国互联网协会发布的《中国互联网发展报告（2019）》显示，截至2018年年底我国网民规模达到8.29亿人，全年新增网民5 663万人，互联网普及率达59.6%，较2017年上升3.8个百分点。中国成为移动互联网的第一大国。截至2019年6月30日，全球网民的数量达到44.22亿人，其中亚洲网民数量占全球网民的50%。在这次以移动互联网为特征的互联网革命中，一个突出的特征和里程碑就是互联网金融（ITFIN）的崛起。第三方支付、P2P、众筹、比特币等互联网金融形式相继出现，并呈现迅猛发展的趋势。2013年被称作中国互联网金融元年。2014年，李克强总理在《政府工作报告》中首次提出“互联网金融”的概念。互联网金融作为普惠金融的一种形式，已成为中国国家金融发展战略的有机组成部分。

一、互联网时代

（一）计算机与互联网

互联网依赖于计算机技术，而计算机的产生是源于第二次世界大战期间军事的需要。1946年，世界上第一台电子计算机在美国宾夕法尼亚大学的莫尔电机学院诞生，称为ENIAC。随后，越来越多的高性能计算机被研发出来。互联网与计算机一样，产生于军事竞赛的需要。

知识链接1-1　互联网的产生

1967年，美国国防部为了防范苏联对军事指挥中心的袭击，开始建立分散的指挥系统和它们之间的通信网。美国科学家拉里·罗伯茨和鲍勃·泰勒第一次提出了“ARPANET”，即阿帕网，其被称为互联网的鼻祖。通过ARPANET对大学、商业等非军事领域的开放，大学和研究部门出现了各种新的基于计算机的网络。1991年，欧洲粒子物理研究所科学家蒂姆·伯纳斯·李（Tim Berners Lee）开发出万维网（Word Wide Web，WWW）及浏览器软件，并将此发明无私地献给了全世界。万维网实现了世界史无前例的大规模的交流，改变了人类的商业模式和生活方式，蒂姆·伯纳斯·李因此被称为“互联网之父”。1967年到1993年是互联网的萌芽期，在这个时期，互联网主要用于军事或技术领域。从1993年开始，互联网因为多媒体浏览器的问世而走进大众的生活。

资料来源：佚名. 蒂姆·伯纳斯·李——互联网之父［EB/OL］.［2020-01-10］. http：//www.twwtn.com/detail_120596.htm.

（二）互联网与“互联网+”

从1986年中国发出第一封国际电子邮件开始，互联网真正进入中国。在互联网进入中国的第一个十年，互联网更多应用于科学技术领域，一般的生产、流通和生活领域还没有深刻地被互联网影响；第二个十年，互联网作为一种工具或渠道与传统产业融合，产生了搜狐、网易、新浪等门户网站，还有游戏和电商等与互联网关联的行业，主要是通过门户网站或前台界面解决人与信息的关系，没有深入到改变业务流程的后台；第三个十年，互联网的发展进入深水区，逐步开始与传统产业发生关系，融合线上与线下，并深刻改变甚至在颠覆很多传统产业包括金融行业。

随着移动互联网的发展，互联网在推动经济和社会广泛、密切联系，提高生产和生活信息利用效率的同时，已经由一项新型技术发展成为经济社会发展的基础设施，成为推动社会和组织变革的力量，成为传统产业数字化转型的催化剂，互联网因此进入“互联网+”的时代。“互联网+”（Internet plus）是互联网化的意思，就是基于互联网的基础设施、社交媒体、移动互联网、数据分析和云计算等数字技术，从互联网产业不断向传统产业延伸、渗透，进而推动传统产业实现数字化转型的趋势。“互联网+”实现了万物互联，时间与空间、虚拟与现实都成为一种存在。手机智能化的出现，使手机作为移动终端成为人的智能化器官，让用户24小时持续在线。生活方式的变化推动了企业商业模式的变革，商业模式的变革推动了融资模式的变革。这场变革不仅仅是基于互联网技术的变革，更是因移动互联网的加入而带来的生产关系的变革，进而带来的思维再造、业务再造和模式再造。

小思考1-1

根据你在日常生活和学习中使用互联网的经历，思考一下“互联网+”对你有哪些影响。

（三）“互联网+”与互联网金融

互联网金融（ITFIN）的崛起，是金融发展与互联网技术矛盾与融合的产物。中国传统的金融以间接金融为主，大部分企业主要依靠银行贷款获得发展资金，而中小微企业由于规模小、缺乏固定资产、信用度低、抗风险能力弱等原因，很难从银行获得贷款的支持，对资本市场更是可望不可即。传统金融体制下产生的中小微企业“融资难、融资贵”的问题，严重影响着中国的经济转型和中小微企业的创新发展。传统金融体制的这些固有弊端和低效扭曲因素，为带有互联网基因和普惠特点的互联网金融的产生带来了机遇。此外，移动互联网具有的便利、快捷、24小时在线和大数据采集等优势，为通过大数据有效解决信息不对称、信用评估和风险控制带来了可能。

“互联网+金融”的互联网金融模式凭借移动互联网的基础设施，在为中小微企业提供普惠金融服务的环节和领域中应运而生。

互联网金融以互联网技术为基础，以服务中小微企业为目标，以第三方支付、P2P、众筹等为主要方式，打破了传统金融在服务地域和服务门槛方面的局限，能够在短时间内迅速扩大金融受众和聚集零散资金资源，低成本地提高金融服务的覆盖面和效率，在一定程度上解决了传统金融难以实现的中小微企业的金融服务成本和风险控制问题，因此获得了迅猛的发展。

二、互联网金融的崛起

2013年是中国互联网金融元年，所谓“元年”，是指在这一年互联网金融概念被普遍接受，第三方支付、网贷、众筹等互联网金融的各种模式和业态踊跃呈现，并达到一定的规模与高度。互联网思维与互联网金融对传统金融产生了较大的冲击。银行、券商、保险、基金等传统金融机构开始布局和进入互联网金融领域。

而中国互联网金融的实践其实远远早于这个时间。国内的第三方支付机构易宝支付、支付宝创立于2003年，P2P网贷的模式可以追溯到2007年的宜信和拍拍贷，众筹开始于2010年的点名时间。

（一）第三方支付发展状况

第三方支付是互联网金融崛起的源头，也是互联网金融发展的重要基础设施。2003年的“非典”促进了网上购物和电子商务的发展，并推动了线上支付工具的产生。作为线上信用担保和支付的工具，支付宝的发明和推广极大地促进了电子商务的发展，成为中国第三方支付的一次革命。截至2016年年底，我国共有第三方支付机构270家，以支付宝（阿里）、财付通（腾讯）为代表。随着“断直连”及备付金相关政策的实施，2018年，第三方市场进入稳步发展阶段，在人们的日常生活中，大众移动支付习惯已经养成，移动支付的应用场景大大拓展。

第三方支付机构可分为线下支付、线上支付和移动支付三种类型。根据益普索有关调研数据，个人类交易、线上消费类交易、线下消费类交易和金融类交易的第三方移动支付使用率分别为94%、81%、85%和21%。线下支付市场以银联的全资子公司——银联商务为代表，在2012年8.9万亿元的线下第三方支付规模中，银联商务占90%，占据行业领导地位。利用线下第三方支付的优势地位，银联在中国人民银行的指导下，携手各商业银行、支付机构共同开发建设非现金收付款移动交易结算工具——银联云闪付，于2017年12月11日正式发布并进入移动支付市场。在线上支付市场中，支付宝凭借电商平台的优势，在2012年以3.66万亿元的在线支付规模占据49%的市场份额。另外，还有以快钱、易宝支付、拉卡拉为代表的独立第三方支付机构，为细分市场的客户提供支付产品和支付解决方案。随着智能手机的发展，移动支付成为第三方支付发展最快的领域，据艾瑞咨询的数据，2018年中国第三方移动支付规模已达到190.6亿万元，支付宝、微信成为移动支付的领跑者。

同时，在第三方支付的发展过程中，非银行的移动支付机构增长迅速。艾瑞咨询发布的统计资料显示，2014年中国第三方移动支付市场交易规模达59 924.7亿元，同比增长391.3%。另据中国支付清算协会发布的“2015年支付体系运行总体情况”，2015年非银行支付机构累计发生网络支付业务821.45亿笔，金额为49.48万亿元，同比分别增长119.51%和100.16%。同期，银行业金融机构共发生网上支付业务363.71亿笔，金额为2 018.20万亿元，同比分别增长27.29%和46.67%。虽然银行业金融机构网上支付在规模上仍占主导地位，但非银行第三方网络支付呈现高速增长的态势，远远超过银行业金融机构。

随着第三方支付的快速发展和金融风险不断出现，第三方支付行业的规范也相继进入中国金融监管的范围。2010年6月，中国人民银行对外公布关于《非金融机构支付服务管理办法》。2011年5月18日，央行颁发首批业务许可证，支付宝、拉卡拉、快钱、付汇天下等27家企业获得支付牌照，第三方支付被正式纳入国家监管体系，拥有合法身份。2016年以来，第三方支付机构的规范化已纳入监管层的整治重点，2016年4月19日，中国人民银行下发《非银行支付机构分类评级管理办法》，对第三方支付机构进行分类评级，连续评级较差的机构将被注销支付牌照。

（二）P2P网络借贷的发展状况

P2P网络借贷是peer to peer lending的缩写（以下简称P2P网贷），是互联网金融的一种主要形式。P2P网贷模式最早于2005年出现在英国。2006年度诺贝尔和平奖得主尤努斯博士为了用现代经济理论解决贫困问题，于1983年在孟加拉国创建了格莱珉银行，通过开展无抵押的小额信贷业务和一系列的金融创新机制，帮助了成千上万的穷人，格莱珉银行因此成为100多个国家效仿的对象和金融行业盈利兼顾公益的标杆。格莱珉银行自创办以来，除了个别发生自然灾害的年份外，一直保持盈利，2005年的盈利达1 521万美元。格莱珉银行的模式就是P2P网贷的雏形。随后，这一模式发展到美国等国家，代表性的公司有英国的Zopa、美国的Prosper和Lending Club。其内容是利用互联网平台的优势，使具有资金需求和闲置资金出借的双方通过网络平台自行配对成交，平台收取中介手续费。

2007年8月，中国第一家P2P网贷平台——拍拍贷成立。小额融资与小额理财的巨大需求使P2P网贷进入快速发展期，P2P网络借贷平台相继出现，交易额快速增长，同时也出现了平台信贷风险失控和平台卷款跑路等道德风险问题。2012年年末，P2P网贷平台发展到200多家，截至2013年年底已超过2 000家，2014年年底全国P2P网贷平台有2 358家，成交金额达3 283.64亿元，较2013年增长267.90%。2015年以来，随着互联网金融监管政策不断出台，P2P网贷行业进入整顿期。2015年7月，人民银行等十部委发布《关于促进互联网金融健康发展的指导意见》和一系列相关监管政策，并对问题网贷平台进行规范和整治。P2P网贷平台数量、成交量与贷款余额、投资人与借款人数量等的增速均呈现出不同程度的下降。借款门槛相对提升，投资人理性有所回归，平均借款利率持续降低，借款期限持续延长。在

P2P网贷平台发展的构成上，民营系、风投系、国资系和上市公司系网贷平台增速下降，银行系网贷平台增速呈上升趋势。截至2016年6月末，全国P2P网贷平台共有4 127家。其中，正常运营的平台有2 349家，占比56.9%，停业和问题平台有1 778家，占比43.1%，比2015年同期增加了96家；P2P网贷平台累计成交量达8 422.85亿元，比2015年同期增长了180.18%；贷款余额为6 212.61亿元，比2015年同期增长了212.53%。经过有关部门的清理整顿，2018年正常运营的网贷平台有1 800余家，其中有代表性的P2P网贷平台包括陆金所、人人贷、宜人贷、拍拍贷、微贷网、小赢网金、积木盒子、麻袋财富、翼龙贷、凤凰金融等。2018年，品钛、微贷网、小赢理财、360金融、51信用卡等平台成功上市，为网贷平台的健康持续发展树立了标杆。

（三）众筹的发展状况

众筹，简言之就是面向大众筹资，其做法是从大量的人群中征集智慧、人力、技术和服务。众筹的思想源远流长，1713年英国诗人亚历山大·蒲柏翻译的古希腊史诗《伊利亚特》就是用众筹的方式完成的。他通过众筹的方式得到了575名崇拜者的支持，共筹集了4 000多几尼（旧时英国的黄金货币），支持者每人回报一本六卷四开本的英文版的《伊利亚特》，这就是一个典型的奖励式（商品）众筹案例。我国明清时期的晋商会馆也都是众多的晋商通过众筹的方式建造和运营的，众筹起到了筹智、筹人、筹资、筹资源，帮助晋商事业发展的作用。2001年，美国一家名为ArtistShare的网站上线，2003年10月推出“粉丝”资助音乐家唱片生产而获得额外回报的项目，被看作现代（互联网）众筹诞生的标志。

中国众筹市场开始于2011年7月，第一家众筹平台“点名时间”上线。点名时间类似于美国的众筹平台Kickstarter，主要提供奖励式（商品）众筹服务。随后，2011年11月，首家股权众筹平台“天使汇”上线，2012年3月首家垂直类众筹平台“淘梦网”上线，2012年美微传媒在淘宝平台出卖股份，被称为中国股权众筹第一案。2013年2月，中国最大的综合性众筹平台“众筹网”上线，成为中国的Kickstarter。这一阶段属于众筹行业的起步期，盈利模式也在探索中，用户数量和交易量都增长缓慢。2014年被称为众筹元年，各大网络巨头纷纷进入众筹领域，众筹的形式和细分市场都出现较大的变化。2014年7月，京东众筹上线。2015年，苏宁众筹、蚂蚁金服旗下的股权融资平台“蚂蚁达客”上线。

2015年3月，国务院办公厅发布的《关于发展众创空间　推进大众创新创业的指导意见》中明确指出，支持开展互联网股权众筹融资的试点。2015年7月，人民银行等十部委发布《关于促进互联网金融健康发展的指导意见》，明确股权众筹融资主要是指通过互联网进行公开小额股权融资的活动，进一步界定了众筹等互联网金融各细分行业的监管责任和风险底线。2015年，众筹行业开始进入规范、洗牌和重整的阶段。根据行业研究机构的统计数据，截至2018年7月底，我国处于运营状态的众筹平台共有230家。代表性的股权型众筹平台有人人投、蚂蚁天使、投哪网、聚募网等。

代表性的权益型众筹平台有开始吧、京东众筹、小米众筹、淘宝众筹、苏宁众筹、点筹网等。凭借电商和高净值客户的资源，京东众筹、淘宝众筹具有市场份额的领先优势。股权众筹是众筹行业最核心的部分，对于解决中小微企业“融资难、融资贵”的问题具有积极的意义，是普惠金融特点最鲜明的一种股权融资方式。鉴于中国关于股权众筹的法律体系建设尚未有较大的突破，与其他类型的众筹相比，股权众筹一直发展较为缓慢。

（四）互联网货币的发展状况

互联网货币是随着互联网的发展而出现的一种货币形态，以比特币、亚马逊币为代表。比特币是2008年由开源P2P软件通过特定算法产生的电子货币形态。按照比特币发明者中本聪设计的原则，到2140年，其总量将被永久限定为2 100万个。比特币的出现是源于互联网与电子商务的发展对互联网金融提出的需求。同时，国际货币体系与贵金属的脱钩以及一些国家政府滥用铸币权引发的全球通货膨胀，也为各种网络社区和社群化的货币形态的出现提供了机会。

案例 1-1　比特币的疯狂炒作

比特币不同于真实货币，没有任何国家主权信用或贵金属的保障，诞生以来备受争议。但是这些争议挡不住这一虚拟网络货币的迅速发展，2013年比特币在全球备受追捧、大行其道，其影响力超越国界。一枚比特币的价格在2010年年初只有0.02元人民币左右，2013年年初不过80元，11月一度高达8 000元人民币，2013年最终收盘价为4 300元左右。2011年6月，中国第一家比特币交易平台“比特币中国”（BTC China）成立，比特币的商业化开始进入中国。后来相继出现了OKCoin、火币网等平台，比特币中国注册用户超过3万人，到2013年11月已成为全球交易量最大的交易平台，日交易量超过10万比特币。

随着比特币平台交易量的上升和玩家规模的增长，一批平台受到资本的关注。2013年5月，OKCoin获得了500万元人民币的天使投资；2013年11月，“比特币中国”获得了500万美元的A轮融资，由光速安振创投和美国的光速度创投投资。比特币借助互联网与实体经济逐渐连接，进入购买产品和服务领域。国内著名的创业咖啡——车库咖啡是第一个接受比特币支付的实体商户，轻奢餐馆“雕爷牛腩”也跟进使用比特币。比特币的迅猛发展和价格波动引起监管层的关注，2013年12月5日，央行联合工信部、银监会、证监会和保监会印发了《关于防范比特币风险的通知》。在该通知中，央行明确了比特币为“网络虚拟商品”，否认了比特币的货币属性和法定货币的可能。比特币互联网网站应当根据《中华人民共和国电信条例》和《互联网信息服务管理办法》的规定，依法在电信管理部门备案。

资料来源：佚名．警惕比特币的“中国式”热炒［EB/OL］．［2020-01-20］．http：//tech.sina.com.cn/it/2013-11-21/02268933490.shtml.

第二节 互联网金融的概念与类型

互联网金融是随着互联网技术和金融业的融合发展而出现的一种新的金融业态和金融方式。互联网金融在中国最先由谢平等专家在2012年提出，互联网金融基本覆盖了传统金融的每一种形态，并衍生出一系列新的金融模式。因此，我们需要从金融理论、生存环境、风险特点、监管标准等方面探讨互联网金融的概念和原理，从而对互联网金融有一个清晰、系统和本质的认识。

一、互联网金融的概念和功能

（一）互联网金融的概念

作为一种金融的创新形态，互联网金融有多种不同的定义，没有统一的定论。根据互联网金融的基本核心要素把握互联网金融的概念是一种比较客观的方法。互联网金融包括互联网和金融两个核心要素，因此互联网金融的概念应该从互联网和金融两个维度去定义。实务界的观点是从互联网和金融两个维度出发并结合目前的理论，从广义和狭义两个层面定义互联网金融：

狭义的互联网金融就是以互联网为平台，以大数据整合为基础构建的具有相应金融功能的新金融业态和新金融系统。

广义的互联网金融是指一切基于互联网平台的金融功能和金融服务，包括狭义的互联网金融和传统金融业务的互联网化。

微课1

了解互联网金融

狭义的互联网金融包含传统金融业务（包括传统金融业务互联网化）以外的基于互联网产生的创新金融业态，是相对于传统金融的新型金融业态。而广义的互联网金融，是从互联网对金融影响的角度来描述的一切与互联网相关并基于互联网平台而产生的金融服务类型或金融业态。

2015年7月，中国人民银行等十部委发布的《关于促进互联网金融健康发展的指导意见》将互联网金融定义为：传统金融机构和互联网企业利用互联网技术和信息通信技术实现资金融通、支付、投资和信息中介服务的新型金融业务模式。该定义是一种广义的描述性的互联网金融的概念，不能当作行业规范。

通过狭义和广义的互联网金融的定义，我们既能够基于目前互联网金融发展的业态，对互联网金融的概念有基本而清晰的认识，又能够从更长远的时间维度和更宽阔的空间维度对互联网金融的本质和发展有更客观和更全面的认识。随着互联网时代的发展，互联网与金融的融合是大势所趋。互联网金融是一个发展的概念，它会在未来互联网与金融的发展中不断丰富和衍生。

（二）互联网金融的功能

1.互联网金融改善了传统金融的基础设施

基于互联网平台的互联网金融，突破了传统金融在时间和空间上的限制，在理财、贷款和支付等金融业务方面都提供了传统金融无法比拟的便利，提高了金融服务的效率。互联网金融首先在支付领域进行了颠覆和创新，尽管以人民银行为主导的中央结算清算体系，比银行之间的两两清算提高了效率，降低了风险，但是相对于规模巨大的电商和中小微企业，央行的跨行清算体系还是不够方便和低成本。基于互联网的第三方支付，前端界面直接面对网上客户，后端连接各家商业银行，通过采用二次结算方式，实现了大量小额交易在第三方平台的轧差后清算，高效完成了用户在电子商务交易中的资金流转，并且大幅度降低了成本，减少了现金使用，成为中国金融支付不可或缺的组成部分。

2.互联网金融完善了征信系统

征信是解决金融信息不对称、控制金融风险的重要措施。传统金融体制下，征信通常由第三方信用评级机构，例如诚信评级、联合评级、大公评级等评级机构完成。互联网技术的发展使客户能在互联网平台上进行买卖和支付，在新的征信系统中引入和建立庞大的非结构化的数据库，为其业务流程优化、风险管理、贷款额度授信、贷款审核、贷后监控以及催收等具体业务环节提供了保障，并提高了征信的效率。互联网和大数据为征信带来了革命。

3.互联网金融开启了普惠金融模式

传统金融由于信息不对称和风险控制难度较大，信贷资金和资本市场对中小微企业都有较高的门槛，造成了中小微企业的“融资难、融资贵”的问题。互联网金融通过互联网平台运作使资金供给方大大增加，并可以直接与资金需求方进行对接。类似余额宝的互联网货币基金以其碎片化的理财优势，吸引大量的中低收入阶层用户。截至2014年6月，余额宝用户已达1.24亿户，上线以来为客户创收143亿元收益。互联网技术形成的大数据，对资金需求方的信用有详细的记录和分析，能够在迅速识别风险的前提下进行放款和资金供给，减少了融资交易的环节和成本，提高了融资效率，并能满足中小微企业和创业者的资金需求，成为普惠金融的主要方式。这对构建平等的金融机制，鼓励社会创新创业和经济的转型具有积极的意义。

二、互联网金融的类型

互联网金融作为依托互联网技术的发展而产生的金融业态，几乎覆盖了传统金融的每一个方面，并有可能不断衍生和发展。目前，互联网金融主要有以下几种类型。

（一）第三方支付

第三方支付，是指具备一定实力和信誉保障的独立机构，采用与各大银行签约的方式，提供与银行支付结算系统接口的交易支持平台，体现了互联网金融对支付的影响。国外的以PayPal（美国）为代表，中国的以支付宝（阿里巴巴）、财付通（腾讯）、易宝支付为代表。

（二）互联网货币

互联网货币是指没有任何国家主权信用或贵金属作为保障，通过计算机运算产生并能够在互联网社区充当商品交易中介的虚拟网络货币，是基于互联网对货币系统的影响而出现的一种货币形态，以比特币、亚马逊币为代表。

比特币是2008年由开源P2P软件通过特定算法产生的电子货币形态。这种没有通过国家货币发行体制发行的货币，主要用于网上数据商品的消费。比特币的出现是互联网与电子商务的发展对互联网金融提出的需求，这一点对点发行的货币，在互联网社区被相当多的人接受，这成为商品定价和交易的基础，未来可能会逐步取代现有货币的部分功能。

（三）P2P网贷

P2P（peer to peer）网络借贷是基于互联网平台和信用，对个人与个人之间资金和信息的匹配以及点对点式的资金融通过程。其具体操作为：P2P网贷公司搭建网络平台，借款人与出借人在网络平台注册，借款人发布信息（简称发标），出借人参与竞标，如果双方在额度、期限和利率方面达成一致，即形成融资的交易。P2P网贷具有在线进行、借贷门槛低、风险分散、融资理财快捷、操作便利等特点。

2015年7月，中国人民银行等十部委发布的《关于促进互联网金融健康发展的指导意见》，明确了P2P网络借贷的平台功能，强调P2P网贷机构是信息中介，为投资方和融资方提供信息交互、撮合、资信评估等中介服务，不得提供担保等增信服务，不得存在建立资金池等非法集资行为。

（四）众筹

众筹（crowd funding）本义是向众人筹集资金。2001年美国艺术众筹网站ArtistShare的上线标志着现代众筹时代的到来。现代众筹是指基于互联网面向大众为产品或创意项目进行融资的平台，具体是指通过互联网平台，向大众筹集资金来完成一个创意或创新性项目的融资，接受融资的创业者向提供资金的人回报产品、服务、利息甚至股权的金融行为。

按照回报的方式，众筹可以分为债权众筹、奖励式（产品）众筹、捐赠众筹和股权众筹四种。

（1）债权众筹，就是P2P，是指一个项目通过互联网平台向大众筹集资金，然后以一定的利息回报投资者的行为。

（2）奖励式众筹，也称产品众筹或权益型众筹，是指一个创业（创意）项目通过互联网平台向大众筹集资金，然后以一定的产品或服务回报投资者的行为。

（3）捐赠众筹，也称公益式众筹，是指一个公益项目通过互联网平台向大众筹集资金，然后以精神上的感谢回报投资者的行为。

（4）股权众筹，是众筹最核心的部分，是指一个创业（创意）项目通过互联网平台向大众筹集资金，然后以一定的项目（公司）股份回报投资者的行为。

（五）互联网金融门户

互联网金融门户，也叫互联网理财超市，就是采取“搜索+比价”的模式让客户自行选择比较信贷、保险、互联网理财、基金等理财产品。

与原来的线下购买理财产品相比，在互联网平台上，客户能通过网络查询了解并购买各种理财、信贷和保险产品，这样更为便捷、透明，门槛也更低，还能根据客户的需求提供不同的产品组合，为客户提供定制化服务。

案例1-2 **360金融 美国纳斯达克上市**

2018年美国东部时间12月14日，360金融在美国纳斯达克挂牌上市，交易代码为QFIN。IPO发行价定价为16.5美元，开盘价报16.81美元，一度最高升至17.53美元，收盘价报16.50美元，与招股价持平。当日成交59.72万股，市值为23.73亿美元。

360金融此次招股价位于定价区间下限，发行了310万美国存托股份（ADS），每ADS代表两股A类普通股，总融资规模约为5 120万美元。据招股说明书披露，在IPO之前，周鸿祎家族通过旗下的Aerovane Company Limited持有360金融14.1%股权，为第一大股东；360金融CEO徐军持有4.8%股权。

360金融成功上市，被业界看作“互联网巨头系金融科技第一股”诞生。根据Oliver Wyman公司的分析统计，从2018年Q2促成放款额来看，在有互联网技术巨头支持的线上信贷平台中，360金融的业务规模仅次于BATJ旗下的蚂蚁金服、微众银行、京东金融和度小满金融，在中国排名第五，位列第一梯队。

360金融的定位是一家连接借款用户与金融合作伙伴的科技平台，从2015年开始筹备，于2016年7月开始运营。主营业务上，360金融的主要收入来自撮合贷款服务费和贷后服务费，核心产品为“360借条”。360金融一边向B端金融公司匹配优质借款用户，一边为C端借款人提供信贷解决方案，360金融在此过程中输出FinTech能力，与蚂蚁金服、京东金融等互联网巨头系金融科技平台的主流模式基本相同。

在技术方面，360金融延续了360集团互联网和安全科技的基因。360金融CEO徐军演讲表示：“我们非常清楚自身的核心竞争力——大数据和人工智能技术。”360金融自主研发了Argus智能风控引擎和宇宙魔方（Cosmic Cube）定价引擎两类专有模型，为许多高级数据分析提供了动力。

360金融的授信决策取决于风险管理，尤其是反欺诈能力。基于机器学习等人工智能技术，Argus智能风控引擎在整个贷款交易流程中自动生成决策，主要功能包括欺诈检测、信用评估等等。而宇宙魔方定价模型则能根据用户信用情况，为其生成个性化的风险定价。在以上两项核心技术的支撑下，360分期对用户信用风险进行系统和动态管理，7×24小时监控风险，同时平台能够根据算法自动监测和调整利率定价，并不断自动迭代定价模型。

基于这套大数据和人工智能的风控全流程体系，360金融实现了约95%的贷款申请可自动生成信用评估决策，最快5分钟到账。截至2018年9月30日，360金融促成贷款的M3+逾期率为0.6%，其中，由于欺诈造成的亏损率为0.2%。

此外，据招股书显示，截至2018年9月30日，360金融拥有332名研发和风险管理人员，占员工总数的48%。

资料来源：根据《360金融招股说明书》和2018年12月15日《中国证券报·中证网》有关信息整理。

（六）传统金融互联网化

传统金融互联网化就是金融活动由线下向线上转移，包括网络银行、手机银行、网络证券公司、网络保险公司、网络金融交易平台、金融产品的网络销售等。

网络银行就是银行利用互联网技术和信息通信技术为客户提供不受时间和空间限制的服务的银行，包括银行内部数据的互联网化处理、POS机、ATM机等网络实时交易，还包括点对点的即时服务。

手机银行是指利用手机和其他移动设备实现客户与银行机构的对接。我国的工行、农行、中行、建行、交行等大型国有银行、全国股份制银行以及区域性金融机构基本都推出了手机银行业务。手机银行在银行网点不够发达的地区和农村，具有较为广阔的发展前景，如农行在广西、河南等地试点的“农户小额贷”针对惠农卡提供专项服务，能够在手机银行上提供自助借款、自助还款、还款试算信息查询等基本服务。

网络证券公司是指投资者利用互联网平台传递交易信息和数据资料，进行与证券交易相关的活动，包括获取实时行情及市场资讯、投资咨询和网上委托等一系列服务。根据主体的不同，我国网络证券公司模式可分为券商自建网站（平台）模式、独立第三方网站（平台）模式和券商与银行合作模式。

第三节 互联网金融发展的趋势

21世纪是互联网革命的时代，移动互联网已经成为这次互联网革命的突出特征，互联网的“平等、连接、分享、网络化”的精神，改变甚至颠覆了我们已有的生活方式和商业模式。“互联网+金融”对传统金融的冲击和颠覆下产生的互联网金融，不是阶段性的金融现象，而是新金融发展的开始。互联网金融经过井喷式的快速发展，以及日渐严格的行业监管和调整之后，将进入平稳持续的发展阶段。在未来可预期的时间内，互联网金融将呈现以下发展趋势：

一、互联网金融将步入规范健康发展的新时期

互联网金融的产生既是互联网技术和信息技术发展使然，也是传统金融变革的必然要求。传统的金融体制，一方面以间接金融为主形成了企业对债权融资的依赖和高负债；另一方面，中国传统的银行体制和欠发达的资本市场，使广大的中小企业必须面对融资的高门槛，造成了“融资难、融资贵”的老大难问题。这些问题已经深刻影响到中国经济转型和企业创新。互联网以及其带来的众多小微企业和创客的发展，需

要金融向小型化、个性化、快速化和普惠化转变。能满足互联网时代的金融需求的只有互联网金融。互联网金融作为我国经济和金融发展的新动力和新引擎，必将开拓出更大的发展空间。

这几年互联网金融的发展出现了很多问题，尤其是P2P网贷平台跑路问题严重。2015年7月18日，中国人民银行等十部委发布的《关于促进互联网金融健康发展的指导意见》，基本终结了互联网金融的野蛮生长，使其踏上了规范发展的道路。2018年12月国家发改委发布《市场准入负面清单》，强调非金融机构、不从事金融活动的企业在注册名称和经营范围中不得使用“银行”“保险”“资产管理”“网贷”等字样，对互联网金融机构进行更全面的监管，使其规范发展是大势所趋。我国政府提出的“互联网+”行动计划，明确把“互联网+普惠金融”列为重要内容，银保监会等部委出台的“十三五”专项规划以及一系列规范互联网金融发展的落地措施，进一步夯实了互联网金融发展的金融基础设施和外部环境。随着互联网与传统产业的融合、人们对互联网金融认识的加深，必将产生更多互联网金融需求，互联网金融的渗透和创新将催生更多的风险控制机制和更成熟的互联网金融业态。互联网金融的快速发展以及出现的风险给政府、企业和用户都带来了实践经验和思考，环境政策、需求、供给与经验的四者叠加，必将使中国互联网金融在未来呈现在规范中健康、快速发展的格局。

二、P2P网贷行业在快速洗牌中提升质量

P2P网贷是互联网金融中发展最为迅速的一个板块，在P2P网贷平台数量和融资额以几何级数增长的同时，出现了P2P网贷平台服务水平参差不齐、风控能力低等问题。没有通过监管部门认证的粗放式发展，带来了较为集中的风险，问题平台占到相当比例，平台跑路屡屡发生，严重影响了金融秩序和互联网金融产业的信誉。2015年《关于促进互联网金融健康发展的指导意见》的出台，对P2P网贷平台进行了明确的定位，监管部门加强了对不规范以及问题平台的整治。从2014年起，相当多的资本投资P2P平台，例如爱投资、积木盒子、拍拍贷等P2P平台获得了数额不小的投资，网贷平台获得投资将有利于其增强抗风险的能力，加强内部规范管理和风险控制，在规范中快速发展。同时，很多国有背景的资本投入P2P平台，有利于优化P2P网贷行业的资本结构，提高P2P行业的规范性和稳定性，同时也增加了P2P行业的竞争，无形中提高了P2P网贷行业的门槛，加速了P2P行业的洗牌。在网贷平台调整的过程中，2018年，品钛、微贷网、小赢理财、360金融等平台成功上市，为网贷平台的健康持续发展指明了方向、带来了曙光，将有力地促进P2P网贷行业未来高质量的发展。

三、第三方支付在强化移动化和资源特色中发展

第三方支付作为互联网金融的先锋获得快速发展。中国是一个拥有15.7亿手机用户、12.9亿手机网民的互联网大国，移动支付具有巨大的需求和创新空间。移动支付将进一步变革商品交易模式，智能手机的快速普及也将推动移动支付行业的发展。支付宝、财付通等网络支付工具，让人们随时随地可以上网支付，第三方支付市场正在

蓬勃发展，渗透到航空、旅游等消费领域和B2B领域。面对巨大的支付市场，第三方支付参与者会不断增多，在支付产品、银行渠道和市场服务方面，支付机构之间的差距会逐渐缩小。在强化移动支付的基础上，不断细化市场定位，聚合特色渠道资源和培养独特的竞争力，提高移动终端支付的便捷性，是第三方支付未来发展的方向。第三方支付将伴随中国的经济转型和产业升级，以数据连接传统金融与普惠金融，成为我国新金融的重要基础设施之一。

四、众筹在市场细分中理性发展

众筹作为互联网金融的业态之一，在“大众创业，万众创新”的环境下，为中小微企业、广大创客和天使投资人提供了直接对接的平台，提高了融资的效率，得到了越来越多的创业者和投资人的认可。李克强总理在2016年的《政府工作报告》中重点强调打造“众智、众包、众扶、众筹”的平台，显示出国家对众筹等创业支撑平台的重视。以此为引领，以股权众筹为代表的众筹行业和“四众”平台建设得到各级政府的支持，并将引入和发挥区块链技术在股权登记、风险控制、信用记录等方面的作用，不断强化互联网技术壁垒。众筹业态将进一步细化，垂直领域的众筹平台、跨境众筹成为热点，传统产业升级与众筹模式结合加快，传统投资机构PE、VC进入股权众筹领域，投资者教育保护和众筹人才培养提到重要的位置。同时，随着金融监管部门对不规范众筹平台的清理，真正的众筹平台将获得更多健康发展的机会。世界银行预测，到2025年，全球发展中国家的众筹投资将达到960亿美元，中国有望达到500亿美元。中国众筹行业发展的黄金时代还没有完全到来。

五、互联网货币在探索中前行

互联网的发展会形成社群和社区，一些信誉好、有支付功能的社区（社群）就会发行自己的货币，即互联网货币（internet currency）。比特币、Q币、魔兽世界的G币都是具有互联网货币雏形的虚拟货币。2011年，美国的虚拟货币交易量达到20亿美元左右，已经超过一些非洲国家的GDP。互联网货币的代表比特币，在2008年由中本聪发明后，到2013年12月底，已发行约1 200万个，按照1比特币兑换900美元计算，总市值达到100亿美元。比特币的出现和发展引起了有关国家货币监管当局的关注，它们对比特币给予了不同方面、不同程度的发行和使用的认可。比特币的出现预示着随着互联网的发展，类似比特币的互联网社区货币还会不断出现，形成互联网社区私人货币与国家法定货币并存的局面。

六、互联网理财能更高效、更便捷地实现智能化发展

互联网金融的普惠性与绿色性，将会加大互联网理财的普及度。随着2015年以来金融监管部门的一系列监管政策的出台，互联网金融投资理财平台在规范自律的前提下，更加重视自身的产品和服务的质量，规范的平台与合规的产品数量将大大增加。一方面，互联网理财平台将会根据客户需求开发多样化、有特色的理财服务，在期限、利率等方面更契合小微用户的需求；另一方面，互联网理财也会逐渐进入“企业级市场”。互联网企业理财不仅可以为企业提供单独的融资和理财服务，还可以打

通对公众的信贷和理财服务，形成更灵活、更有效率的理财服务。在互联网理财平台规范管理，强化产品和服务特色的同时，其积累的客户数据将不断融入智能技术，以后端智能化带动前端的综合化与简单化，进而提供个性化、定制化服务。

七、传统金融会加速互联网金融的布局

银行及信托、保险等金融机构是我国金融体系的主要组成部分，面对互联网金融的冲击，不能被动等待互联网金融对传统业务的侵蚀。银行等传统金融机构要适应互联网的发展趋势，加速互联网金融的布局，利用雄厚的资本实力、强大的银行服务网络与客户资源、扎实的金融IT基础，以及成熟的风险控制机制，占领互联网金融的行业制高点，在互联网金融的发展上走到世界的前列。银行等传统金融机构的互联网化与互联网金融的发展将成为今后中国金融发展的两个轮子，彼此协调，互相补充，互相促进，共同发展。

八、互联网金融与资本市场的联姻是必然趋势

互联网金融是金融创新的新业态，信用和风险控制实力是互联网金融企业生存发展的关键，不断充实资本和提高风控能力是互联网金融企业的发展需求，而互联网金融的巨大潜力和广阔的发展前景也受到资本的关注。2014年美国网贷平台Lending Club的成功上市，成为国际资本市场关注互联网金融的风向标，更加快了中国资本市场投资互联网金融领域的速度，一些上市公司为了进入互联网金融领域，实现战略转型，纷纷注资入股互联网金融企业，加速其在互联网金融和供应链金融的布局，以自建平台、控股收购或参股等形式加速布局P2P。根据网贷之家的数据，截至2015年6月，涉及P2P网贷概念的A股上市公司多达61家。上市公司对P2P网贷平台的并购可以缩短其布局互联网金融所需要的时间，同时可以增加上市公司的发展题材，增强融资功能，提高公司市值。国内外的VC、基金等也关注和投资互联网金融领域，包括IDG、红杉、盛大资本等知名投资机构。资本市场与互联网的联姻，也是互联网金融发展的战略调整期的标志。

九、日益成熟的监管成为互联网金融发展的保障

互联网金融的快速发展，给互联网金融的监管带来了挑战，如何把握风险控制和促进互联网金融发展的平衡是监管政策的核心。中国银监会发布的《中国银行业信息科技“十三五”发展规划监管指导意见》提出，银行业应大力发展“互联网+普惠金融”，监管层鼓励银行业探索制定互联网金融发展战略，建立互联网金融技术平台，针对细分客户群和业务场景提供差异化的金融产品和服务，最终形成互联网金融生态圈。相关的政策和规定明确了互联网金融各种业态的定位，规定了银行为资金存管机构，提高了互联网金融行业的隐形门槛，确立了互联网金融主要业态的监管职责，落实了监管责任，明确了业务边界；并在此基础上积极探索互联网金融综合监管框架，进一步加强监管协调、机构监管、功能监管和行为监管并重的模式；同时，通过行业协会等机构逐步加强信息披露和自律管理。随着互联网金融的发展、出现的问题不断沉淀和监管措施的不断推出和试错，互联网金融监管政策会日益成熟和完善，提高其

对互联网金融发展的适应性，并成为互联网金融健康发展的有力保障。

本章小结

1.“互联网+”（internet plus）是互联网化的意思，就是基于互联网的基础设施、社交媒体、移动互联网、数据分析和云计算等数字技术，从互联网产业不断向传统产业延伸、渗透，进而推动传统产业实现数字化转型的趋势。

2.2013年是中国互联网金融元年，所谓“元年”，是指在这一年互联网金融概念被普遍接受，互联网金融的各种业态普遍呈现。

3.狭义的互联网金融就是以互联网为平台，以大数据整合为基础而构建的具有相应金融功能的新金融业态和新金融系统。广义的互联网金融是指一切基于互联网平台的金融功能和金融服务，包括狭义的互联网金融和传统金融业务的互联网化。

关键概念

互联网金融　互联网+　普惠金融　互联网金融门户　传统金融互联网化

知识掌握

一、单项选择题

1.下列不属于第三方支付的类型是（　　）。

A.线下支付　B.线上支付　C.移动支付　D.网上支付

2.P2P网贷模式2005年最早出现在（　　）。

A.英国　B.美国　C.中国　D.荷兰

3.中国代表性P2P网贷平台包括（　　）。

A.拍拍贷　B.红岭创投　C.点名时间　D.陆金所

4.现代互联网众筹诞生的标志是（　　）的上线。

A.ArtistShare　B.SFNB　C.Kickstarter　D.CNFN

5.中国众筹业务开始于2011年7月，第一家众筹平台是（　　）。

A.天使汇　B.点名时间　C.蚂蚁达客　D.淘梦网

二、判断题

1.2003年是中国互联网金融元年，互联网金融的各种业态基本呈现。（　　）

2.我国第三方支付机构的典型代表有支付宝、财付通、易宝支付等。（　　）

3.2007年8月，中国第一家P2P网贷的——陆金所成立。　（　）

4.1713年，美国诗人亚历山大·蒲柏翻译的古希腊史诗《伊利亚特》首次采用众筹方式完成。　（　）

5.2015年7月18日，中国人民银行等十部委发布的《关于促进互联网金融健康发展的指导意见》使互联网金融踏上了规范发展的道路。　（　）

三、简答题

1.什么是互联网金融？

2.互联网金融的功能是什么？

3.互联网金融的类型有哪些？

知识应用

一、案例分析

马云：未来两三百年金融是“八二理论”　最大机会在互联网金融

阿里巴巴集团董事局主席马云在2016年蚂蚁金服年会现场发表讲话说，任何一次技术革命都需要50年，前20年是技术公司的竞争，后30年是社会真正全面地应用技术。未来的30年，世界各国都会培养自己创新的能力，蚂蚁金服必须支持创新。

他表示，过去两三百年金融体系是“二八原理”，服务好20%的头部企业可以获得80%的利润，而未来两三百年是“八二理论”，也就是要去帮助支持那些80%之前没有得到金融支持的人，让无数没有得到金融服务的中小微企业、消费者得到增长。“八二理论”最大的机会在互联网金融。

过去的两三百年的金融是为工业时代设计的，是规模化、标准化的，而未来的两三百年世界将进入智能化、个性化、定制化，所以必须要有一个新的金融体系来支撑未来的发展需要。

马云表示，和阿里巴巴一样，蚂蚁金服不是破坏性创新，而是建设性创新。“我们从来不应该去推翻别人，建立起自己，而是建立新的东西，凭我们的努力，凭我们创造的价值，让更多的客户认同我们、支持我们。”

“今天蚂蚁金服获得这么多的信任、支持和期待，不是因为蚂蚁金服的技术和产品做的好，而是因为蚂蚁金服的出发点正确。如果我们的眼睛只盯着一点点的利润和收益，我们将没有出息。”马云说，蚂蚁金服已经拿到了很多牌照，但牌照不是特权，也不是财富，而是一种责任，更是蚂蚁金服合规的标志。“希望大家把我们区别于其他为了获得牌照、为了获得更多利益而做事的机构。”

到2036年，整个阿里集团将为全世界解决1亿个就业机会，让全世界1 000万家企业利用互联网经济体，变成盈利企业，也希望能够支撑全世界20亿的消费者。根据这些目标，马云希望蚂蚁金服未来继续坚持全球化、继续发展信用体系，继续坚持为中小企业和消费者服务，能够真正围绕20亿的消费者，围绕1亿人的就业，围绕1 000万家网上营利的企业全力以赴。

在演讲的最后，马云也提醒“蚂蚁人”，必须要有强大的风险意识，关注数据安全、隐私安全，只有打造保障安全的信用体系，才能持久发展。只有把坏人找出来，才能真正保护好人，对于坏人和欺诈的任何心慈手软，都是对好人的不尊重。

资料来源：王潘. 马云：未来两三百年金融是“八二理论”最大机会在互联网金融［EB/OL］.［2016-10-16］. http：//tech.qq.com/a/20161016/021338.htm.

分析探讨：互联网金融的发展对未来金融领域的工作岗位有何影响？

要求：

1.将本班学生组成几个金融活动小组，以小组为单位对题目认真分析并做准备，列出发言提纲。

2.教师巡视课堂并进行指导，各小组选派一位代表将分析结果向全班进行陈述。

3.全班同学以自由发言的形式对各小组的发言进行讨论，教师进行点评。

二、专项实训

［实训题目］

根据所学结合自己的兴趣，分析一种互联网金融机构的典型代表。

［实训要求］

1.通过上网查找相关资料，了解我国现存的主要互联网金融机构有哪些。

2.了解各类互联网金融机构开展的业务有哪些。

第二章
电子货币

学习目标

知识目标：了解电子货币的产生和发展历程；理解电子货币的内涵；熟悉电子货币的特征及其影响。

能力目标：能够熟练掌握电子货币的分类和功能。

案例导入

乌镇推进金融“智慧支付”全覆盖

从2015年7月开始，乌镇当地政府与中国农业银行全面推进金融“智慧支付”，目前已经为200多户乌镇商户安装集银行卡、微信、支付宝“三合一”的收银一体机，覆盖一半以上商户，2016年完成“智慧支付”全覆盖。乌镇正在全面推进景区本外币卡受理、线上线下支付一体化通路，同时提供景区收银一体机、ATM机、自助售票机，且均支持本外币受理，推动乌镇这个古老小镇“智慧支付”、无现金支付环境进一步优化，实现古镇与互联网金融支付完美融合（如图2-1所示）。

图2-1　顾客在用乌镇自助售票机购买多种票据

智能收银一体机打通了互联网支付和银行卡收单双渠道，不仅支持银联卡刷卡消费，还支持微信扫描二维码支付，未来还将支持支付宝支付。此外，该收银系统还将为乌镇商户搭建起微信营销的新平台。通过应用BPM-MIS方式收银，便于对游客消费行为进行大数据的收集与统计，通过对大数据进行分析，可以让商户更加精确地了解目标客户的需求并营销合适的产品和服务，也有利于上级主管部门向各商户提供更好的营销建议，在特定时间段向游客推送各商户的信息。

资料来源：徐亚旻. 世界互联网大会：乌镇推进金融“智慧支付”全覆盖［EB\OL］.［2019-12-15］. http：//www.huaxia.com/xw/rmdjwz/2015/12/4658887.html.

第一节 电子货币的产生与发展

货币发展与人类文明息息相关，即便是在遥远的原始氏族部落，也可寻觅到货币的踪迹。在当代，货币更是关乎每一个人、每个家庭、每个地区和国家的发展。可以说，货币的历史就是人类生存与发展的历史，是资源不断被精细利用的历史，也是管理秩序不断优化的历史。多年来，人们在各种活动或消费中，大多习惯现金支付和银行转账等传统的支付方式。近年来，电子货币的出现和发展，方便了人们外出购物等消费。

一、电子货币的产生

（一）电子货币的产生是货币发展的必然规律

马克思主义经济学认为，货币的产生是商品价值形式演变的必然产物，也是商品经济发展到一定阶段的必然结果。货币的产生和发展是以商品的产生和发展为前提的，货币形式的演变也是与商品经济的发展相伴进行的，有什么样的商品经济发展水平，就有什么样的货币形式与之相适应。这是货币发展的必然规律。

货币自身的发展主要有两条源流：一条是货币形式的演变，一条是货币职能的发展。从货币的形式来看，迄今为止，货币大致经历了“实物货币—金属货币—信用货币—电子货币”四个阶段。从总的趋势来看，货币形式随着商品生产流通的发展与经济发展程度的提高，不断从低级向高级发展演变。货币形式的演变如图2-2所示。

图2-2 货币形式的演变

这一演变大致分为四个阶段：

1.以实物货币形式为主的阶段

一般价值形式转化为货币形式后，有一个漫长的实物货币形式占主导的时期。贝壳、布帛、牛羊等，都充当过货币。实物货币之所以随着商品经济的发展逐渐退出货币历史舞台，根本原因在于实物货币具有难以消除的缺陷。它们或体积笨重、不便携带，或质地不匀、难以分割，或容易腐烂、不易储存，或大小不一、难于比较。随着商品交换和贸易的发展，实物货币被金属货币所替代也就不足为奇。

2.实物货币向金属货币转化的阶段

金属冶炼技术的出现与发展是金属货币广泛使用的物质前提。金属货币所具有的价值稳定、易于分割、便于储藏等优点，确非实物货币所能比拟。

3.金属货币向信用货币形式转化的阶段

信用货币产生于金属货币流通时期。早期的商业票据、纸币、银行券都是信用货币。信用货币最初可以兑现为金属货币，后来逐渐过渡到部分兑现和不能兑现。信用货币在发展过程中，由于政府滥发而多次发生通货膨胀，在破坏兑现性的同时促进了信用货币制度的发展与完善。

4.货币的现在与未来——电子货币阶段

电子货币作为现代经济高度发展和金融业技术创新的结果，是以电子和通信技术飞速发展为基础的，也是货币支付手段职能不断演化的表现，在某种意义上代表了货币发展的未来。

电子货币作为现代一种新兴的货币形式，有着传统货币形式不可比拟的优势。首先，它大大提高了消费者的便利度，消费者只需携带一张多功能IC卡，即可在商店购物，或将其作为搭乘交通工具、打电话等的支付工具；其次，它给予了消费者多样化的选择，消费者购物时无须考虑所携带的现金够不够，使用电子货币便可立即支付；再次，在网络上可在全球任何一家商店交易，选择扩展至世界各地；最后，它比传统货币节省成本和交易时间，由于它成本低廉，且方便记录，大大降低了人力与物力的成本。货币形式和支付方式的演变历程如图2-3所示。

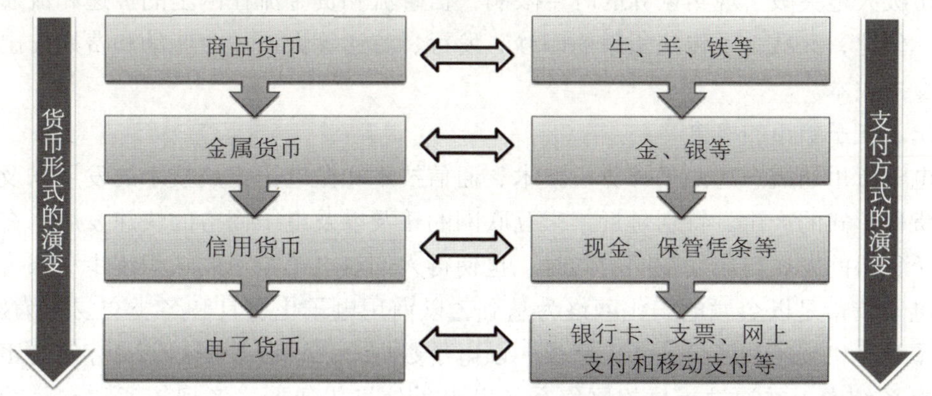

图2-3 货币形式和支付方式的演变历程

电子货币的产生，使货币形式的符号化更彻底、更纯粹，其存在完全依赖于信用制度的发展和高度社会化的金融体系，不再带有任何商品的遗留痕迹，因而其“价值”或者说是“购买力”完全是社会赋予的，成为与商品直接对立的社会价值形式。与历史上出现的其他货币形式一样，电子货币的产生与发展是遵循一定的社会经济条件和背景下的客观经济规律的，是货币形式发展演变的历史的、逻辑的必然结果。

小思考 2-1

我们生活中的电子货币有哪些？它们对我们的生活产生了什么影响？

（二）电子货币产生的条件

商品经济的发展是电子货币产生的经济基础。进入20世纪以后，商品生产进入了现代化的大规模生产时代，尤其是科技进步、第三产业以及互联网的迅速发展，使现代市场经济进入了大规模、多渠道、全方位发展的时代。这种高效、快速发展的商品经济和现代社会的生活方式，对传统的货币提出了新的挑战。纸币已经满足不了信息时代商品经济快速发展的要求，社会迫切需要一种先进的、能够与现代经济相适应的货币形式。这种货币形式既要满足快速、多变的商品经济发展的需要、又要体现现代社会的特色。电子货币正是适应市场经济的高速发展，体现现代市场经济特点的货币形式。

计算机技术的发展为电子货币的产生提供了技术条件。银行的结算、核算、划转无一例外都需要计算机的支持和安全保障。随着各种机器设备的推出，各种软件的开发，计算机技术的不断升级和不断创新，依赖于银行结算体系的电子货币的产生和发展具备了条件。网络时代的到来为电子货币的发展提供了可能。

电子货币是信息革命的产物，电子货币的产生和流通使实体货币与观念货币发生分离，真实货币演变为虚拟货币，是新技术革命和网络经济发展的必然结果，它有效地解决了在经济全球化大背景下，如何降低“信息成本”和“交易费用”等问题。电子货币极大地突破了现实世界的时空限制，信息流和资金流在网上的传递和流通十分迅速、便捷，又减少了传统货币的印钞、发行、流通等大量社会劳动和费用支出，降低了交换成本。

二、电子货币的概念

电子货币的概念起源于计算机技术、通信技术和微电子集成技术的发展以及预付卡等货币形式的产生。特别是近年来互联网的普及以及电子商务的快速发展，在拓宽了电子货币的发展与应用空间的同时，也使得人们对电子货币的认识逐步深入。

电子货币是以金融电子化网络为基础，以商用电子化机具和各类交易卡为媒介，以电子计算机技术和通信技术为手段，以电子数据（二进制数据）形式存储在银行的计算机系统中，并通过计算机网络系统以电子信息传递形式实现流通和支付功能的货币。

马克思在分析了货币的起源及本质后，将货币高度概括为“固定地充当一般等价物的特殊商品”，其暗含着金属货币制度的假设前提。也正是在这个意义上，马克思认为纸币是金属货币的符号，纸币同商品价值的关系只不过是商品价值观念地表现在一个金量上，而这个金量则由纸币象征地可感觉地体现出来，即纸币作为一种价值符号间接地发挥货币的职能。应该说，在现代信用经济高度发展的情况下，现实流通中的货币已经完全与贵金属脱离了关系，而只是一种纯粹的信用货币，即货币能够摆脱具体商品的躯壳，“在流通中升华为它自身的象征，最初采取磨损的金属铸币的形式，而后采取金属辅币的形式，最后采取无价值记号、纸片、单纯的价值符号的形式”。

微课2

认识电子货币

伴随着货币形态的演变，货币的职能作用似乎在商品经济中从未发生过变化，即在货币符号化的过程中仍然具有普遍的可接受性，依旧在商品交换和支付债务的过程中发挥着货币职能。对于电子货币而言，在不同的地区、对不同的人群来说具有程度不等的“流通性”，而在若干电子货币中被人们有效地选择出来的，一般都是有竞争力的“通货”。这种竞争力通常不是来自国家的垄断力量，而是来自货币发行主体的经济实力和信誉度。那么，从这种意义上来理解，只要是能履行交易媒介和偿还债务职能、稳定充当一般等价物的电子支付工具，我们都可以把它当作电子货币，即它是一种可以用电子信息方式交易处理的电子化通货，而不必拘泥于货币本身的物理特性。

知识链接2-1　印度尼西亚首款官方电子货币将投入使用

首款印度尼西亚官方电子货币“连起来”于2019年3月1日正式投入使用。

“连起来”是在印度尼西亚若干国营企业现有电子货币系统基础上整合而来的，其包括国家电信公司TELKOMSEL的“T现金”、国营银行BNI的“YAP钱包”、国营MANDIRI银行的“E现金”和国营BRI银行的“T银行”，国家信贷协会、国家油气公司将为其提供技术支持和应用场景。

印度尼西亚国家信贷协会主席马尔约诺表示，该协会所有会员相关业务将逐步融入“连起来”，目前各平台正加快二维码系统整合，包含水电费、网费、汽油费、燃料费、医疗保险、交通出行、网上购物等应用场景。印度尼西亚央行副行长苏更日前表示，央行已完成对“连起来”运营资质的审核，将由行长派里签署运营执照，一旦投入使用，“连起来”将成为印度尼西亚第一款覆盖全国的官方电子货币，有助于推进印度尼西亚金融业融合进程。

资料来源：佚名．印度尼西亚首款官方电子货币将投入使用［EB/OL］．［2019-02-26］．http：//www.ce.cn/cysc/tech/gd2012/201902/26/t20190226_31562267.shtml

第二节 电子货币的特点与功能

随着经济金融的发展和计算机网络技术的进步，电子货币作为一种新型支付手段和流通媒介应运而生并不断发展演变，给社会经济生活带来深刻影响。

一、电子货币的特点

电子货币作为现代科技和现代金融业务相结合的产物，是在电子信息技术尤其是电子计算机网络技术的基础上产生的。概括起来，它具有以下几个突出的特点：

（一）电子货币是虚拟货币

首先，电子货币是现实货币价值尺度和支付手段职能的“观念化”，是一种没有货币实体的货币。有史以来，人们习惯使用的货币，无论是用何种材料作其载体，即无论是实物货币、金属货币，还是纸制货币，均是可用手触摸的、可用肉眼确认其形态的实体。但是，电子货币是在银行电子化技术高度发达的基础上出现的一种无形货币，它是用数字脉冲代替金属、纸张等媒介进行传输和显示资金的，通过芯片进行处理和存储，因而没有传统货币的物理形状、大小、重量和印记，持有者得不到持有的实际感觉。

其次，电子货币是在计算机网络覆盖的虚拟空间中流通。今后，我们的生活空间将从原子世界向比特世界转移。原子是构成实体物质的最小单位，这里所说的原子世界，是指人手能摸到，人眼能看到的实体物质存在的空间。比特（bit，度量信息的单位）是构成电子信息的最小单位，所谓比特世界，是指由电子信息构成的空间，即虚拟空间。由于货币本身在社会经济活动中的重要作用，电子货币带给人们生活的影响，可用“从原子世界向比特世界转移”来描述，即电子货币有可能使人们目前从事的实物经济活动向虚拟电子信息的经济活动转移。

（二）电子货币是一种在线货币

电子货币与实体货币不同，实体货币无论何人何时均可持有，可以保存在自己的钱包中，无需其他附属设备即可当面交换，进入流通。而电子货币的流通必须有一定的基础设施。电子货币通常在专用网络上传输，通过POS机、ATM机等进行处理，也就是说，电子货币是在现有的银行、支票和纸币之外，通过网络在线大量流通的钱。电子货币的保管需要有存储设备，交换需要有通信手段，保持其安全需要用于加密和解密的计算机。如果以上基础设施不完备，电子货币将无法保管、无法流通以至于无法使用。

（三）电子货币是信息货币

电子货币说到底只不过是观念化的货币信息，它实际上是由一组含有用户的身份、密码、金额、使用范围等内容的数字构成的特殊信息。人们使用电子货币交易时，实际上交换的是相关信息，这些信息传输到开设这种业务的银行后，银行就可以为双方的交易进行结算，从而使消费者和企业能够通过比现实银行系统更省钱、更方便和更快捷的方式相互收付资金。正因为电子货币是以电子信息的形态出现的，所以通过使用相应的技术，即可以执行货币的某些职能。例如，电子货币信息通过光纤电缆或电话线即可联网流通，无论多远的距离，即使跨越国境，只要是与 Internet 连接的计算机终端之间，均可直接传递信息，非常简单地完成支付。

(四) 电子货币是结算货币和支付货币

电子货币是以网络银行作为金融中介来进行结算和支付的。随着Internet商业化的发展，网上金融服务已经在世界范围内开展。网络金融服务包括网上消费、家庭银行、个人理财、网上投资交易、网上保险等，这些金融服务的特点是都能通过电子货币进行及时电子结算与支付。

(五) 电子货币目前还只是准通货

电子货币能否成为通货，关键在于电子货币能否独立地执行通货职能。在货币理论中如何给电子货币定位，成为电子货币发展中必须解决的理论问题之一。尽管目前全球范围对电子货币尚无确切、统一的定义，但相关研究和讨论却异常热烈。其名称除了电子货币之外，还有电子通货、数码货币、电子现金、数字现金等，并可分为不同的应用类型，但从其目前在全球的使用形式，以及以美国、欧洲为代表所开展的有关电子货币的各种实验项目来看，其中绝大多数反映了电子货币只是蕴含着可能执行货币职能的准货币，还不能完全视之为通货。

二、电子货币的功能

电子货币起源于20世纪70年代中期，具有保存成本低、流通费用低、使用成本低等诸多优点，它以互联网技术为依托，满足了人们日益增长的快速、便捷地获取资金的需求，并在发展过程中，不断演变出新的功能。

(一) 转账结算

转账结算的功能是电子货币最原始和最常用的一项功能。通过网络支付系统绑定银行账户，实现同价值货币数据在用户间的转移。目前，很多互联网金融公司，如支付宝、财付通等都是利用这项技术，使它们的客户可以在第三方支付平台上建立自己的账户，绑定银行卡，实现转账、生活缴费、购物结算等。

小思考2-2

电子货币在发展过程中产生了诸多新的功能，请结合实际生活，想一想电子货币的新功能还有哪些。

(二) 储蓄投资

随着互联网金融的不断发展和应用，人们体验到了网络带来的便捷，并不断尝试将更多金融业务拓展到网络平台。以支付宝为例，它在原来的转账结算基础上，不断扩张业务范围，如风靡一时的“余额宝”产品，以较高的利率来鼓励客户将储蓄账户内的资金放入余额宝账户中，再如后期推出的“招财宝”“蚂蚁花呗”等金融产品，涉及基金、小额消费贷款等多类业务。

（三）电子钱包

电子钱包是指装入电子零钱、电子信用卡等集多种功能于一体的电子货币支付方式，它将货币金额存储在卡片里，支持圈存、提取和消费交易等。

电子钱包通常有两种：一种是纯粹的软件，主要用于网上消费、账户管理。这类软件通常与银行账户或银行卡账户连接在一起。中银电子钱包系统如图2-4所示。电子商务活动中电子钱包的软件通常都是免费提供的。

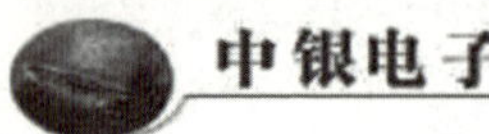

图2-4 中银电子钱包系统

另一种是可用于小额支付的智能储值卡。智能储值卡电子钱包是目前实物形态电子钱包的主要形式，持卡人预先在卡中存入一定的资金，交易时直接从储值账户中扣除交易金额。这类电子钱包卡近年来发展快速，基本上都是由非金融机构发行的。区域性的储值卡电子钱包具有强大的生命力和竞争力。智能储值卡根据用途的广泛性可分为多用途卡和单用途卡。多用途卡在小额支付领域等同现金，可以跨行业使用；单用途卡只能在某一个行业使用。我们通常把多用途卡称为电子钱包，单用途卡则称为预付费卡（或行业卡）。

知识链接2-2　英国初创公司将建立首个电子货币指数基金

英国初创公司DLT Financial表示，其将在未来数周内推出全球首个追踪电子货币的指数基金。该公司指出，希望基金的成立能帮助电子货币成为更有吸引力的投资资产。

DLT Financial是金融科技初创公司Tramonex的分拆子公司。2016年年初，该公司收到来自政府部门的25万英镑（约合33.3万美元）的投资，以鼓励其开发一个全新的基于比特币技术的货币结算模型。DLT Financial的指数基金由10种电子货币构成。除了比特币外，还包括Ethereum和Ripple等，后者是被设计用于银行间进行支付的电子货币。

电子货币可以在全球范围内以十分低廉的成本完成转账，且整个过程不需要第三方认证机构参与。电子货币也具备投资价值，因为它们通常不与任何现行货币或资产类别挂钩。不过，电子货币也具有波动性大和较复杂等缺点，这使得很多人并不相信它们。

“我们想要破除当前区块链世界和传统机构投资社区之间的隔阂。”DLT Financial联合创始人兼Tramonex首席技术官Dave Askey表示，“当前阶段，要投资这些（电子货币）资产是非常困难的事情，因为这通常需要非常深厚的技术知识基础来进行交易和管理。我们想要让电子货币面向更大的社区群体。”

许多投资者对于电子货币的安全性表现出担心。譬如，香港比特币交易平台Bitfinex最近成为了最新一批的黑客攻击受害者。不过DLT表示它们会使用冷存储技术，即将数据离线保存于硬盘中，以切断被黑客攻击的可能。

资料来源：卢鑫．英国初创公司将建立首个电子货币指数基金［EB/OL］．(2016-09-08)．http：//tech.163.com/16/0908/02/C0DKG7DC00097U7R.html.

第三节 电子货币的分类及影响

随着电子商务的发展，电子支付工具越来越多。电子货币的出现方便了人们外出购物等消费，现在的电子货币通常是在专用网络上传输，通过设在银行、商场等地的ATM机进行处理，完成货币支付操作。随着互联网商业化的发展，电子商务化的网上金融服务已经开始在世界范围内开展，网上金融服务包括人们的各种需要，如网上消费、家庭银行、个人理财、网上投资交易、网上保险等。这些金融服务的特点是通过电子货币在互联网上进行及时电子支付与结算，使人们可随时随地完成购物消费活动，进行货币支付。

一、电子货币的分类及应用

按照不同的分类标准，我们可以将电子货币分成不同的类别。

（一）按照载体不同分类

电子货币按照载体不同，可分为卡基电子货币和数基电子货币。

1. 卡基电子货币

卡基电子货币的交易媒介是智能卡片，具有可随身携带、随时交易等特点，作为现钞或硬币的替代品，它为小额的零售支付提供了便利。这种电子货币需预先在卡中储存一定的金额；使用时客户可以在ATM机或POS机上进行转账支付，完成交易活动。卡基电子货币是目前电子货币的主要形式，包括智能卡、IC卡、各种借记卡、储值卡等，是以各种物理卡片作为载体的。持有者在使用这种电子货币时必须携带特定的卡介质，通过银行的系统、自助设备，以及商户和各类俱乐部等进行在线或离线交易。卡基电子货币的支付流程如图2-5所示。

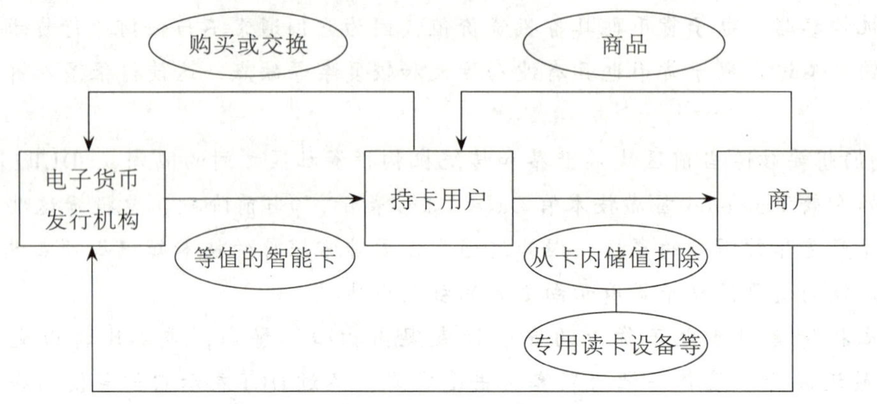

图2-5 卡基电子货币的支付流程

知识链接2-3

信用卡的发展历程

最早的信用卡出现于19世纪末。19世纪80年代，英国服装业发展出所谓的信用卡，旅游业与商业部门也都跟随这个潮流。但当时的卡片仅能进行短期的商业赊借行为，款项还是要随用随付，不能长期拖欠，也没有授信额度。

20世纪50年代，某天美国商人弗兰克·麦克纳马拉在纽约一家饭店招待客人用餐，就餐后发现他的钱包忘记带在身边，因而深感难堪，不得不打电话叫妻子带现金来饭店结账，于是，麦克纳马拉产生了创建信用卡公司的想法。1950年春，麦克纳马拉与他的好友施奈德合作投资1万美元，在纽约创立了“大来俱乐部”（Diners Club），即大来信用卡公司的前身。大来俱乐部为会员们提供一种能够证明身份和支付能力的卡片，会员凭卡片可以记账消费。这种无须银行办理的信用卡的性质仍属于商业信用卡。

1952年，美国加利福尼亚州的富兰克林国民银行作为金融机构首先发行了银行信用卡。1959年，美国的美洲银行在加利福尼亚州发行了美洲银行卡。此后，许多银行加入了发卡银行的行列。到了20世纪60年代，银行信用卡受到社会各界的普遍欢迎，并得到迅速发展，信用卡不仅在美国，而且在英国、日本、加拿大以及欧洲各国也盛行起来。从20世纪70年代开始，新加坡、马来西亚、中国香港、中国台湾等国家和地区也开始发行信用卡业务。

资料来源：佚名. 信用卡的发展历程［EB/OL］.［2020-02-06］.http: //baike.so.com/doc/5330655-5565829.html.

2.数基电子货币

数基电子货币完全依赖于系统软件的识别与数据信息的网络传递，通常不需要特殊的物理介质，主要是指存储在计算机系统中，流通支付基于网络的电子货币。当今社会大多数的数基电子货币都是网络型（亦称服务器型），即资金账户和货币数据存储在发行者的服务器上。作为在开放式网络上的一种支付手段，它为各种商品及货币交易提供了时空上的便利。近些年来适用范围逐步扩大，用户群也趋于稳定，只要能够与相关的网络系统联通，电子货币的持有者就可以通过特定的数字指令随时随地完成资金的支付，实现虚拟经济与实体经济的有效融合。数基电子货币支付流程如图2-6所示。

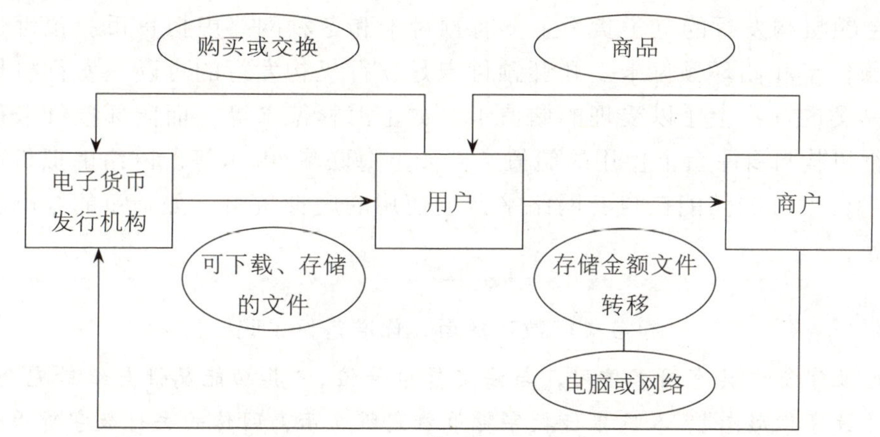

图2-6 数基电子货币支付流程

（二）按照使用方式和条件分类

电子货币按照使用方式和条件不同，可分为“认证”或“匿名”系统、“在线”或“离线”系统，具体有以下四种组合（见表2-1）。

表2-1 电子货币使用情况分类组合

使用方式和条件	认证	匿名
在线	在线认证的电子货币	在线匿名的电子货币
离线	离线认证的电子货币	离线匿名的电子货币

“认证”是指电子货币持有者的个人资料保存在专门的数据库中，使用电子货币时需要确认身份信息，这种交易可被追踪；“匿名”是指使用者无须进行身份认证，其交易无法被追踪。

“在线”是指使用者需要连接网络进行确认（包括电子金额合法性和使用者身份，这与信用卡、借记卡对用户的“身份验证”稍有不同），接收方经过实时验证后决定是否接受支付请求；“离线”则指使用者不用连接网络（少数货币甚至无须验证），即可直接完成用户对用户、用户对商家的资金转移支付。由此可见，这类电子货币更像流通中的现钞，近年来由于其便利性更受商家与用户的欢迎，目前已从专门设备发展到多用途的ATM机、POS机和手机芯片等。

（三）按照发行主体分类

电子货币按照发行主体不同，可以分为金融机构发行的电子货币和非金融机构发行的电子货币。

金融机构发行的电子货币主要有现金替代型和存款替代型电子货币。现金替代型是指替代流通中现金的电子货币，而存款替代型是指对传统存款进行替代的电子货币。这种替代并不是简单替代，而是伴随着货币属性、职能的改变，比如商业银行发行的信用卡和借记卡。

非金融机构发行的电子货币主要有预付卡和各种网络虚拟货币。预付卡又分为开环预付卡和闭环预付卡。开环预付卡是发行机构发行的可以在发行机构签约的众多品类的商户上予以受理的储值卡，如上海杉德卡等；而闭环预付卡是指只能在发行机构自身平台上使用的储值卡，如上海联华OK卡等。网络虚拟货币是指企业及平台发行的仅能在自身网络平台上使用的虚拟货币，如腾讯的Q币、新浪的U币等。

案例2-1　迎接央行数字货币，你准备好了吗

央行数字货币具有国家信用，与法定货币等值，“其功能属性与纸钞完全一样，只不过是数字化形态”。人民银行数字货币研究所表示，网传的央行数字货币信息为技术研发过程中的测试内容，并不意味着数字人民币正式落地发行，数字人民币研发工作正在稳妥推进，基本完成顶层设计、标准制定、功能研发、联调测试等工作，并遵循稳步、安全、可控、创新、实用原则，当前阶段先行在深圳、苏州、雄安、成都及未来的冬奥场景进行内部封闭试点测试，不断优化和完善功能。

早在2014年，人民银行就启动了数字货币的前瞻性研究；2016年成立数字货币研究所；2017年成立专项工作组启动研发试验。据易纲介绍，将来数字货币和电子支付的目标是替代一部分现金，框架是中央银行和商业银行双层运行体系，不改变现在的货币投放路径和体系；在研发上不预设技术路线，在市场上公平竞争优选，充分调动市场的积极性。据了解，央行数字货币采用的是双层运营体系，即人民银行先把数字货币兑换给银行或者其他运营机构，再由这些机构兑换给公众，可以避免风险过度集中到单一机构。

近年来，互联网支付发展迅猛，数字经济步入快车道，金融与科技深度融合成为大势所趋，这也势必对数字货币的研发提出更高的要求。中国人民银行提出，未来将更加重视运用人工智能、互联网、大数据等现代信息技术手段，提升中央银行履职能力。

央行数字货币与微信、支付宝有何区别？新网银行首席研究员董希淼表示，央行数字货币是一种法定货币，与现金具有同样效力，任何个人和机构不能拒绝使用。

“将来随着央行数字货币的落地应用，消费者的支付选择将更加丰富，也更加方便快捷。数字货币有利于降低交易成本、提高金融运行效率，也有利于防范洗钱等违法交易行为。”董希淼认为，数字货币不可能完全替代纸币，纸币将长期存在。用户消费习惯各有不同，现金支付、非现金支付将长期共存。

对于央行数字货币与微信或支付宝的关系，董希淼认为，央行数字货币是法定货币，而微信支付和支付宝只是一种支付方式，它们的效力不同。央行数字货币对于支付宝或微信不存在冲击，“实际上，哪个更好用、方便、安全，用户就会用哪个”。

据了解，央行数字货币采用账户松耦合形式，使交易环节对账户的依赖程度大为降低，既可和现金一样易于流通，又能实现可控匿名。数字货币持有人可直接将其应用于小额、零售、高频的业务场景。事实上，目前不管是传统的银行卡还是互联网支付等，都基于账户紧耦合模式，无法完全满足公众对易用和匿名支付服务的需求。央行数字货币保持现钞的属性，满足了便携和匿名的需求，将是替代现钞较好的工具。

近年来，各主要国家和地区央行及货币当局均对发行数字货币展开研究。美国布鲁金斯学会此前发布研究报告称，目前已有许多国家在“央行数字货币”研发上取得实质性进展或有意发行“央行数字货币”，包括法国、瑞典、沙特、泰国、土耳其、巴哈马、巴巴多斯、乌拉圭等。美国IBM公司和英国智库“官方货币与金融机构论坛”对全球23家央行开展的调查显示，许多央行正考虑研究和发行“央行数字货币”，可由消费者使用的“央行数字货币”或将在未来五年内面世。

数字货币将为全球贸易构建更安全、可靠、智能化的新支付体系，从而带动产业的智能化转型。

资料来源：温源. 迎接央行数字货币，你准备好了吗［EB/OL］.［2020-05-12］. https：//news.gmw.cn/2020-05/12/content_33821749.htm.

二、电子货币对经济发展的影响

随着微电子技术、通信技术和电子商务的飞速发展，网络经济得到迅猛发展，电子货币这种新型的货币形式得到广泛应用，电子支付得到广泛普及，它将几千年来的实物货币转变为以电子形式表现的虚拟货币，这是货币史上一次有深远意义的变革。电子货币的出现对互联网和经济体系产生了重要的影响。

（一）电子货币有利于促进电子商务的发展

以无形的数字信号形式存在的电子货币，在传递和转移过程中具有传统货币难以比拟的优势。使用电子货币可在互联网上完成结算，对商家而言，能很快以低成本收回资金；对于顾客而言，可以轻松购物。电子货币在网络上的流通也将极大地拓展市场交易的时间和空间，拓展电子商务的交易边界，电子货币应用的深度和广度将影响电子商务的发展程度。

（二）电子货币的使用将极大地提高资金运营的效率，降低结算成本

任何交易都包括一个最基本的环节，即资金的支付和转移。传统的结算依靠的是银行与客户面对面的人工处理，因而存在在途资金占比大、资金周转慢等问题。电子货币采用先进的数字签章等安全防护技术，使客户不必出门，便能经由网络迅速完成款项支付及资金调拨，并且其使用和结算不受时间、地点的限制，显著地提高了资金运营的效率，降低了结算成本。

（三）电子货币的应用与普及将加快世界经济一体化和金融全球化的进程

电子货币以电子计算机技术为依托进行储存和流通，无须实体交换，这种货币形式的使用有效地突破了物质世界的空间限制，使资金流、信息流的传递变得十分迅速、高效，时空距离不再是现实世界难以逾越的障碍。一方面，电子货币与网络技术的结合，使经济贸易活动在时间、空间概念上发生根本性的变化，无论距离多远，即使是跨国交易也变得非常简单。另一方面，电子货币及网络金融的发展，也使金融市场原有的自然界限日趋模糊，从而加速了资本的国际性流动与全球性资本的形成，为全球金融市场的融合构筑了坚实的基础。电子货币的发展为经济主体行为的国际化提供了便利，强化了世界经济的联系，加快了市场的全球化、一体化进程。

本章小结

1. 货币发展与人类文明息息相关，即便是在遥远的原始氏族部落里也可寻觅到货币的踪迹，在当代货币更是关乎每一个人、每个家庭、每个地区和国家的发展。近年来，电子货币的出现和发展，方便了网上购物等消费行为。

2. 电子货币是以金融电子化网络为基础，以商用电子化工具和各类交易卡为媒介，以电子计算机技术和通信技术为手段，以电子数据（二进制数据）形式存储在银行的计算机系统中，并通过计算机网络系统以电子信息传递形式实现流通和支付功能的货币。

3. 电子货币具有保存成本低、流通费用低、使用成本低等优点，主要有转账结算、电子钱包、储蓄投资等功能。按照不同的分类标准，电子货币可以分成不同的类别。电子货币的出现对互联网和经济体系产生了重要的影响，有利于促进电子商务的发展，提高资金运营的效率，降低结算成本，并将加快世界经济一体化和金融全球化的进程。

关键概念

电子货币　电子钱包　卡基电子货币　虚拟货币　数基电子货币

知识掌握

一、单项选择题

1.电子支付是指电子交易的当事人使用安全电子支付手段，通过（　　）进行的货币支付或资金流转。

A.网络　B.开户银行　C.发卡银行　D.中介银行

2.目前应用最为广泛的电子支付方式是（　　）。

A.银行卡　B.电子货币　C.电子支票　D.电了本票

3.电子钱包（E-wallet）是一个在SET交易中运行在（　　）的软件。

A.网上商店端　B.银行卡发行商端

C.银行卡持卡人端　D.银行卡受理银行端

4.电子货币是（　　）。

A.商品货币　B.信用货币　C.纸币　D.金属货币

5.世界上最早的银行信用卡是由（　　）于1952年发行的。

A.美国富兰克林国民银行　B.中国工商银行

C.美国花旗银行　D.英国渣打银行

二、判断题

1.计算机技术的发展为电子货币的产生提供了技术条件。（　　）

2.电子货币的流通可以不依靠任何设施。（　　）

3.数基电子货币完全依赖于系统软件的识别与数据信息的网络传递，通常不需特殊的物理介质。（　　）

4.在银行卡型电子货币中，具备“先消费，后支付”特征的是借记卡。（　　）

5.电子现金是现金的加密序列数，可以用来表示现实中各种金额的币值。（　　）

三、简答题

1.电子货币的概念缘起于计算机技术、通信技术和微电子集成技术的发展以及预付卡等货币形式的产生，请简述电子货币的内涵。

2.电子货币按照不同的分类标准，如何分类？

3. 电子货币是货币史上一次有深远意义的变革，电子货币的出现对互联网和经济体系会产生哪些重要的影响呢？

知识应用

一、案例分析

多国央行关注　电子货币或成未来角逐领域

2016年，越来越多国家的央行开始将法定数字货币作为重点研究和试验的领域。新加坡金融管理局局长孟文龙（Ravi Menon）在金融科技节上表示，该国进行的电子货币试验项目也将适用于跨境交易，以节约相关的人力、物力成本。“这个试验将是新加坡金融管理局发掘央行发行电子货币潜力的第一步尝试。”孟文龙说。彭博报告显示，新加坡金融管理局试验的主要内容为：银行将存款转化为央行发行的电子货币，银行间结算将使用电子货币而不是通过新加坡央行的支付指令，最后银行再将电子货币转换为现金。

相比于新加坡在电子货币领域的“快马加鞭”，瑞典央行的表态更是“野心勃勃”。11月16日，瑞典央行副行长史金斯利表示，因现金的使用量下降，该国央行可能推出电子货币——电子克朗。史金斯利还表示，瑞典央行有信心，经过两年的评估后，将在瑞典禁止流通实物现金，成为全球第一个完全使用“数字现金”的国家。

随着互联网技术的深入发展和移动支付场景越来越多，全球各国都在积极发展本国的电子支付行业并对研发法定数字货币给予高度关注。作为走在全球电子支付前列的丹麦，早就提出在全国服装等领域用电子支付手段取代现金支付的计划。处于全球金融科技领先地位的英国央行也表示，正研究考虑是否由央行发行数字货币，目前研究工作还处于初级阶段。与此同时，美联储也在不断深入分析数字货币，研究其特性、影响以及背后的技术支持等。

澳大利亚央行同样也关注电子货币。该行支付部门主管托尼·理查德曾表示，澳大利亚虽“尚未到积极考虑电子货币的时候，但在更遥远的未来，是有可能发行电子澳元的”。他还说，澳大利亚央行相信，目前距离在全球范围内使用电子货币仍需一段时日，但澳大利亚央行对发行电子货币的可能性以及不确定性等问题很有兴趣。

分析人士表示，科技在给全球经济生活带来改变的同时，也将重塑全球金融体系。目前，随着科技的不断进步，全球货币体系也正在步入一个转折的时点，货币的定义和未来将面临巨大的改变，电子货币领域或将成为未来全球各国角逐的主要“阵地”之一。

资料来源：莫莉．多国央行关注　电子货币或成未来角逐领域［N］．金融时报，2016-11-22.

分析探讨：电子货币的发展趋势和前景如何？

要求：

1.将本班学生组成金融活动小组，以小组为单位，对题目认真分析并做准备，列出发言提纲。

2.教师巡视课堂进行指导，然后小组选派一位代表将分析结果向全班陈述。

3.全班同学以自由发言的形式对各小组的发言进行讨论，并由教师点评。

二、专项实训

[实训题目]

根据所学知识，结合本地区电子货币的应用和发展情况开展小组调研，撰写调研报告。

[实训要求]

1.了解本地区电子货币的发展现状。

2.分析电子货币的发展前景。

第三章

互联网银行

学习目标

知识目标：了解互联网银行的发展历程，掌握互联网银行的定义和特点，理解目前互联网银行面临的风险及解决的途径。

能力目标：会办理互联网银行的相关业务，能区分互联网银行与传统商业银行及直销银行的不同，能够识别互联网银行的风险。

案例导入

中国首批“互联网银行”揭开面纱

继“腾讯系”的深圳前海微众银行之后，背靠蚂蚁金服和阿里巴巴的浙江网商银行于2015年6月25日在杭州开业。至此，中国两大互联网巨头阵营里的网络银行均揭开面纱。没有营业网点、没有信贷员，在“无形”的银行里，通过手机操作和互联网传输，数秒时间里中小企业和消费者就可以获得一笔个性化贷款，这就是互联网银行。

浙江网商银行是首批5家民营银行中最后一家获准开业的银行，但却是最早正式营业的网络银行。没有物理网点和信贷员、不做现金业务、不做500万元以上的贷款、IT系统全部架构在阿里云上、用大数据进行风控等。浙江网商银行是一家真正意义上的互联网银行，目标客户为小微企业、个人消费者和农村用户，计划未来5年能服务1 000万家小微企业和个人创业者。

作为前海微众银行之外的又一家互联网银行，浙江网商银行给自己定下的目标是“做中国小微企业客户数最多的一家银行”。浙江网商银行行长俞胜法表示，希望5年内覆盖1 000万家小微企业和个体创业者。

资料来源：佚名. 中国首批“互联网银行”揭开面纱［EB/OL］.［2015-06-25］. http：//finance.ifeng.com/a/20150625/13798481_0.shtml.

第一节 互联网银行的产生与发展

以威尼斯银行为代表的近代商业银行诞生以来的500多年中，商业银行一直依托实体网店拓展业务。然而近50年来，这种扩张模式随着科学技术的飞速发展，面临着各种挑战，银行逐步开始转战虚拟电子空间。

一、互联网银行的产生

长期以来，商业银行业务都是建立在实体分支网点基础上的，信息通信技术的进步一直拓展着商业银行的服务边界。20世纪70年代商业银行开始引入ATM机，80年代则建立了电话服务中心，到90年代开始积极“触网”，发展网上银行业务。进入21世纪后，增加了移动银行业务。但这些服务技术的运用只是对实体网点的补充，在大多数情形下，只起到扩充营销渠道的作用，实际业务仍然需要引流到线下实体网点完成。

在传统银行通过新型技术扩展营销渠道时，有一些新兴银行开始在完全没有实体网点支持的情况下发展互联网银行业务。全球第一家互联网银行是美国的安全第一网络银行（SFNB），该行于1994年4月由Area银行、Wachovia银行、Hunting Bancshares股份公司、SecureWare和FiveSpace计算机公司等联合成立，为全交易型网上银行。SFNB完全依赖互联网运营，服务范围囊括基本电子支票、货币市场、利息、支票、信用卡、基本储蓄业务及CDS等多种金融服务。没有实体网点的SFNB通过电子邮件或免费热线提供每年365天、每天24小时的全天候客户服务。SFNB是美国第一家经联邦银行管理机构批准、在互联网上提供金融服务的银行，也是第一家在互联网上提供大范围和多种银行服务的银行。开业后的短短几个月，就有近千万人次上网浏览，给金融界带来极大震撼。于是，若干银行紧跟其后，在网上开设银行。随即，此风潮逐渐蔓延全世界，互联网银行走进了人们的生活。

二、我国互联网银行的发展历程

作为亚太地区的重要市场，自1995年开始，中国的互联网银行获得了高速发展，并取得了可喜可贺的成效，不断改变着人们的生活方式。我国互联网银行的发展历程可大致分为四个阶段。

1.银行上线阶段

银行业借助发达的互联网技术推陈出新，开始将线下的往来交易业务搬到线上。然而，由于当时技术条件的限制，与互联网的结合仅仅表现在借用互联网平台进行营销与运作，顾客可通过网站查询相关信息或办理单一交易程序。

1996年2月，中国银行在互联网上建立了主页，首先在互联网上发布信息，并于1998年3月6日成功办理了我国大陆第一笔互联网电子交易业务，从而拉开了中国大陆互联网银行的序幕。随后，招商银行、工商银行、农业银行、建设银行等也相继推出了各自的互联网主页及简单的线上业务。

2.银行上网阶段

随着互联网技术在银行业的广泛使用，网上银行开始进入“银行上网”阶段。这一阶段最大的特点就是将以往在柜台上办理的业务全部搬移至网上银行，并在此基础上增加网上消费与缴费、转账汇款、支付结算等服务项目，使业务办理更加便捷。

1998年4月，招商银行率先推出了部分具有互联网银行功能的网上支付业务，并提供企业间的资金结算业务。随后，建设银行、交通银行、工商银行、农业银行等国内老字号银行也不断完成各自的“E”化之路。

3.互联网金融阶段

银行业与互联网技术进一步加强合作，并根据市场需求进行转变。以客户为核心，以满足其最大需求为宗旨，是这一阶段网上银行的最大特点。多家银行创新了多种金融产品，最大程度地提高业务处理效率、降低交易成本，帮助企业更快地掌握经济动态并提供决策建议。

2011年，民生银行专门针对网上银行设计了收益率高于柜台销售的理财产品，还推出了财富管家专业理财软件，为个人客户提供全方位的家庭资产管理。招商银行直接在网银交易平台上开发了具有客户服务和产品营销功能的综合社区网站，涵盖SNS、博客、理财经理线上交流等多种元素，为传统的交易型网上银行注入了开心网式的交流功能和淘宝式的购物功能。2012年6月，建设银行同时上线了两大电子商务平台，其中“善融商务个人商城”定位为B2C平台，面向个人消费者，“善融商务企业商城”定位为B2B平台，面向企业用户。“善融商城”建立1年，交易额达60亿元，入驻企业达1.8万家。

4.互联网银行阶段

与传统银行的实体网点经营模式相比，互联网银行没有线下实体网点，全部业务通过线上进行交易，借助大数据与现代通信技术平台为客户提供安全、便捷、高效的业务处理与交易服务。2014年7月25日，深圳前海微众银行作为国内首家互联网民营银行被银监会正式批准筹建。

三、互联网银行产生的原因

互联网银行产生的原因主要包括经济、政治、技术和社会需求四个方面，具体如图3-1所示。

我国互联网银行的产生也不外乎以上几个层面的原因，现具体从以下三个积极因素展开说明。

（一）以普惠金融为目标，符合国家政策方针

在党的十八届三中全会上，“普惠金融”第一次被正式写入党的决议。所谓普惠金融，就是能够有效地、全方位地为社会所有阶层和群体提供服务的金融体系。普惠金融的主要任务就是让利于正规金融体系之外的农户、贫困人群及小微企业，使其能及时、有效地获取价格合理、便捷安全的金融服务。由于互联网银行自身的优势，且符

互联网银行成因
1.经济层面 2.政治层面 3.技术层面 4.社会需求层面

经济层面	政治层面	技术层面	社会需求层面
（1）居民收入增加，投资和融资需求多样化； （2）互联网尤其是移动互联网行业的发展，对传统金融行业的改造日趋显著	（1）国家层面承认市场上已有的互联网金融业态； （2）制定政策，明确互联网金融各业态的监管细则； （3）政府倡导发展互联网	（1）互联网宽带普及，云储存加密技术提高，服务器运行能力提高等； （2）多层加密技术、二维码支付、声波支付等支付手段的出现	（1）消费者投融资和支付观念的转变； （2）电子商务发展改变大众的支付与消费习惯； （3）社会征信体系不断完善，减少信息的不对称

图3-1　互联网银行成因

合国家政策，其发展获得了政治层面的支持，例如，2014年7月25日国内首家互联网民营银行被正式批准筹建；2015年7月15日《关于促进互联网金融健康发展的指导意见》出台等。

案例3-1　微众银行创新手段助力复工复产

2020年6月1日，《人民日报》10版刊发题为《微众银行创新手段助力复工复产：金融科技服务小微》的报道。文章指出，微众银行通过“全线上运营”，依托金融科技推出系列普惠金融纾困措施，给小微企业送上资金“及时雨”，提升服务质效；同时，微众银行与政策性银行合作，发展政策性转贷款业务，进一步扩大金融服务的覆盖面。

送上资金“及时雨”，提升服务质效

2月13日，微众银行推出“延期3个月还款”措施，为许多陷入困境的小微企业带来了希望。尚未还贷款的小微企业客户可申请推迟3个月还款，审核通过后可3个月还息不还本，还可选择将未还本金延长为分24个月归还。此外，微众银行还推出贷款提额、还款优惠、利息减免、合作方支持等多项措施，切实为小微企业纾难解困。据统计，截至目前，微众银行延期还款涉及约4万客户；还款优惠政策惠及4万客户，涉及金额超过180亿元；为湖北、广东、河南、浙江四省提供专项降息的“微闪贴”业务，目前贴现金额达12亿元。

发力“转贷款”业务，扩大服务覆盖面

4月28日，微众银行与中国进出口银行深圳分行达成30亿元小微企业银行“转贷款”合作，引入政策性转贷资金，优先支持外向型、制造型小微企业，惠及小微企业近3 200家。5月12日，微众银行又与国家开发银行深圳分行达成20亿元的“转贷款”合作，用于微众银行向小微企业发放贷款，预计可覆盖6 000家小微企业。截至目前，微众银行“微业贷”已为30万家小微企业授信，累计发放贷款超2 000亿元，间接支持超过300万人就业。在“微业贷”客户中，超过70%的客户来自制造业、高科技行业和批发零售行业，均为实体经济范畴的小微企业。

借助科技力量，优化金融服务

疫情防控期间，微众银行联合万达商管集团推出了针对万达广场小微商家的融资方案，帮助万达广场的小微商家在线快速完成从申请至提款的全部流程。运用大数据技术和人工智能算法，微众银行构建了针对小微企业贷款全流程的智能风控体系；运用人脸识别及活体检测技术高效地完成了线上客户身份核验；将区块链技术应用于合同线上存证及仲裁场景，确保数据真实、完整、可信；配合一系列利率优惠政策，极大缓解了小微企业短期现金流压力。

资料来源：佚名．微众银行创新手段助力复工复产［EB/OL］．［2020-06-01］．https：//www.sohu.com/a/399015084_120259386．

（二）存款保险制度出台，将助推其业务发展

对互联网小微银行而言，吸纳到充足的存款是当务之急。通常情况下，多数人会选择将存款放在以四大国有银行为代表的传统银行，因为相比于四大国有银行以及其他股份制银行的雄厚资金、背景和人才实力，互联网小微银行面临资产规模小、客户认同度低等多种先天不足的问题。而2015年2月17日公布的《存款保险条例》让更多的投资者认识到，无论钱存到哪个银行，其面临的风险是同等的，这无疑能够增强储户对中小银行的信心。这不仅有利于中小银行的发展，同时能够促进银行之间在服务质量、服务态度、服务费用等方面展开良性竞争，从而让储户享受到更多、更好、更实惠的金融服务。

小思考3-1

《存款保险条例》（以下简称《条例》）于2015年5月1日起正式实施。《条例》第二条明确指出所有存款类金融机构都应当投保存款保险。《条例》还规定在银行遭遇风险时将实行限额偿付，最高偿付限额为人民币50万元。根据中国人民银行的数据，这已足够为我国99.63%的存款人提供全额保护。对于超过50万元限额的部分，则可以通过参与银行的破产清算的方式获得债务清偿。请思考《存款保险条例》对互联网银行发展的重要意义。

（三）互联网银行拥有了广泛的客户基础

随着互联网经济的迅猛发展，越来越多的新网民不断加入。截至2018年12月，我国网民规模约为8.29亿人，全年新增网民5 653万人，互联网普及率达59.6%，较

2017年年底提升3.8%，如图3-2所示。近年来，随着智能手机技术的快速完善及以人们对手机依赖度的提高，越来越多的工作、娱乐、交际可以在手机上完成，所以手机网民将成为未来网络消费的主力军。2018年上半年使用手机网上银行的用户数量达3.82亿人，而全国网上银行用户规模约为4.17亿人，占比高达91.6%，如图3-3、图3-4所示。随着网民规模的不断扩大，我国网上银行已积累了庞大稳定的用户群，伴随银行网上交易规模的不断增长，网上银行推出的一系列新兴产品和特色服务受到广大客户的欢迎与青睐，为互联网银行的未来发展奠定了重要的用户基础。

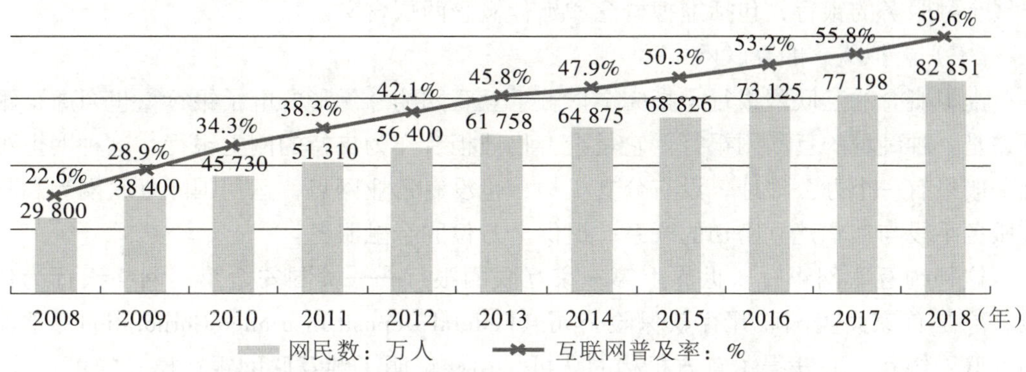

图3-2 2008—2018年我国网民规模及互联网普及率

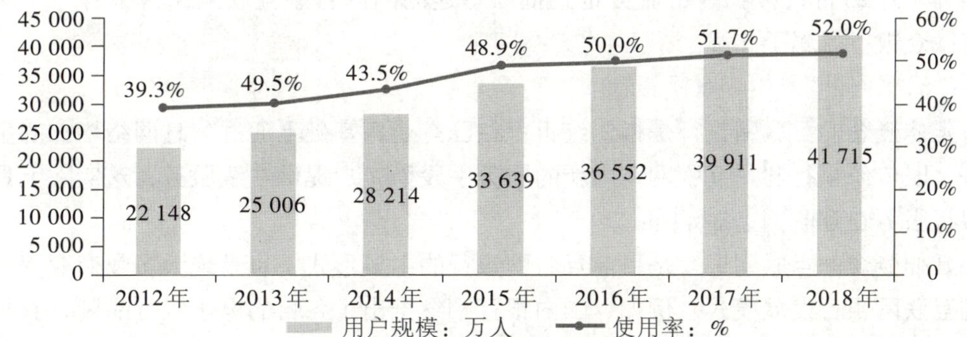

图3-3 2012—2018年我国网上银行用户规模及使用率

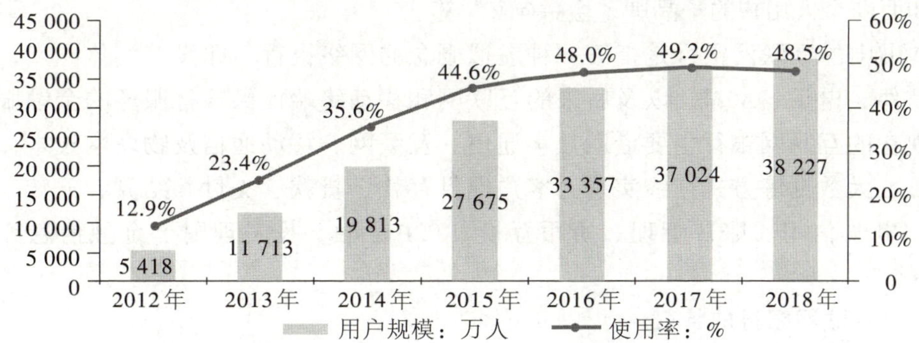

图3-4 2012—2018年我国手机网上银行用户规模及使用率

第二节 互联网银行的概念与特征

一、互联网银行的概念

在不同的时期，不同的国家和地区对互联网银行的认识也有所不同，根据不同时期对互联网银行的阐述，互联网银行可以归纳为：以互联网技术为基础的、在网络上开展金融服务的银行，包括虚拟概念和延伸概念两层含义。

（一）虚拟概念的互联网银行

虚拟概念的互联网银行是指完全依赖于互联网的、无形的电子银行，也叫虚拟银行，是一种纯粹的互联网银行。它是没有物理柜台作为支持的网上银行，这种网上银行一般只有一个办公地址，没有分支机构，也没有营业网点，运用国际互联网等高科技服务手段与客户建立密切的联系，提供全方位的金融服务。

这种纯互联网银行以世界上第一家互联网银行——美国安全第一网络银行为代表，它是首家由美国联邦存款保险公司（Federal Deposit Insurance Corporation）承保的互联网银行，并获得了官方机构的认可，由此证明了纯互联网银行模式的可行性。2014年7月25日，被我国银监会正式批准筹建的国内首家互联网民营银行——深圳前海微众银行就属于此类。

（二）延伸概念的互联网银行

延伸概念的互联网银行是指传统银行在已有业务基础上通过信息网络增加的金融服务，即传统银行利用互联网作为新的服务手段为客户提供在线服务，这实际上是传统银行服务在互联网上的延伸。

延伸概念的互联网银行是目前互联网银行的主要形式，也是绝大多数商业银行采取的互联网银行发展模式。例如，国内银行相继推出了各自的电子银行品牌，有招商银行的“一网通”、农业银行的“金e顺”、工商银行的电子银行整体品牌“金融E通道”和面向个人用户的子品牌“金融@家”等。

本书中的互联网银行是指第一种虚拟概念的网络银行，即没有实体网点，而是通过信件、电话、ATM，以及后来的互联网和移动终端提供银行服务的金融服务机构。现在的互联网银行主要借助数字通信、互联网、移动通信及物联网技术，通过云计算、大数据等方式在线实现为客户提供存款、贷款、支付、结算、汇转、电子票证、电子信用、账户管理、货币互换、P2P金融、投资理财、金融信息等金融服务。

二、互联网银行的特征

党的十八届三中全会通过的《中共中央关于全面深化改革若干重大问题的决定》提出“发展普惠金融，鼓励金融创新，丰富金融市场层次和产品”的理念，提倡以小微、民营撬动改革大局，密集出台金融政策为民营银行开局破冰。2014年3月，国务院首次批准的5家民营银行中，由腾讯和阿里巴巴分别作为大股东的深圳前海微众银行和浙江网商银行备受关注，它们与其他银行不同的是其是不设立网点的纯互联网银行。可见，我国互联网银行从成立之初就肩负着历史使命和拥有鲜明特点。

（一）低成本

互联网银行实行“轻资产、低成本”的运营模式。“轻资产”是指没有物理网点，前期固定资产投入轻；不需要大量揽储，平台业务规模轻；没有过多的线下风控和防范需要，管理体系较轻。具体来说就是没有存款、没有网点、没有现金柜台，不布设线下服务，主要通过与传统银行、金融机构进行同业拆借和产品合作的方式来开展业务。

微课3

互联网银行的特点

传统商业银行依靠大量物理网点的便利服务来抓住客户，银行业金融机构数量不断增加，银行网点数量也“多如牛毛”。据银保监会金融许可证查询结果，截至2019年2月11日，登记在册的全国银行物理网点228 586家。与物理网点相配备的是大量的网点工作人员、用电和租金等费用，这在很大程度上增加了商业银行的运营成本。2018年年底我国四大国有商业银行网点的铺设数量见表3-1。

表3-1　2018年年底中国四大国有商业银行境内物理网点数量

银行	工商银行	农业银行	中国银行	建设银行
网点数量（个）	16 236	23 369	10 750	14 969

可见，互联网银行较传统商业银行有很大的成本优势。网商银行年报数据显示，该行截至2018年，员工总数720人，其中没有一位信贷员。2018年6月初，网商银行小微贷款商户数增长至850万户，每笔贷款平均运营成本仅2.3元，其中2元为技术投入。

（二）高效率

面对银行的高门槛融资条件，企业和个人消费者不得不严格遵照贷款审批流程完成烦琐的抵押、质押手续才能够获取所需资金。苛刻的融资条件使大部分中小企业和个人消费者被排除在传统银行的服务之外。而互联网银行通过搭建自身独特的业务平台，为中小企业和个人消费者打开方便、快捷之门，提供特色化服务和标准化业务，其较低的操作成本、较高的自动化程度、更加透明的信息和高效的金融服务满足了普通民众的金融需求。图3-5以微众银行的开户和微粒贷为例，说明互联网银行操作简单易行。

高效率的互联网银行不仅带给客户全新的、优化的金融服务体验，也为互联网银行的自身发展打开了快速通道。例如，从2017年6月开始，面向小微企业主，网商银行联合支付宝收钱码探索“310”贷款模式，即3分钟申请、1秒钟放贷、0人干预，迅速打开局面。仅一年时间，网商银行小微商贷新增逾300万户，而这一获客数字，此前的阿里小贷用了近5年时间来完成。

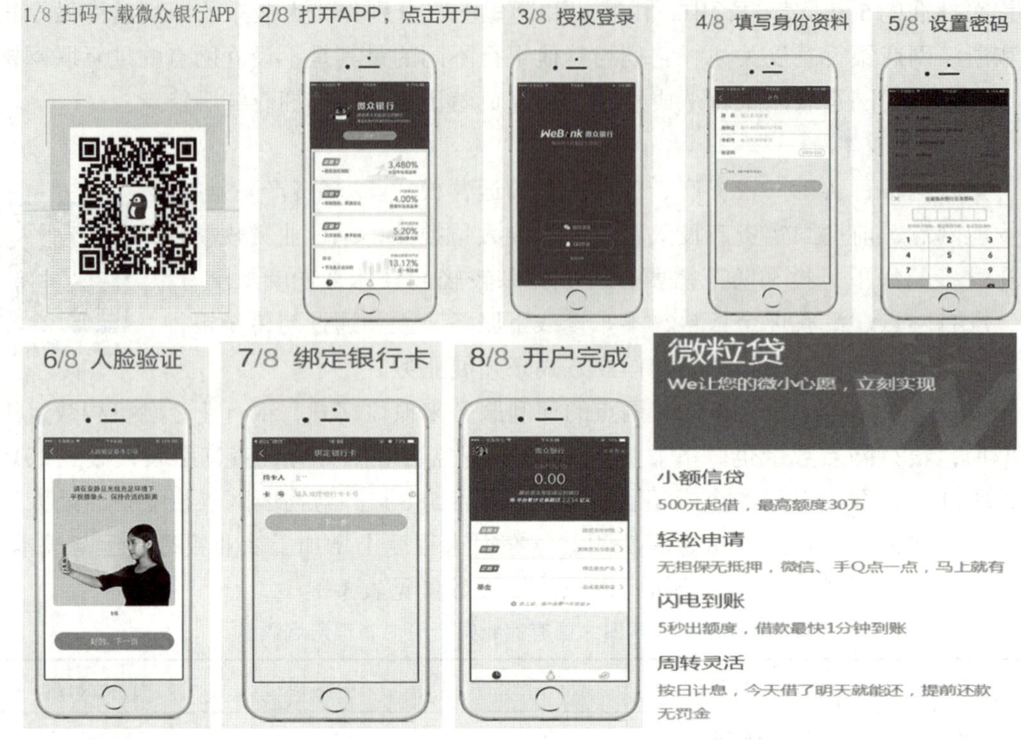

图 3-5 微众银行开户流程及产品特点

（三）以大数据为依托

传统商业银行在多年的经营中获取了大量的客户信息数据，但这些数据大多处于休眠状态，没有得到真正的分析和利用。除了个别高端客户的营销外，商业银行还是以普适化营销为主，数据挖掘分析尚处于初级阶段。所以传统商业银行还是主要依靠信贷经理通过收集资料和实地调查进行风险识别，对贷款的发放十分谨慎。另外，烦琐复杂的审批环节和严格的信用评价流程让许多中小企业望而却步，导致资金利用率很低。

借助大数据与云计算平台的互联网银行的出现转变了传统银行的借贷思路，对传统银行而言，是用大数据防范500万～1 000万元损失的风险，而互联网银行是利用大数据防范500～1 000个1万元损失的风险。因此，传统银行在这方面的运用非常有限，这也是传统银行不良贷款率不断上升的原因之一。根据银监会的数据，截至2018年三季度末，我国商业银行不良贷款余额2.03万亿元，不良贷款率1.83%，较2015年有大幅度上升。所以在互联网时代，我国传统商业银行要利用大数据技术重新认识和调整传统的运营模式。

（四）服务于长尾客户

在日趋激烈的市场竞争中，竞争的实质就是赢得潜在大客户及优质客户。因此，各大传统商业银行纷纷加入这场没有硝烟的争夺战，稳固市场地位。正是传统银行对大型国企、央企及高端企业的青睐与重视，使得互联网银行的长尾效应日益凸显，可发掘出未来无限的生存空间。与传统银行服务于资本密集型企业不同，互联网银行主要定位于长尾市场（如图3-6所示），遵循“长尾理论”，将目光瞄准数量大、规模小、资信度低、筹资困难的中低端零售企业和小微企业，为其提供个性化、简单化、标准化的服务。长尾效应的优势在于数量，将众多小型企业进行集合，最终形成一个比主流市场规模更大的潜在市场。互联网银行依托大数据平台，能够在较低交易金额和海量客户群体的环境中获得利润并赢得市场。

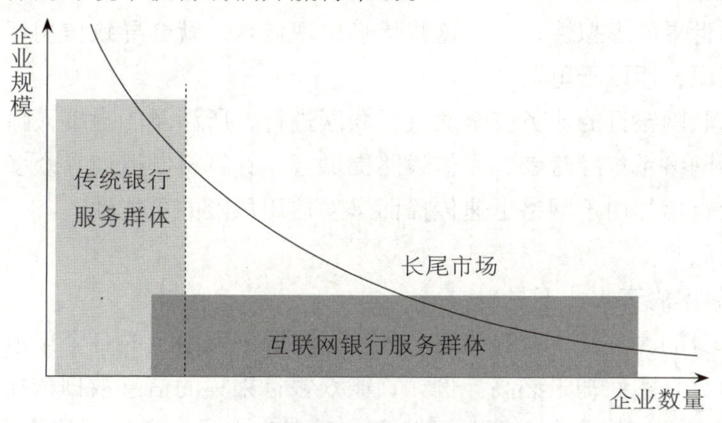

图3-6　互联网银行的长尾市场

知识链接3-1　**长尾效应**

长尾效应，英文名称为long tail effect。“头”（head）和“尾”（tail）是两个统计学名词，正态曲线中间的突起部分叫“头”，两边相对平缓的部分叫“尾”。从需求的角度来看，大多数需求会集中在头部，这部分可以称为流行。而分布在尾部的需求是个性化的、零散的、少量的需求。这部分差异化的、少量的需求会在需求曲线上形成一条长长的“尾巴”，所谓长尾效应就是因为它的数量多，将所有非流行的市场累加起来就会形成一个比流行市场还大的市场。

资料来源：佚名．长尾效应［EB/OL］．［2017-02-21］．http：//baike.baidu.com.

第三节　互联网银行面临的风险

互联网银行完全突破了传统银行的经营模式，特别是地域和时间的限制，所有金融业务都以数字化形式在线进行，银行与客户之间的往来不再受时间和地域的限制。但互联网银行在充分享受现代计算机网络技术带来的方便和快捷时，也面临着一系列的风险。一方面，传统银行面临的风险，如流动性风险、信用风险和法律政策风险等在互联网银行的经营中依然存在；另一方面，互联网银行改变了传统银行的经营理念和经营模式，不可避免地带来了一些特殊的风险与问题。

一、信用风险

互联网银行的金融业务是在互联网这一虚拟的环境中进行的，例如微众银行，它没有实体办公场所，银行工作人员和客户之间也没有面对面的交流。如此一来，制定信用决策的非常重要的因素——核实客户的善意和鉴别客户的身份就成为一个巨大的挑战。传统银行一般采用加强对客户资信审查、对资金使用进行监督、提取呆账和坏账准备金等方式防范贷款风险，而微众银行虽然能依托互联网大数据进行信息筛查，但是由于网络世界的虚拟性，一旦这些信息出现偏差，就会导致信用评定不准确，甚至是“失之毫厘，谬以千里”。

此外，互联网银行的业务完全通过互联网进行，所涉及的当事人除了银行和客户之外，还包括网络系统经营者、通信线路提供者、计算机制造商等众多主体，一旦发生纠纷，将大大增加由于网络迅速传播而爆发信用风险的可能性。

二、运营风险

（一）大数据的真实性不易确定

大数据本身的真实性不容易确定。大数据来源于网络上的各个渠道，虽然信息的来源广泛，但是真实性却未必高。例如，微众银行采集的信息数据依托于腾讯，而腾讯的社交应用平台上的信息主要是即时通信、电商交易、虚拟消费等。腾讯QQ和微信的用户涵盖面广的特点是其一大优势，但同时也是一种困扰，从小学生到博士生，从低收入人群到高收入人群，用户并没有特定性。在互联网这个虚拟的世界，只要不触犯法律的底线，不侵犯他人的合法权利，每个公民都能够在网络上自由地表达声音，所以网络上相对自由。一些在现实生活中内向的人，可能在网络上会成为一个拥有众多“粉丝”的微博“达人”；一个在现实生活中平庸的人，可能在网络中成为受人敬仰的大英雄。因此，人们在网上发表的评论、完成的调查问卷、浏览过的页面、表达过的选择倾向都未必是其真实想法的反映，甚至有时候是在情绪上做出的相反表达。在这种情形下，互联网微众银行虽然拥有海量数据信息，但如果不经过科学系统的筛选，大数据征信也难以奏效。

（二）信用评估的有效性

对于互联网银行而言，虽然其有关于信贷个体的大数据作为支撑，但这种支撑需要满足两个条件：第一是所取得的信贷个体的数据必须真实可靠；第二是大数据风控模型要有足够的深度和宽度，能够跨越各行各业并且得到长时间的验证。一旦客户数据失真，就很难对贷款人的信用和偿还能力进行准确的分析，结果将使风险成倍增加。如何有效地对贷款人的信用风险进行合理评估成为互联网银行面临的主要问题之一。

（三）网络安全问题

互联网银行的计算机应用系统由应用服务器、数据库服务器、网站服务器和客户端组成。由于其业务完全基于网络渠道，业务处理大多数依靠系统自动完成，交易记录、客户信息等数据采用电子化贮存，相比传统银行更倚重系统安全。而且互联网银行的网站服务器作为公共站点对互联网敞开，面临比传统银行更严重的系统安全问题。系统安全风险来自计算机系统故障、黑客入侵、计算机病毒破坏三个方面，一旦出现失误，将导致系统无法运转、客户资金被盗、储存信息丢失等问题，使互联网银行遭受经济损失并影响其声誉。

（四）传统银行的反击

面对微众银行、网商银行这样背后有雄厚资金支持的互联网银行的快速崛起和大量第三方支付、P2P平台迅速介入存贷款等银行业务的局面，传统银行没有视而不见、被动等待竞争者的闯入，恰恰相反，一部分传统银行已经开始增强在互联网金融领域的实力，以应对未来金融监管放松后可能产生的严峻的市场竞争。以传统金融机构为代表的“旧势力”正在与包括微众银行在内的新兴互联网金融“新势力”进行暗流涌动的较量。

例如，招商银行把金融科技作为转型动力，着力布局金融科技，加快打造数字化招行。现已利用人工智能、大数据、云计算等新技术推出闪电贷、刷脸取款、“一闪通”支付等创新服务。2017年11月2日，招商银行正式发布了招商银行APP6.0，将所有最先进的智能技术融合进去，包括人脸、指纹、声纹识别，智能投顾，智能风控，AR技术等等。2017年年底，招行宣布正式推出网上企业银行第十代产品U-BankX，通过运用区块链、移动互联、大数据、人工智能等Fintech核心技术，突破银行账户属性，视所有企业为用户，倾力打造开放、智能化互联网服务，创新全渠道场景化的支付结算产品。用金融科技对公司金融既有的底层架构、服务流程、产品体系进行深层次重塑和优化，实现企业网银从封闭到开放、从工具到平台、从人脑到AI、从场景到生态的升级。至此，招行实现了从个人端到企业端的金融科技战略全面布局。

三、法律风险

（一）侵害金融消费者的知情权

网络的虚拟属性使得消费者无法直接面对互联网银行。大多数情况下，消费者只能基于网站上提供的信息进行交易，在这种情况下，交易双方处于信息更加不对称的地位。消费者在互联网银行的网站上购买理财产品、基金等金融产品时，会遇到互联网银行方面重点强调理财产品的高收益率，而淡化产品的投资对象、风险提示等情况，导致消费者无法对金融产品的特性有充分了解。例如，2013年出现的货币市场基金余额宝就有过这样的行为，其手机客户端网页上没有表明余额宝的本质，只强调其收益率能够达到6%，导致很多消费者认为余额宝是存款，直到后来有业内人士指出真相后，余额宝方面才用非常小的字体在网页下端提示余额宝货币市场基金的身份。至此，消费者才恍然大悟，原来余额宝并不是稳赚不赔的产品。显然，在这个过程中，余额宝方面侵犯了消费者对于自己购买的金融产品内容、特性、风险、收益方面的知情权。

同样作为互联网金融创新成果的微众银行也出现过类似的问题。在新形势下，尊重消费者的知情权，在金融市场中保持诚实守信对于包括微众银行在内的许多互联网金融机构尤其重要。

（二）大数据征信侵犯隐私权

在民法范畴中，隐私权是人类最基本的民事权利，没有隐私，人类就会生活在透明的世界。一些发达国家，例如美国及欧洲发达国家在保护消费者隐私方面制定了严格的法律，一旦违反，侵犯隐私者将面临严厉的惩处。美国专门保护隐私权的法律包括《美国隐私权法》《家庭教育隐私法》《财务隐私权法》等；欧盟在2002年颁布的《消费者金融服务远程销售指令》中强调了禁止任何金融机构泄露消费者的个人隐私。

我国2007年发布的《中华人民共和国政府信息公开条例》是我国对于个人隐私最早的规定，但是该条例并未指出哪些属于个人隐私；同样，2009年出台的《中华人民共和国侵权责任法》虽然首次明确了隐私权的独立地位，指出隐私权属于民事权益，但是对于什么是隐私权没有进行定义；2009年通过的《中华人民共和国刑法修正案（七）》中出现了非法获取公民个人信息的字眼，是我国法律第一次对非法获取公民个人信息从刑法层面做出规定，但是同样没有界定隐私权；2012年12月出台的与互联网金融关系密切的《关于加强网络信息保护的决定》中也仅规定“国家保护能够识别公民个人身份和涉及公民个人隐私的电子信息”。由此可见，虽然我国的法律法规近年来强调对个人隐私的保护，但是法律法规对个人隐私的内涵却缺乏具体的界定，这对于个人隐私保护来说无疑是一大障碍，同时也增加了微众银行在使用大数据抓取数据时面临的法律风险。

（三）远程替代面签的合规性

监管部门重视面签，主要是因为长期以来，面签是银行准确甄别和审核每一个授信对象的重要手段。首先，面签能够确认客户身份及行为的真实性，确保客户本人意识到风险并愿意承受；其次，严格的面签也有助于防止银行账户成为洗钱的渠道。在互联网已经越来越成为经济发展中不可或缺的重要环节时，妥善处理面签问题也就成为必然的趋势。2015年1月7日，央行下发了《关于银行业金融机构远程开立人民币银行账户的指导意见（征求意见稿）》，对银行远程开立账户提出框架性意见，要求银行以实名制为基础进行柜台开户或者远程开户。然而，在2014年3月中国人民银行下发的《关于规范银行业金融机构开立个人人民币电子账户的通知（讨论稿）》中，电子账户被分为强和弱两种，其中，未能在银行柜台开立的电子账户界定为弱实名电子账户，只能用于购买该银行发行、合作发行或代销的理财产品，不具备交易支付、转账结算和现金收付的功能，资金进出必须通过绑定银行其他结算账户实现。如此一来，即使远程开户得以实现，弱实名电子账户在业务办理方面的限制仍将阻碍微众银行的业务开展。因此，从目前来看，通过人脸识别技术开展开户和后续服务还存在法律上的障碍。

第四节 互联网银行的发展策略

现阶段，我国互联网银行开展的金融服务刚刚起步，其发展所需的技术、法律、监管、征信体系尚不完善，政府应发挥宏观指导作用并给予一定的政策与资金支持，从而推进互联网银行在我国的健康发展与普及。

一、完善立法，鼓励互联网金融的发展

目前，我国的互联网银行还处于萌芽状态，非常需要国家政策在立法上的支持。在我国现行的《商业银行法》《保险法》《证券法》等金融领域的法律体系中，对于互联网金融的规制较少，导致互联网金融在概念界定、市场准入、操作规范、消费者权益保护方面存在许多空白，因此在修改法律时，应加强对上述问题的规制，明晰互联网金融业务各交易主体的权利和义务，并在此基础上进一步制定相应的配套规章制度。

另外，应当完善我国的数据电文法律制度、电子合同法律制度、电子签名与认证法律制度。还应制定互联网交易规则，重点规定数字签名的识别、电子交易凭证的保存、交易主体义务的明确等。

二、完善金融监管制度

（一）树立确保效率和公平的监管理念

从总体上来看，互联网金融对于服务实体经济、增加金融消费者的利益大于弊端，对于互联网金融，在监管上如果过于严格，就会严重抑制互联网创新，最终不利于我国金融业的发展。因此，针对目前我国互联网金融发展中存在的缺陷和不足，监管当局要秉持开放、包容的态度，在监管的过程中把握分寸，通过正确引导和规范，并树立“宽进严管”的监管理念，使互联网金融发展阳光化、制度化和规范化。为了实现效率与公平的目标，应当从以下两个方面入手：

1. 为互联网小微银行的发展创造公平的环境

在经济的发展过程中，通过行政手段适当干预互联网银行是必不可少的。从金融业的长期繁荣稳定来看，最根本的措施是减少对于传统金融的保护，引入竞争机制，让所有的金融形式能够在公平的环境中竞争，确保互联网银行在市场准入、经营管理等方面取得平等的地位，从而让互联网银行享有平等的权利，承担平等的义务和责任。此外，由于互联网金融还处于起步阶段，在传统金融面前处于弱势，因此也应对其加以引导和保护。

2. 鼓励互联网小微银行的金融创新与尝试

在我国，互联网银行是金融创新的最新形式，还处于摸索阶段。过去，传统银行业依靠垄断就能够获取巨额利润，息差以及中间业务收入是最主要的收入来源。鼓励支持互联网银行在一些业务上的先试先行，在激发互联网银行不断创新的同时，也能够倒逼传统金融积极创新，优化金融产品结构，丰富金融工具类别，改变我国商业银行一直以来利润主要靠存贷款业务的尴尬局面，提升其竞争力。

（二）完善市场准入与退出制度

我国的互联网小微银行处于起步阶段，相对而言，技术还比较落后，经营经验也比较缺乏，因此，非常有必要加强对互联网银行的市场准入管理。但是如果准入制度

过于严格，潜在的服务提供者将无法进入市场，就容易形成垄断巨头完全占领市场的局面，这不仅不利于互联网银行服务的壮大与发展，更不利于消费者的利益和经济的健康发展。同时，还应当建立和完善退出机制，确保银行在经营不善或者违规操作而无法继续经营时，不会出现严重的负外部效应。

1.建立相对宽松的市场准入制度

随着科技的日新月异，互联网小微银行的出现是历史发展的必然结果，而放宽市场准入制度也是市场公平竞争的内在要求。因此，我国应当有限度地适当放宽市场准入主体的标准。市场准入是互联网银行监管的重点，目前的问题是，虽然我国第一批互联网银行已经相继成立，但是对于互联网银行的准入标准，监管部门尚未出台具体的规定。因此，应当制定相关的行业准入标准和安全评估的具体内容，一家互联网银行的发展涉及千家万户的资金安全，因此应当在资金安全上制定全面的衡量指标，保证互联网银行的安全和信誉。

2.扩大互联网银行的营业范围

目前，微众银行等互联网小微银行的经营范围还比较狭窄，然而随着经济全球化速度的加快，互联网银行不能将业务局限于存贷款等有限制的经营范围，而应适时增加互联网银行的产品种类，并扩大服务范围，促进其在运营方面专业化，从而提高经营能力。

3.提高银行工作人员从业要求

互联网小微银行是金融与互联网的紧密有机结合，这种结合的最终目的是向消费者提供优质的服务，实现公司的盈利，因而这客观上提高了对工作人员的从业要求。因此，有必要在任职资格上进行明确的要求。例如，熟练掌握金融知识和计算机技术，并且在从事核心工作的人员中必须具备相当数量富有经验的人员。

4.建立和完善市场退出机制

若互联网小微银行已出现应当退出市场的事项，则这种退出不仅牵涉金融资产，还会涉及其在网上搜集的各种资料和信息等，这些信息中包括客户的隐私。因此在对互联网银行进行监管时，必须对退出机制做出完善的安排，使其在满足退出市场条件的同时，能够有效地保护客户的利益。

三、构建和完善国家信用管理体系

目前我国采取的是政府主导的征信系统，央行征信中心管理的企业和个人的征信系统数据库是最主要的征信系统，该数据库的信息来源主要是商业银行等金融机构收录的信息，其他商业性的征信机构的征信信息无论在数量上还是在质量上，都难以与中国人民银行的征信系统相比，并且绝大多数征信机构都不提供个人征信业务。该数据库的使用者主要是商业银行、司法部门以及数据主体本人。而互联网金融数据还没有被纳入征信系统中，互联网金融也不能使用该系统，因此该征信系统的封闭性提升了互联网金融机构的信用风险指标，间接地制约了互联网金融的发展。微众银行等互联网金融机构利用社交平台等方式获取大数据进行征信服务，实际上也反映了央行征信系统的封闭性。因此，我国应采取以下措施加以完善：

（一）扩大征信系统的数据来源

制定统一的数据标准，运用与之相匹配的信息技术，以数据的共享机制为基础，将互联网银行的数据同央行的数据库相结合，加大对小微企业信用数据的搜集。

（二）将互联网金融机构的信用信息纳入央行的征信体系中

打破不同征信系统之间的隔阂，同时赋予互联网金融机构使用征信系统的权力，从而实现金融信息共享，弥补互联网银行在开展业务时对客户信用核实不足的缺陷，进而降低互联网银行在管理客户信用上的成本支出。

（三）建立全国一体化的信用信息数据库

早日建立全国一体化的信用信息数据库，降低信用风险，实现金融资源的优化配置，构建完整的国家征信体系，推动金融业的健康、有序发展。

四、完善金融消费者权益保护制度

我国互联网银行消费者权益保护的法律依据主要是2014年修订实施的《消费者权益保护法》，其中增加了对金融业中消费者权益保护的条款。但是，目前我国对于金融消费者保护的规定原则性较强、操作性不高，仍然存在许多漏洞和缺陷。在金融市场中，金融机构和消费者的地位存在严重的不对等。相比传统银行，互联网小微银行虽然资金规模小，但其依托的是先进的互联网技术和大量的专业人才，而其交易对象是广大的“草根”，他们中大多是进城务工人员、自由职业者、工薪阶层等处于社会底层的普通人，不但有可能在与金融机构交易的过程中受到误导而导致财产损失，而且一旦和微众银行等互联网银行产生矛盾纠纷，他们更不知道如何向一个没有经营实体、没有终端设备的互联网银行争取自己的合法权益。

（一）互联网金融机构应承担更多的义务

传统银行在推销有风险的理财产品时，银监会要求其承担相应的风险提示义务，对所涉及的重要风险进行说明。在互联网银行业务中，由于金融消费者的参与面更广，并且是通过远程方式接受金融服务。因此，我国应当更加重视对金融消费者权益的保护。加强对金融消费者的保护，需要制定专门保护金融消费者的法律规范，通过加强互联网金融机构的义务来保护金融消费者。

（二）加强互联网金融机构的提示义务和对消费者的隐私保护义务

如上文所述，由于金融消费者的主观和客观原因，金融消费者在金融消费中容易遭受财产损失。因此，从约束互联网金融机构的角度出发，在交易前，互联网金融机构应向消费者披露金融产品的内容、特性等相关信息，向金融消费者介绍产品的收益的同时，提示存在的相应风险。例如，在银行未充分履行风险提示义务，或者所提供的消息不实且误导金融消费者，造成金融消费者财产利益受到损害的情形下，由于银行存在过错，因此银行应当承担一部分赔偿责任。同时，在互联网时代，信息获取能力和信息传播效应空前发达，个人隐私面临严重的泄露风险。因此，我国应当通过立法详细规定金融机构可获取消费者个人信息的范围，同时规定如何合法合理地使用这些信息，对侵犯消费者隐私权的行为进行严厉处罚。

以微众银行为例，其获取的消费者个人信息中，包括个人基本信息，如姓名、性别、兴趣等，还包括个人的购物习惯、商品评论、浏览偏好等与交易行为密切相关的信息，因此，国家应当明确微众银行等互联网金融机构获取的信息中哪些应当作为个人隐私受到特殊保护，微众银行应当采取安全措施来保护这些个人隐私不被非法使用、泄露等。对金融机构而言，虽然在技术和资金上会增加不少成本，但这无疑是加强对金融消费者保护的应有之义。

（三）加强对消费者的财产安全保障责任和对金融消费者的事后维权支持

倘若微众银行等互联网小微银行无法有效地保障金融消费者的资金安全，就会对当前金融秩序造成巨大的冲击和风险。对于微众银行而言，如果金融消费者在其声称安全的网络交易环境中，发生了账户资金被第三人盗取而遭受损失的情况，金融消费者自身并没有过错，虽然其无法提供证据说明资金的去处，即使微众银行自身没有过错，但是基于公平、正义的原则，其应当对消费者做出相应补偿。同时，我国应当成立特别针对互联网金融消费者保护的机构，设立赔偿和诉讼机制，处理互联网金融消费者的服务投诉和纠纷。例如，效仿英国的金融ADR机制，建立集调解与仲裁于一身的多元化金融纠纷解决机制，通过不断完善规则，加强对金融消费者的保护，使双方处于平等的地位，从而推动互联网金融的良性发展。

本章小结

1.互联网银行借助数字通信、互联网、移动通信及物联网技术，通过云计算、大数据等方式实现在线为客户提供存款、贷款、支付、结算、汇转、电子票证、电子信用、账户管理、货币互换、P2P网贷、投资理财等金融服务，具有高效快捷的特点。

2.互联网银行是金融创新与科技创新相结合的产物，它不仅为现有金融机构提供了一条新的产品与服务销售渠道，还解决了如何将传统业务向互联网渠道整合，以及利用互联网渠道的优势带动相关产品创新的问题。

3.我国必须要解决好互联网银行安全技术问题，完善技术和硬件设施，同时要加强和完善立法。

关键概念

互联网银行　普惠金融　虚拟概念的互联网银行　延伸概念的互联网银行

知识掌握

一、单项选择题

1.下列不属于互联网银行的特点的是（　　）。

A.成本低　B.效率高

C.依托大数据　D.服务于大中型客户

2.与国外互联网银行相比，国内互联网银行的不足之处有（　　）。

A.依赖性强　B.产品丰富　C.征信完善　D.效率较高

3.互联网银行面临的风险不包括（　　）。

A.法律风险　B.市场风险　C.运营风险　D.信用风险

4.互联网银行面临的运营风险不包括（　　）。

A.传统银行的反击　B.大数据有效性　C.大数据失真　D.黑客入侵

5.互联网银行的发展策略不包括（　　）。

A.完善立法　B.完善监管　C.完善信用体系　D.争夺大客户

二、判断题

1.互联网银行就是“互联网+银行”。（　　）

2.互联网银行可以为客户提供低成本、高效率、无风险的金融服务。（　　）

3.借助大数据与云计算平台的互联网银行转变了传统银行的借贷思路，大大降低了信息不对称，提高了风险防控能力。（　　）

4.互联网银行业务突破时间、空间、地点的限制，各方面都要比传统的商业银行业务有优势。（　　）

5.互联网银行要在激烈的竞争中获胜，就必须定位于大客户及优质客户。（　　）

三、简答题

1.互联网银行的特点有哪些？

2.互联网银行面临的风险有哪些？

3.根据本章的学习，请你阐述一下互联网银行在我国应如何发展？

知识应用

一、案例分析

招商银行转型新动能

在招商银行大连分行的发展过程中，创新基因在批发金融领域生根发芽。招商银行先后推出了买方信贷、企业网上银行、公司理财、外币现金池等创新产品，形成了自身的特色，具备了一定的竞争优势。招商银行围绕“为客户创造价值”的思路，在结算与现金管理、跨境金融、供应链金融、互联网金融、贸易金融等领域，通过创新的产品、专业的服务、高效的系统，为客户提供便捷的一站式解决方案。

值得一提的是，通过深入分析产业互联网交易模式下的客户交易需求，招商银行构建了完全基于互联网思维的“E+账户”产业互联网金融解决方案。“E+账户”是互联网开放式金融账户体系，突破了传统银行账户体系金融服务的边界，开拓了基于互联网账户的广义“存、贷、汇”新疆域。

2016年，招商银行APP推出了通讯录转账服务，只要在招商银行APP注册一网通，用户无论绑定的是哪家银行的银行卡，都可实现“通讯录转账”功能。而收款者只需在首次收款时，根据提示绑定任意一张银行卡（卡主姓名须与收款者一致）即可，下次接收他人“通讯录转账”时，无须再输入卡号绑定。这种简单、便捷又无提现收费的方式，从开始推出便受到客户的好评。

同年，招商银行推出的“一闪通”业务，成为领先金融科技产品的亮点。用户使用“一闪通”时，只需将手机屏幕点亮靠近POS机即可支付，无须打开任何APP，也无须网络支持，轻松便捷，更有多重安全保障，确保账户信息安全。

在零售业务领域，招商银行大连分行全面追求科技、未来服务体验。未来银行在大连恒隆广场隆重开业，由此实现客户体验的全新升级。未来银行配备了自助打印终端、大额存取款机、可视柜台、移动VTM等先进的自助设备，实行零售柜面无纸化、网上转账全免费、“ATM刷脸取款”等创新模式，半封闭的理财洽谈区更具私密性，触摸展示屏带给客户体验智能银行的乐趣。遍布大连各个招商银行网点的一项项智能服务，将服务触角成功延展到百姓的生活场景当中。

助力小微企业，“生意贷+”与“有房就贷”一站式融资服务全新起航。2016年，招行将原来的“生意贷”升级为“生意贷+”，在保持“生意贷”的传统优势的同时，以技术研发推动实现两大升级——把线下服务升级为线上服务，把贷款服务整合升级为一站式综合服务。招商银行小微业务已通过手机银行率先实现一键申请、一键查询、在线转贷、在线估房的“全自助”等线上服务。在服务方面，“生意贷+”不仅为小微客户提供融资服务，同时还将提供结算、财务管理、经营培训、商务社交等功能于一体的一站式综合金融服务；产品方面，“生意贷+”涵盖了多种类产品，进一步满足小微业主对于贷款产品多样化、个性化的需求；在流程方面，“生意贷+”在前、中、后期全面建设，优化运营流程，为小微业务发展提供坚实的支撑，解决“风险与成本”难题。

资料来源：佚名．招商银行：打造创新驱动、零售领先、特色鲜明的轻型银行［EB/OL］．［2016-12-07］．http：//finance.china.com.cn/roll/20161207/4013640.shtml.

分析探讨：互联网给传统商业银行带来了哪些机遇与挑战？传统的商业银行应如何面对？

要求：

1.将本班学生组成金融活动小组，以金融活动小组为单位，对题目认真分析并做准备，列出发言提纲。

2.教师巡视课堂进行指导，然后各金融活动小组选派一位代表将分析结果向全班陈述。

3.全班同学以自由发言的形式对各小组的发言进行讨论，并由教师点评。

二、专项实训

[实训题目]

登录互联网银行官网，了解互联网银行的业务。

[实训要求]

1.登录互联网银行官网，浏览互联网银行的产品。

2.谈谈互联网银行的产品和服务与传统商业银行的产品和服务有什么不同。

3.通过实训查询资料学习后，请你谈谈互联网银行未来的发展趋势。

第四章
互联网证券

学习目标

知识目标：了解互联网证券的发展趋势，掌握互联网证券的定义及开发模式，理解互联网证券的影响。

能力目标：能够办理互联网证券的相关业务，能够识别互联网证券的风险。

案例导入

海外互联网券商第一股：富途证券登陆纳斯达克

2019年3月8日晚间，富途控股正式登陆纳斯达克，成为在海外上市的第一家互联网券商平台，其发行价为12美元，为发行价区间10~12美元的上限。富途此次上市由瑞信、高盛和瑞银联合承销。泛大西洋投资集团拟以同时私募配售的方式向富途投资7 000万美元。

近几年，人们海外投资的兴趣逐渐兴起，投资者热衷参与分享全球上市公司的红利。有资料显示，美国是全球第二大在线证券市场，预计2023年其交易额将达到14.9万亿美元。而互联网券商以其佣金低廉、无物理网点限制、无持仓限制、注重差异化需求等优势为用户提供多元化投资理财产品，逐渐获得用户的青睐。

与此同时，随着用户需求规模的激增，包括老虎证券、富途证券、华盛证券在内的互联网券商对于海外市场的布局愈发紧迫。据了解，另一家向美国SEC提交招股书的互联网券商——老虎证券，其2018年最大的运营费用支出项，除期权形式的员工激励外，就是市场推广和品牌打造。

在科技方面，与其说互联网券商是利用大数据、云计算等技术直击传统券商弱点，不如说其一“出生”就具备了科技属性。可以看到，小米系的老虎证券、网易系的青石证券和新浪系的华盛证券，这些平台背后无不有庞大的技术基因存在。

在融资方面，富途三轮融资都有腾讯参与。招股书显示，在此次配股前，富途证券创始人李华持有51.7%的股权，为最大股东，腾讯作为第二大股东持有38.2%的股权，经纬持股6.1%，红杉持股4%。

资料来源：佚名. 海外互联网券商第一股：富途证券登陆纳斯达克，总市值达17.77亿美元［EB/OL］.［2019-03-09］. https://baijiahao.baidu.com/s?id=1627455369976440143&wfr=spider&for=pc.

第一节　互联网证券概述

随着国家政策的逐步放开，互联网企业凭借其强大的技术实力和庞大的用户群，纷纷跨界进军金融行业，如阿里巴巴推出的阿里金融、亚马逊推出的Amazon Lending、京东商城推出的供应链金融等，同时腾讯、东方财富、大智慧等公司也对证券业务蠢蠢欲动，原本毫不相关的公司成为强大的竞争对手，这无疑将加剧证券行业的竞争。

一方面，以证券公司、基金公司为主的传统证券经营机构纷纷架设互联网金融等部门，研讨互联网证券与基金业务的开展方向，而非现场开户、基金网络销售等业务的兴起则正是传统机构的尝试成果；另一方面，部分互联网金融平台也在推动开户导流、基金销售、智能投顾等相关业务的上线。证券业协会成立了互联网证券业务专业委员会，多家券商获准试点互联网证券业务，基金业协会也开设了互联网金融专业委员会。这意味着，监管部门及行业自律组织也在勾勒证券与基金业务“互联网+”的协调机制和规则框架。毫无疑问的是，互联网证券已不再仅局限地被定义为一个金融业务门类，其作为一种行业业态已悄然成形了。

一、互联网证券的产生

中国证券行业长期以来产品同质化严重，盈利模式比较单一。互联网技术的快速发展和渗入，将促使中国证券行业的竞争日趋激烈，最终形成“几家大型综合+众多小而美”券商的产业格局。2013年6月，“余额宝”的火热问世，将互联网金融正式“概念化”，并伴随着金融领域的不同类别被进一步细化。此后，“互联网证券”“互联网基金”的提法应运而生，与此有关的行业活动也进一步增多。

2013年5月，国泰君安开始布局互联网业务，将零售客户全部取消，以网络金融部替代，同时推出手机移动端平台。2014年，海通证券调整部门架构，设立零售与网络金融部，推动整个互联网业务发展，并由内部多个部门支持配合。除此之外，太平洋证券、财富证券、中投证券、中山证券等证券公司都筹建了网络金融事业部，搭建了互联网端平台。在证券业务领域，券商相对于互联网企业而言，尚不能树立起绝对的竞争壁垒。如果证券公司要想在新一轮金融业竞争中获得重要筹码，必须尽快捆绑大中型互联网企业，引入互联网的思维模式和战略构想，并利用自身在客户、数据、系统等方面的已有资源开展业务。

2007年之后，中国证券行业的交易佣金率一直在下降，证券行业的佣金战在逐步升级，佣金自由化本身就是金融自由化的一部分，互联网券商的出现加速了这一过程。2014年2月20日，国金证券作为国内首家拥抱互联网的券商，推出了万分之二点五的佣金宝产品（如图4-1所示），被业界视为传统券商与互联网企业的首次“亲密接触”，也拉开了证券行业“触网”序幕。

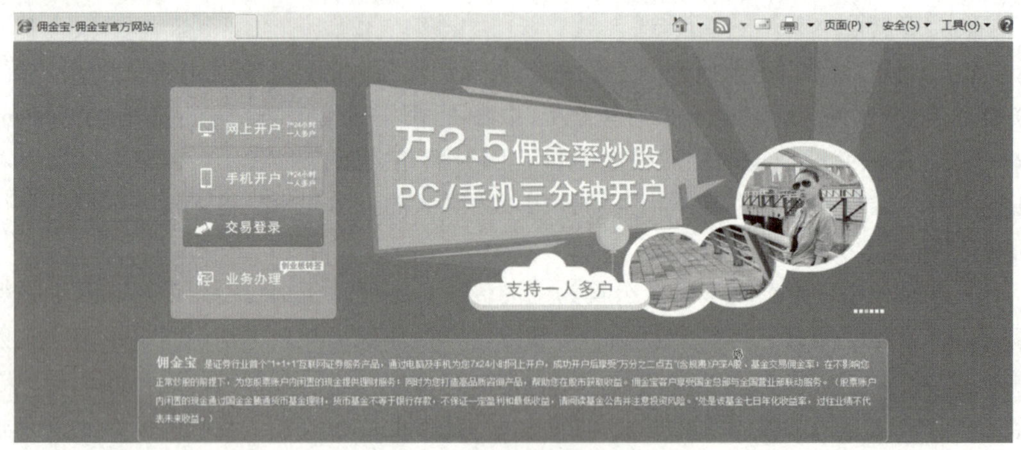

图4-1 国金证券佣金宝

知识链接4-1 佣金宝

佣金宝是国金证券与腾讯战略合作之后推出的证券行业首个“1+1+1”互联网证券服务产品。佣金宝通过个人电脑终端及手机终端为投资者提供7×24小时网上开户服务，项目落地国金证券上海西藏中路营业部（佣金宝客户业务可在全国营业部办理），成功开户后享受万分之二点五（含股票交易规费）沪深A股、基金交易佣金率；为投资者的股票账户保证金余额提供理财服务；同时为佣金宝客户打造高价值咨询服务，提供股票等产品的投资建议，帮助客户在股市获取投资收益。

资料来源：佚名．佣金宝［EB/OL］．［2020-02-25］．http：//www.yongjinbao.com.cn/.

二、互联网证券的概念

互联网证券，即通过互联网技术和互联网平台实现证券的发行、定价、销售、交易、衍生活动等相关现象。从可行性上来看，互联网证券包括经纪、理财产品代销、证券发行承销、衍生品、自营投资、融资交易等多个类型的传统证券业务，只要能通过互联网技术实现交易费用的下降和证券活动效率的提高，均可视为互联网证券业务。其中的互联网业务，则可视为通过互联网技术或互联网平台实现公募基金或私募基金产品的发行、资金募集、销售、运营、投资管理的活动。

目前，国内的互联网证券活动主要出现在网络在线开户、新股申购、在线交易、理财产品在线销售等环节。而受制于监管限制和行业现状，互联网基金则更多体现在基金销售层面，与互联网证券的多维度探索相比，行业生态相对单一。

三、互联网证券的开发模式

目前，无论是大型券商还是中小型券商，都认识到了拓展互联网金融业务和争夺在线客户资源的重要性，其布局的力度也超出以往。就其形成方式而言，互联网证券的开发模式主要有以下两种：

（一）战略合作模式

互联网企业凭借其海量的用户群和数据支持，吸引了很多券商与其合作。例如，2014年3月，国金证券、中山证券、中信证券、海通证券、同信证券、湘财证券和民族证券等券商选择与腾讯合作，投资者可以通过“腾讯自选股手机移动终端”，在浏览自选股行情和资讯服务的同时，联系相应的券商办理开户、转户。券商通过技术手段实现互联网开户，然后与大型互联网公司和金融信息服务公司合作导入流量；证券资金账户由虚拟账户转变为类银行账户，开展消费、转账、储蓄等类银行业务；推出各类金融产品抢占理财市场，与传统银行理财和互联网金融类产品正面竞争。包括阿里巴巴、搜狐、新浪在内的多家互联网公司都接到了券商的“橄榄枝”。

（二）单独开发模式

部分券商，特别是大型券商，选择了自建平台。目前，平台、账户、产品三大领域是国内券商探索互联网金融的主流方向。券商可以充分借助信息技术的优势，用虚拟化的网络便捷地传递信息，减少不必要的实体成本；不仅可以利用网络技术的优势开展证券交易，还应逐步扩大业务范围，例如将路演、发行与承销、信息发布与查询、网上理财经纪服务等业务也放到网络上，提供综合性的服务；另外，对于不同的市场主体，还应结合其特殊需求，提供个性化的服务。

四、互联网证券的发展趋势

证券业的“互联网+”之路在投资热情的刺激及监管层的规划和引导下，由初级的触网迈进构建账户、打造平台、整合产品三位一体的深度探索。以客户为中心、以市场需求为导向、以互联网为基础，运用大数据、云计算等技术改造传统证券业务；在互联网与证券业的融合中创造出超越传统业务、产品、服务的新模式。无论是腾讯、阿里、百度、京东等互联网巨头，还是其他互联网企业对于互联网金融的创新，其产生的大背景都有一个主要的原因，即中国金融制度本身普惠金融的缺失。

当前，我国证券业“互联网+”的发展趋势主要有：

(1) 互联网公司并购券商，例如大智慧收购湘财证券，东方财富收购同信证券。

(2) 券商投资、参股互联网金融平台，互相合作，借此探索互联网证券之路，例如广发投资“投哪网”，海通投资“91金融”等。

(3) 设立股权众筹平台，利用互联网低成本、市场化的运作模式，引导创业投资基金支持中小微企业、新三板和区域股权交易中心挂牌企业，同时为民众投资理财开拓新渠道。

第二节 互联网证券业务

当前，人们明显感受到了互联网给生活带来的改变，借助社交网络、移动支付、搜索引擎、云计算、数据挖掘等先进的互联网技术，互联网正不断浸透到经济生活的各个领域。互联网金融正在冲击包括证券行业在内的非银行业，并倒逼全行业自上而下进行市场化改革。

券商触网模式多样、创新迭出，但仍需要注重回归金融本质，强化金融服务。互联网金融平台的最大核心竞争力在于客户流量。流量创造价值，而流量是否能成功变现，关键在于用户体验。好的用户体验能够实现长期有效的客户变现；相反，损害客户价值的用户体验不能持久变现。为此，券商们调整传统业务架构、进军互联网的动作频繁，目前无论是大型券商还是中小型券商，都认识到拓展互联网金融业务和争夺在线客户资源的重要性，其布局的力度也超出以往。

一、网上开户

证券开户、代理证券买卖等经纪业务目前是应用最广泛的互联网证券业务，也是当前对证券公司影响最大的互联网应用。就网上开户而言，现在许多证券公司都提供7×24小时的网上开户服务，比如国金证券的“佣金宝”、中信建投的“108秘书”等，这些应用省去了客户之前要开户进行证券交易，必须先去证券公司办理一系列手续的烦冗流程，只需通过身份证验证、基本资料填写、视频见证、银行卡绑定即可完成开户（如图4-2所示）。

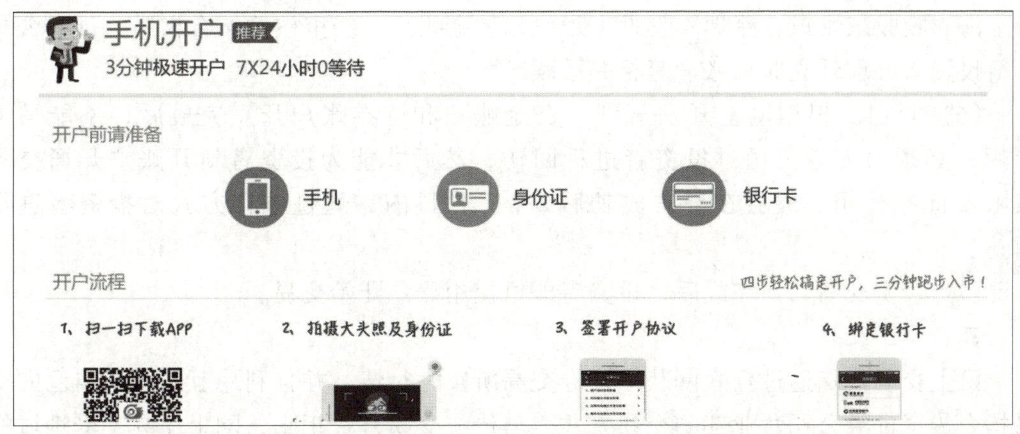

图 4-2　国信证券网上开户流程

通过网上开户，客户（目前仅自然人）不需要再到营业部现场，通过互联网即可向证券公司申请办理开立证券账户、资金账户、开通第三方存管等业务。客户需事先准备好本人身份证、手机、银行借记卡以及配备有摄像头的电脑，通过上传身份资料、视频见证、申请数字证书、填写信息等步骤，只需花费几分钟的时间，即可在线开立资金账户，以及上交所 A 股、深交所 A 股账户和基金账户。

（一）开户时须准备的证件和工具

（1）本人的身份证原件；

（2）本人的银行卡；

（3）正常使用的手机号码；

（4）配备有摄像头、能够上网的电脑（暂不支持通过代理上网）。

（二）新开户流程

（1）上传证件照，完成视频见证。投资者在开户网站上传（或直接对摄像头拍摄）身份证正、反面图像，并拍摄本人头像照，上传的照片和图像必须清晰、可读。为确保投资者的资产安全，根据监管机构的规定，投资者还必须和公司网上开户见证人员通过网上视频进行实时视频见证。在见证过程中，见证人员将对投资者上传的证件资料和视频内容进行审核，并对见证视频进行录像。视频见证必须由投资者本人亲自办理，申请时要将身份证原件准备在手边。

（2）证书都是专属的，证书中包含其本人的身份信息，是投资者在后续开户操作中的身份认证工具。申请后，数字证书将安装到电脑上，投资者后续开户操作必须在安装了其本人数字证书的电脑上完成。

（3）开立资金账户，填写并提交申请表，仔细阅读相关协议并确认后，投资者即可立即获得申请开立的资金账户，收到相应的短信通知。

（4）办理人民币资金第三方存管业务。投资者选择已开设借记卡的银行，按照页面提示输入该银行的账号等相关信息。

（5）开立证券账户。投资者本人的资金账号开通银证转账关系后，可选择在线开设上海A股股东账户、深圳A股股东账户和基金账户，经审核确认合格后，证券公司会给投资者办理开立股东账户等相关手续。

（6）回访。根据网上开户规则，资金账户和证券账户开立完成后，不能马上使用，必须由证券公司对投资者进行回访，然后才能为投资者新开账户开通交易权限。证券公司一般会在开户成功后2个工作日内，通过电话方式对投资者进行回访。

（7）投资交易回访完成后，投资者即可使用账户开始交易。

二、网上交易

网上交易是指通过互联网获取证券交易所实时行情，并且利用互联网把自己的交易指令传至证券公司营业部的交易方式。与传统交易方式相比，网上交易不受地域的限制，不受上班时间的限制，只要办理了网上委托交易的相关手续，就可以坐在家里、办公室里或在外地，进行行情接收与委托下单，轻松实现交易。总之，高效便捷、手续费低的网上交易促使越来越多的投资者利用其进行股票交易。一般而言，投资者使用网上交易的方法有以下几种：

微课4

网上证券交易

（一）使用网上交易软件

投资者在证券公司开户时，一般都默认选择开通网上交易功能和手机证券交易功能。投资者可以通过证券公司的官方网站下载证券公司的交易软件，登录自己的资金账户，进行网上证券交易。

（二）登录券商官网交易

投资者还可以登录所开户的证券公司官方网站，选择网上营业厅，再选择委托交易，然后登录自己的账号，即可在网站上进行证券交易，就不需要跑到证券公司营业厅或者通过电话委托进行证券交易。国信证券网上交易页面如图4-3所示。

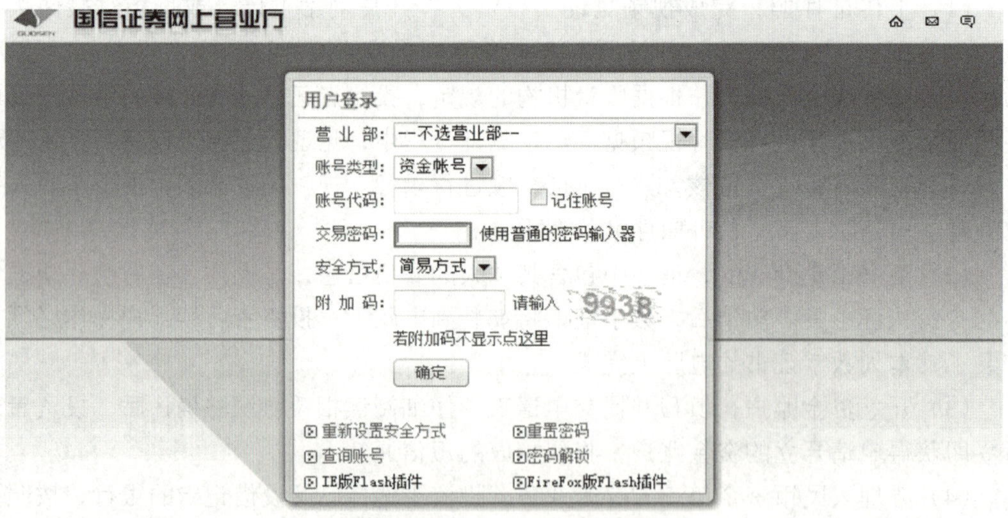

图4-3 国信证券网上交易页面

（三）登录第三方网络平台交易

部分证券公司（券商）也开通了微信公众平台，投资者也可以关注所开通账户证券公司的微信公众平台，从微信上登录自己的账号进行证券交易，如招商证券等。

小思考 4-1

如果你要参与网上证券交易，请根据你的体验和理解，思考一下你会选择哪种交易方式。

三、股票发行

（一）网上路演

网上路演（net road show），是指证券发行人和网民通过互联网进行互动交流的活动。网上路演通过实时、开放、交互的网上交流，一方面可以使证券发行人全方位展示所发行证券的价值，加深投资者的认知程度，并了解投资者的投资意向，为投资者进行答疑解惑；另一方面，可使各类投资者了解企业的内在价值和市场定位，了解企业管理层的素质，从而更加准确地判断公司的投资价值。全景网上路演平台如图 4-4 所示。

图 4-4　全景网上路演平台

网上路演的优势主要表现为：

1. 消除信息不对称

在传统的地面路演推介会中，证券发行商发放大量纸质材料，不便携带和保存，而且每次路演的时间较短，不利于投资者深入了解企业的情况。网上路演中，企业可将大量资料存放在数据库中，供投资者随时查阅，便于反复浏览、研读，加深了解。

此外，国外与国内的市场参与者的结构不同，国外市场参与者主要是机构，新股发行公司可以通过路演与之沟通，而在国内，中小散户是证券市场的主力军，而且存在信息不对称的问题，网上路演是实现新股发行公司和中小投资者进行沟通的有效途径，并能起到舆论监督、强化信息披露、增加新股发行透明度的作用。

2.降低发行成本

在传统路演中，股票发行人要在全国各地巡回路演，才能让大多数人了解自己在美国、中国香港等国家和地区的证券市场，发行人一天要安排很多场推介会，其间工作量很大，效率低下；通过网上路演，利用一次性的路演活动就可全方位展现自己，在很大程度上降低发行人的时间成本。

3.提高发行效率

在传统地面路演中，发行人和承销商要根据巡回路演后的结果来决定发行价和发行规模，采用人工计算评估，准确度低，速度较慢，耗时较长；在网上路演中，可以利用网上调查系统，设计调查表格让投资者填写，通过电脑自动统计调查结果，供发行人和承销商进行及时、科学的评估和判断。

4.保护中小投资者的利益

对投资者来说，网上路演在投资者与新股发行公司之间架起了沟通的桥梁。投资者可以通过互联网与发行人和主承销商进行实时互动交流。以往投资者尤其是中小散户只能被动地接受上市企业招股书中的内容，而通过网上路演这一形式，投资者可以提出质疑、提出建议、了解自己所需要的信息，使投融资双方获取的信息相对均衡。网上路演反映了投资者的心声，强化了信息披露，促进了对中小投资者利益的保护。

5.合理定价

投资者可以通过网上交流对招股说明书的不明之处向发行人及券商项目负责人做进一步的了解、咨询；投资者还可以通过网上路演，直接了解发行企业的基本情况、发行企业管理层的素质、未来发展规划等，从而帮助投资者准确判断发行股票的投资价值，为做出正确的投资决策打下基础。

对于主承销商来说，网上路演可以提高整个发行的透明度，把发行纳入整个市场的监督检验之中。从已经进行过的新股发行网上路演来看，投资者的问题主要是围绕发行价与发行情况、公司的财务情况、公司的募集资金的投向的项目情况等方面。投资者的意见有助于主承销商了解市场、把握市场需求，而且随着发行的进一步市场化，可能还将对新股的定价提供一定的参考。

6.完善信息披露、强化监管

对于上市公司来说，网上路演可以起到促使企业提高规范运作的意识、更加注重中小股东的利益的作用，在中小投资者中树立公司的良好形象。从年报、中报上网披露到增发股份招股意向书上网披露，再到网上路演，更多的上市公司信息将及时、充分地公布。网上路演将在完善上市公司信息披露方面发挥更重要的作用，成为规范信息披露体系的重要组成部分。

对监管部门来说，网上路演反映了投资者的心声，也反映出公司方方面面的问题，监管部门可以从中发现一些蛛丝马迹，从而加强对上市公司的监管。

（二）新股网上申购

根据市值配售，单个市场市值只能用于本市场新股申购。根据投资者持有的市值确定其网上可申购额度，持有市值1万元以上（含1万元）的投资者才能参与新股申购，沪市每1万元市值可申购1个申购单位，不足1万元的部分不计入申购额度。深市每5 000元市值可申购1个申购单位，不足5 000元的部分不计入申购额度。具体申购流程是：

1.T−2日前

打新市值准备：以投资者为单位计算的T−2日前20个交易日（含T−2日）的日均市值计算。

2.T−1日

发行人与主承销商刊登网上发行公告。

3.T日（申购日）

投资者根据额度进行申购，申购时无须缴款，当日配号，并发送配号结果数据。沪市申购单位为1 000股，深市申购单位为500股。同一投资者使用多个证券账户参与同一只新股申购的，以及投资者使用同一证券账户多次参与同一只新股申购的，以该投资者的第一笔申购为有效申购，其余申购均为无效申购。

4.T+1日

承销商公布中签率，组织摇号抽签，形成中签结果，上交所于当日盘后向证券公司发送中签结果。原T+1日申购资金验资环节取消。

5.T+2日

公布中签号。主承销商公布发行价格及中签结果，投资者也可以向其指定交易的证券公司查询中签结果。中签的投资者应依据中签结果履行资金交收义务，确保其资金账户在T+2日24：00时前有足额的新股认购资金。

6.T+3日

15：00时前，结算参与人向中国结算申报其投资者放弃认购数据；16：00时，中国结算对认购资金进行交收处理，将认购资金划入主承销商资金交收账户。

7.T+4日

主承销商将认购资金扣除承销费用后划给发行人，公布网上发行结果。

四、理财产品销售

多数证券公司都在PC端、移动互联网终端或第三方互联网平台架设了理财产品销售、代销业务，其产品种类包含银行理财、券商大集合、公募基金、私募资管产品、收益凭证等。互联网的流量优势和体验优势，能够让券商在销售或代销产品过程中节省交易费用，加快募集销售速度。目前，大型券商的代销产品包括部分地方性中小银行的理财产品，而中小银行如城商行、农商行无法跨区经营销售产品的阻碍也通过大券商的渠道优势得以弥补。

此外，一些券商理财产品也通过其他金融机构或有产品代销资质的互联网平台进行产品销售。由于基金公司并无净资本压力，因此多属于轻资产运营，且业务类型也较券商更加单一，因此互联网基金业务当前也主要体现在互联网渠道的基金产品销售上。目前，基金销售的互联网模式及特点主要包括：

（1）大型基金公司下设销售子公司，并接入第三方销售领域，开发理财客户端，以此实现基金产品的直销。

（2）通过连通账户体系和桥接销售入口，以定期投资等形式丰富定制化的基金销售体验。

（3）与大型互联网公司进行代销合作，通过微信、财经资讯网站等平台进行产品代销或架设货币基金产品，满足投资者的现金管理需求。

（4）在重大新闻事件和财经热点中制作H5、含二维码的营销突破，在微信朋友圈、微博中进行传播导流。

（5）经营微信公众平台，通过内容经营集聚“粉丝”效应，引导读者成为潜在客户，为基金销售贡献规模。

五、证券综合服务

绝大多数大型券商并不将互联网证券视为传统证券业务的互联网化，而是通过APP、微信公众号等渠道开展财富管理等综合服务，并打造互联网端口的立体化服务平台。许多券商为了积极打造互联网证券生态，扩大用户规模，专门设立了互联网金融部、网络金融部等一级或二级部门，专门进行与互联网证券业务有关的研究。在APP中，券商将财经资讯、投资信息、投资顾问建议、研究报告、股票行情等资讯类内容与证券交易、理财产品、融资交易、资产配置等业务进行了整合，并通过业务种类的丰富化、联动化和产品体验的升级，来营造互联网证券的生态感，推出全方位的证券综合服务。

券商进行此类业务尝试的目的，无疑是在证券业务的基础上打造具有可观的独立流量的证券类产品，以实现互联网端对传统证券业务的促进。同时，互联网端所积累的流量优势也能为券商开辟新业务、新产品和转型提供机会。由于企业类APP的高频程度和黏性相对较差，容易被第三方交易软件替代，所以目前一些证券公司的策略是着力建设微信公众平台端。一方面，微信平台的原创内容能够在微信朋友圈这一高频应用中推广，利于导流；另一方面，微信平台本身具有更好的黏性，比APP的功能更简洁，更加利于体验的升级。

在目前互联网证券生态业务的打造中，账户体系是一个亟待解决的问题，若证券账户被央行系统赋予更多的功能，势必能够增强APP、微信公众平台的客户黏性和使用频率。目前，一些券商在人民银行获得的超级账户正在朝这一方向努力。

目前，无论是APP客户端的下载，还是微信公众平台的关注情况，大型券商在营造互联网证券的效果上仍然占据绝对优势。作为一类金融产品，线下的地推十分重要。而从目前的情况来看，拥有众多营业部的券商在推广其移动端的比拼中获得了更好的效果。

部分互联网证券平台为了扩大使用场景，还在券商体系内部构建电商平台，通过对账户体系的改造和桥接，相关商品可以通过证券账户资金进行购买，如国泰君安的君弘金融商城、银河证券网上商城和长城证券网上商城等，这使得过去通过电话或者现场咨询才能获得的产品信息在互联网上可以更加方便地获取，更加公开透明。

在与互联网公司合作导入流量方面，有中信证券与腾讯公司合作，接入腾讯自选股APP，通过腾讯的APP导入流量，华泰证券携手网易，中山证券联合金融界，广发证券与新浪签署战略合作协议，东吴证券与“同花顺”深入合作，大智慧收购湘财证券，东方财富网收购同信证券，太平洋证券与京东旗下的网银在线签约等案例，这些合作都使得证券公司可以借助互联网的渠道更大范围、更精准地接触到目标客户。目前互联网证券的营销模式大概可分为以下四类：

（1）通过互联网平台进行引流，一些大型券商会选择和互联网金融企业开展合作，利用互联网金融企业的流量优势积累客户（如国金证券与腾讯合作的“佣金宝”）；

（2）通过HTML5平台制作导流开户页面，利用微信、微博等自媒体进行转发推广，再对相应的推广进行记录奖励，实现分布式直销；

（3）通过微信等内容平台，利用“粉丝经济”实现用户积累；

（4）开发经纪人管理软件，利用对经纪人的大额甚至全额返佣，实现客户数量的最大化（例如九州证券“经纪宝”）。

第三节 互联网证券的影响

随着网上证券业务的不断推广，证券市场将逐渐从“有形”的市场过渡到“无形”的市场，现在的证券交易营业大厅将会逐渐失去其原有的功能，远程终端交易、网上交易将会成为未来证券交易的主流，互联网证券对未来证券市场的影响主要表现在如下方面：

一、证券市场的发展速度加快

证券市场是一个快速多变、充满朝气的市场。在证券市场发展过程中，网上证券作为证券市场创新的一种新形式，发挥了积极的推动作用。其表现为：第一，证券市场的品种创新和交易结算方式的变革，对网上证券建设提出了新的需求；第二，网上证券建设为证券市场的发展创新提供了技术和管理方面的支持，两者在相互依存、相互促进的过程中得到了快速发展。

二、证券业的经营理念发生了变化

未来的证券公司将不再以雄伟气派的建筑为标志，富丽堂皇的营业大厅不再是实力的象征，靠铺摊设点扩张规模已显得黯然失色。取而代之的是依托最新的电子化成果，积极为客户提供投资咨询、代人理财等金融服务，发展与企业并购重组、推荐上市、境内外直接融资等有关的投资银行业务，努力建立和拓展庞大的客户群体将成为其主营目标。

三、营销方式在管理创新中不断地变化

未来，证券公司的市场营销将不再依赖于营销人员的四面出击，而将更多的精力集中用于网络营销。通过网络了解客户的需求，并根据客户的需求确定营销的策略和方式，再将自己的优势和能够提供的服务通过网络反馈给客户，从而达到宣传自己、推销自己的目的。

四、证券业的经营策略发生了变化

在未来网络互联、信息共享的信息社会里，证券公司将不再单纯依靠自身力量来发展业务，而是利用自身优势与银行、邮电等行业建立合作关系，在优势互补、互惠互利的前提下联手为客户提供全方位、多层次的立体交叉服务。这种合作会给各方带来成本的降低和客源的增加，从而达到增收节支、扩大业务的目的。

五、网络证券中介人面临挑战

在网络互联、信息共享的时代，企业可绕过证券金融机构，直接通过互联网公开发行股票来募集资金，甚至自己开展交易活动。例如美国电子股票信息公司自1996年开始利用互联网为客户提供股票交易服务；又如美国春街啤酒厂（Spring Street），作为全球第一个在互联网上发行股票的公司，直接在网络上向3 500个投资者募集160万美元资本，并制定一套交易制度用来在网络上交易该公司股票，该公司还进一步计划成立一个网络投资银行，专门做网络上公开发行的股票交易业务。在网络技术迅速发展的今天，金融机构如果无法适应网络技术的发展，无疑将成为输家，很可能成为明日的“恐龙”。

六、网上交易成为一种发展趋势

网上交易首先是技术的进步，从技术角度讲，网上交易已可以使投资者在时间上领先一步。我国的互联网用户群已呈几何级数增长势头，网络证券市场也日趋成熟。我国证券行业正在向集中交易、集中清算、集中管理以及规模化和集团化的经营方式转换。网上交易的经营模式，更有利于整合券商的资源，实现资源共享，节约交易成本与管理费用，增强监管和风险控制能力。可见，集中式网上交易模式符合未来券商经营模式的发展方向。

七、网上经纪与全方位服务融合

在固定佣金政策的大背景下，国内券商提前从价格竞争进入了服务竞争阶段。通常情况下，这一竞争阶段应该是在充分的价格竞争之后到来的。价格竞争的直接结果是网上交易佣金费率的降低。当竞争达到一定程度后，仅靠减佣模式已不能维持下去时，全方位服务模式就会出现。这时候，券商的收入将由单一的经纪佣金转向综合性的资产管理费用。

八、互联网证券进入移动交易时代

WAP（无线应用协议）在互联网和无线设备之间建立了全球统一的开放标准，

是未来无线信息技术发展的主流。WAP技术可以使股票交易更方便，通过WAP可实现多种终端的服务共享和信息交流，包容目前广泛使用的和新兴的终端类型，如手机、PDA等设备。用户通过手机对券商收发各种格式的数据报告来完成委托、撤单、转账等全部交易手续。由此可见，未来几年基于互联网的移动证券交易市场将有巨大的发展空间。

九、投资咨询产品化

由于券商同质化的产品和流量入口的天然限制，实际效果并未达预期。一部分证券从业人员意识到金融机构互联网创新空间不足，开始尝试跳出证券监管圈，以金融机构风险控制理念设计产品，但部分设计又跳脱监管规定，以互联网作为分销渠道，抢夺金融机构的客户。然而，从目前来看，真正颠覆券商金融功能的创新，是投资咨询产品化。依托大数据和类淘宝模式，这种“互联网+证券”模式实现了金融功能分解和精细化。例如，将投资咨询打造成淘宝模式，搜索引擎和财经网媒以大数据为基础提供投资咨询，直接冲击和取代了券商的投资咨询业务；而股权融资众筹网站也是一个类淘宝模式，连通企业的股权融资需求和普通投资者的投资需求，减少了企业融资中介费用过高的问题。两者均颠覆了券商以往的业务态势，实现了服务走向精细化和专业化。

第四节 互联网证券的风险与监管

传统金融是价值链思维，金融机构位于价值链上游，而客户端在底层，产品的研发与设计居于中后台，与客户的距离太远。而互联网金融发展下的金融机构与客户是非线性的网状概念，是券商与用户互动下的生态圈。在混业经营及互联网的冲击下，证券公司的服务模式将从线下传统金融转向线下和线上有机融合的智能金融，最终各家公司的发展模式有望从同质化竞争走上多领域、差异化的竞争之路。

毋庸置疑，互联网证券带来的不仅是好处，同时还有风险。毕竟券商们内部的数据都放在互联网上，如何保证用户数据不泄露仍然是个挑战；此外，还有金融产品的投资风险。然而，互联网证券在多个方向上取得的进展，尚不能掩盖券商之间的竞争实质仍以低佣价格战为主的现实。越来越多的券商加入互联网金融竞争，由于技术的可复制性，同业之间的差距在不断缩小。过去是有和无的竞争，现在是你有我也有，看谁更出色。大家都在做，谁先解决了痛点，谁在细节上找到突破，就有可能最先胜出。

一、互联网证券的风险

（一）互联网证券平台模式不明、定位不清

“买什么股票”“以什么价格买”“以什么价格卖”，炒股人士最关心的话题莫过于以上三个。正因为投资者有这样那样的“荐股”需求，互联网证券平台应运而生。目

前，证券市场上的互联网证券平台大大小小有上百家之多，不过各家平台的商业模式和种类各不相同，如大型互联网平台，有360股票、百度股市通、腾讯自选股、京东股票、蚂蚁聚宝上的行情查询等；而同花顺、大智慧、东方财富网则属于资深的股票平台和软件；还有一些炒股APP，如雪球、牛股王、牛仔网、金贝塔、公牛炒股、仙人掌股票、爱股票、股票雷达等；另一类就是投资顾问类平台，包括投顾大师、爱投顾、跟投、好投顾、微量网、慧理财、资配易、胜算在握等。

不过，不管是大平台还是小APP，都存在模式不明、定位不清、牌照缺失的问题。例如，360股票是奇虎360旗下360金融服务平台推出的股票产品，主要的模式是股市直播、投研观点、实时行情等，虽然也可以进行开户操作，但到了开户流程就跳转至第一创业的开户页面。此前，阿里旗下的蚂蚁金服先后获得券商牌照、中国香港地区经纪业务资格并收购德邦证券，实现港股、A股选购；腾讯早在2012年就推出自选股功能，并投资了提供港股、美股和A股投资交易服务的券商富途证券；百度则推出了“百度股市通”，并与国金证券保持战略合作。但是这些平台的业务还仅限于查询、投资顾问咨询、跳转开户等一些基础业务。

目前，互联网证券平台的形式众多，但总体而言，多数也仅能够提供行情、资讯，以工具属性为主，结合部分模拟组合展示和基于此的社交属性扩展，从交易层面而言，这些工具属性平台，多数可以通过与券商合作，为券商导流开户，但交易环节上根据相关要求，用户的指令必须直达券商，而不得通过第三方互联网平台进行间接的传递。这在一定程度上限制了基于这些功能可能展开的一些创新，比如智能投顾、实盘跟投、互联网资产管理平台模式等。

（二）投资顾问牌照空缺、合规风险大

不少互联网证券平台都从事证券投资咨询业务，在分析人士看来，互联网平台从事这部分业务的最大风险在于合规风险。例如深圳证监局针对证券期货经营机构业务整改发布的《关于证券期货经营机构与互联网企业合作开展业务自查整改的通知》（以下简称《通知》）提到，“提供投资顾问服务人员应符合相应资质条件与法规要求，以及提供投顾平台的公司须取得证监会许可。未经许可开展此类业务属于非法经营证券业务活动”。根据这个监管要求，平台必须持有投资顾问牌照才能从事投资顾问的业务，没有牌照从事投资顾问业务就存在被查处的风险。

目前，投资顾问行业唯一的牌照是证券投资咨询业务许可证。1997年出台的《证券、期货投资咨询管理暂行办法》明确规定，“从事证券、期货投资咨询业务，必须依照本办法的规定，取得中国证监会的业务许可”。若平台投资顾问的业务类别涉及证券投资，就需要持有证券投资咨询业务许可证。证监会官网最新披露的证券投资咨询机构名录显示，目前已经获得证券投资咨询牌照的公司只有84家。证券投资咨询牌照已经暂停发放很多年，最近五六年才开始做证券投资咨询业务的平台基本都没有这个牌照。在监管趋严的情况下，持牌公司售价越来越高。一个没有实际业务的持牌公司的价值至少在四五千万元，而且目前几乎没有持牌公司愿意转让。另外，有持

牌公司名义上在经营，实际上是收取租金，即所谓的“租牌照”，每年也能收几百万元甚至上千万元的租金。

(三) 网上开户未跳转，真实性难辨

目前，互联网股票平台虽然都号称与券商合作，但开户的模式并不相同。有些平台需要跳转到券商APP上进行开户，但部分平台则可以实现在平台内部APP开户，并未跳转到券商页面。“提交验证码，选择营业部，上传身份证，绑定银行卡，根据流程提交相关资料后，平台会先进行初步审核，然后再提交券商审核，审核通过即可完成开户工作。”

开户未跳转券商模式存在一定的风险。因为通过互联网平台对接券商的开户接口进行网络开户，虽然很容易实现且很简单，但是却很难保证开户信息的真实性。这种开户模式风险很高，难以识别开户人真实身份，易诱发伪造身份开户，甚至进行洗钱或金融诈骗的风险。在司法诉讼等领域，相较于传统的开户方式，即“三亲见”(亲见本人、亲见本人身份证件、亲见本人签署开户协议)，这种开户模式因为缺乏有效证据在司法诉讼中较难证明业务真相。应该由监管机构牵头，制定细则和明确提出业务规范和风险控制要求，指引互联网平台和券商机构开展业务。

二、互联网证券的监管

虽然监管层表态支持，但经过2015年的股票市场的剧烈波动，互联网证券的制度红利释放速度正在减慢，而与之相关的监管也在收紧。经历了场外配资乱象、非实名制账户清理、A股剧烈震荡以及熔断机制的施而又止后，监管层有理由评估近年来证券业创新活动加速带来的后果。2016年后部分券商有关互联网证券方面创新方案的上报迟迟未见批复正是这一倾向的表征。

作为一个新兴业务和行业，互联网证券的发展边界很大程度上取决于监管政策的变化，因此监管政策的鼓励和限制、行业生态的路径变化也尤为值得关注。2015年，人民银行等十部门下发的《关于促进互联网金融健康发展的指导意见》，已将网络证券、互联网基金销售等业务囊括在内，不过其更多地被狭义框定为“股权众筹”“基金销售”等特定领域。事实上，只要能够通过互联网技术拓展的证券、基金业务空间，均可被归类为这一范畴。过去，监管层面的多数政策也仍然仅将“互联网证券”现象视为牌照机构内的活动；而在2015年的场外配资清理整顿和股票市场剧烈波动下，监管层对于互联网证券的监管范畴或正在扩大。

(一) 四个支持

监管层对“互联网证券”的鼓励和推动一直较为重视。2013年7月，证券业协会就着手推动了证券公司互联网证券业务的试点工作。而在2015年4月，证券业协会联合中关村管委会在京召开的“互联网+资本市场”培训研讨会上，证监会领导表示监管部门将从四个方面支持互联网企业开展资本市场业务：一是放宽行业准入，实施业务牌照管理；二是积极支持互联网企业改制上市融资，加强公司治理；三是欢迎和支持互联网企业开展场外证券业务；四是鼓励支持互联网企业参与资本市场基础设施

建设。

（二）六条底线

针对行业内存在的现有创新机制制约互联网证券业务发展、现行规则限制互联网证券业务发展、现有基础设施难以支撑互联网证券业务发展、现有账户体系和开户方式不适应互联网证券业务发展、现有产品创设制约了互联网证券公司与互联网财富机构的公平竞争等问题，证监会提出了“不得变相吸收公共存款、不得变相非法集资、不得开展保本保底业务、不得进行内幕交易、不得进行利益输送、不得开展资金池业务”的六条底线。

案例 4-1　网贷平台布局境外互联网证券？监管：先备案，不得从事营利性活动

2019年7月25日，证监会发布《境外证券期货交易所驻华代表机构管理办法》（以下简称《管理办法》），这代表在中国大陆以互联网证券为依托、开展境外股票市场投资业务的公司将受到监管，不再是法外之地。

一直以来，境外资本市场让人趋之若鹜，但是也暗含了巨大的风险。很多股民都想尝试一下境外的资本市场，炒美股、港股。由于交易规则不一样，交割程序也有所差别，因此蕴含着风险。虽然有着不错的市场前景，但是大陆的投资者投资境外的资本市场，也有一定的政策风险。从整个政策大方针上来看，在境内获取投资者投资到境外的金融产品、证券，要符合我国的法律法规。

《管理办法》规定，要想开展这项业务必须进行备案，有十一项备案所需的材料。如果你是境内代理人、居间人，那么只可以进行导流，但是不能对投资者开展开户、交易或交割、清算的业务。也就是说，这是一个“导流平台”，而不是“居间人”。之前，有很多境外资本市场机构或者境内的代理机构，打着“0佣金”的旗号来抢占市场，造成了扰乱市场秩序或者恶性竞争的影响。

所以，未来要布局这个业务，重点在于先取得备案，然后只能做“导流业务”或者展示，不能做“居间业务”，即代理开户、交割和结算。

对于互联网金融平台和网贷平台来说，境外证券期货交易业务是“出师未捷身先死”。在整个金融行业处在风险防控中的当下，布局任何业务都需要符合我国金融市场规律以及法律法规。

资料来源：佚名. 网贷平台布局境外互联网证券？监管：先备案，不得从事营利性活动［EB/OL］.［2019-07-30］. https://www.wdzj.com/zhuanlan/guancha/17-12340-1.html.

本章小结

1.中国证券行业长期以来的产品同质化严重，盈利模式比较单一。互联网技术的快速发展和渗入将促使中国证券行业的竞争日趋激烈，最终形成“几家大型综合+众多小而美”券商的产业格局。

2.互联网证券，即通过互联网技术、互联网平台实现证券的发行、定价、销售、交易、衍生等相关活动。

3.无论是大型券商还是中小型券商，都认识到拓展互联网金融业务以及争夺在线客户资源的重要性，其布局的力度也超出以往。就其形成方式而言，主要分为战略合作模式和单独开发模式。

4.虽然券商触网模式多样化、创新迭出，但仍需要注重回归金融本质，强化金融服务。目前应用最为广泛的互联网证券业务有：网上开户、网上交易、股票发行、理财产品销售、证券综合服务。

5.作为一个新兴行业，互联网证券的发展边界很大程度上取决于监管政策，因此监管政策的鼓励和限制、行业业态的路径变化也尤为值得关注。

关键概念

互联网证券　互联网基金　网上开户　网上交易　网上路演

知识掌握

一、单项选择题

1.国内首家拥抱互联网的券商是（　　）。

A.海通证券　　B.国信证券　　C.山西证券　　D.国金证券

2.国金证券推出的佣金宝，其网上交易手续费的费率是（　　）。

A.万分之二点五　　B.万分之三　　C.万分之一　　D.万分之四

3.互联网金融平台的最大核心竞争力在于（　　）。

A.资金数量　　B.客户流量　　C.网络速度　　D.客户数量

4.投资者利用网上交易的方法不包含（　　）。

A.使用网上交易软件　　B.登录券商官网交易

C.登录第三方网络平台交易　　D.登录证交所网站

5.互联网证券的开发模式是（　　）。

A.战略合作与单独开发　　B.线上与线下

C.券商自营与并购　　D.3A模式

二、判断题

1.互联网企业凭借其海量的用户和背后的数据支持，吸引了很多大型券商与

其合作。 ( )

2. 证券开户、代理证券买卖等经纪业务目前是被应用最为广泛的互联网证券业务。 ( )

3. 目前，对资金、账户、产品三大领域的探索是国内券商探索互联网金融的主流模式。 ( )

4. 网上路演的优势主要有消除信息不对称、降低发行成本、提高发行效率等。 ( )

5. 随着网上证券业务的不断推广，证券市场将逐渐从“无形”市场过渡到“有形”市场。 ( )

三、简答题

1. 什么是互联网证券？

2. 互联网证券的影响是什么？

3. 简述互联网证券的风险？

知识应用

一、案例分析

互联网金融中枪——3家上市公司同日终止跨界重组

“想跨界互联网金融的上市公司，纷纷主动打起了退堂鼓，西藏旅游、华塑控股和永大集团三家公司同日终止跨界重组。”

2016年5月初，有媒体报道称，证监会叫停了四个行业的跨界重组，互联网金融是其中之一。随后，针对跨界定增叫停的传言，证监会回应称再融资和并购重组政策没变。虽然是虚惊一场，但想跨界互联网金融的上市公司，纷纷主动打起了退堂鼓：在6月23日晚间，就有三家上市公司公告终止了对互联网金融领域的资产重组。这三家上市公司分别是西藏旅游、华塑控股和永大集团。

其中，2016年1月拟以发行股份及支付现金的方式购买海科融通100%股份的永大集团（002622）公告称，公司重大资产重组事项自然终止。永大集团想收购的海科融通，主要从事第三方支付与互联网借贷平台业务，并已开始在互联网众筹、互联网小额贷款等领域布局。同时，2016年2月拟以110亿元收购拉卡拉100%股权的西藏旅游（600749）在6月23日召开第六届董事会第三十八次会议，审议通过了《关于终止重大资产重组事项的议案》。也就是说，期望通过这一资产重组曲线上市的第三方支付公司拉卡拉，也未能如愿。此外，2016年5月拟用14.28亿元现金购买北京和创未来网络科技有限公司51%的股权、正式进军互联网金融领域的华塑控股（000509），也在23日终止了这一跨界重组。对于终止的原因，永大集团在公告中直接称，因为收购标的是互联网金融企业。公告称：“本次收购标的公司海科融通主要从事第三方支付与互联网借贷平台业务，属于互联网金融行业。目前互联网金融行业的发展面临着监管政策的重大不确定性，未来随着监管政策的不断完善，将深刻影响行业未来的发展方向和行业的竞争格局。虽然公司本次收购标的具有一定的行业影响力，但鉴于行业监管政策在短期内难以明朗且依据监管部门关于重大资产重组政策的最新调整，集团确实无法按照相关规定在限定的期限内召开董事会并发布召开股东大会的通知，经集团董事会审慎研究，本次重组事项自然终止。”

先是4月中旬，在国务院的牵头下，多个部委对互联网金融展开整治，目前互联网金融企业已被明确暂停挂牌地方股交所、新三板，该类企业登陆A股形势也不太明朗。不仅如此，5月初，有媒体报道称，监管部门叫停了四个行业的跨界重组，互联网金融是其中之一。相比之下，华塑控股、西藏旅游的表达略微“委婉”：交易方案公告后证券市场环境、政策等客观情况发生了较大变化，各方无法达成符合变化情况的交易方案。而公布重组方案不久的永大集团给出的理由非常直接：鉴于当前市场环境发生变化，继续推进此次重组事项将面临诸多不确定性因素。

资料来源：陈月石．互联网金融上市大门关闭？三家上市公司同日终止跨界重组［EB/OL］．［2020-01-24］．http：//www.thepaper.cn/newsDetail_forward_1488351.

分析探讨：监管机构对互联网证券的发展有何影响？

要求：

1.将本班学生组成金融活动小组，以金融活动小组为单位，对题目认真分析准备。

2.老师巡视课堂进行指导，然后各金融活动小组选派代表一人将分析结果向全班陈述。

3.全班同学以自由发言的形式对各小组的发言进行讨论，并由老师点评。

二、专项实训

［实训题目］

登录券商官网，模拟操作网上证券业务。

［实训要求］

1.掌握网上开户的流程。

2.了解网上路演。

3.熟悉网上交易的方式。

第五章
互联网保险

学习目标

知识目标：了解保险业务的发展历程和风险防范；明确互联网保险的定义；熟知互联网保险的业务流程；掌握互联网保险的经营模式。

能力目标：会办理互联网保险的业务；能够完成互联网保险业务的理赔。

案例导入

众安保险：金融科技顺势开局　布局普惠金融新蓝海

作为国内首家互联网保险企业，众安保险从成立那天起就一直吸引着市场的目光，只是被关注的焦点一直在变。从最初的“含着金钥匙出生”的“三马”股东背景，到互联网场景化保险的创新者，再到如今的金融科技的引领者。众安保险不仅以全新思维和技术创新改变了市场最初印象，还在一定程度上重塑了市场对互联网保险的认知。

随着众安保险在互联网生态业务布局的深入，市场对众安保险的未来发展前景普遍看好。业内分析人士认为，众安保险目前业务布局比较合理，一方面，其多元化生态业务已逐步驶入成长快车道，实现规模化利润增长；另一方面，在金融科技领域也完成了初始布局，短期内或仍将处于投入期，但未来将成为众安保险最值得期待的业绩爆发点之一。

据了解，2016年众安保险上线了诸多跨行业的场景化定制产品，涉及健康、消费金融、共享出行、物流等众多风口行业，均取得了不俗的业绩表现。例如，2016年8月推出的中端医疗保险产品“尊享e生”以同类产品最低的保费门槛和超高保额迅速成为“国民医保”。此外，众安保险还推出了覆盖全电商平台的退运保障产品“任性退”、手机使用场景中的碎屏险、为摩拜单车用户定制的骑行意外险、为大疆无人机提供农业无人机保险保障服务等。据介绍，这些产品都是众安保险基于“跨界共创”的理念，深度挖掘众多行业场景用户需求定制的保险产品。在满足用户实际需求的同时，也为合作企业的可持续发展提供基础保障服务。

资料来源：佚名. 众安保险：金融科技顺势开局　布局普惠金融新蓝海[EB/OL]. [2020-01-07]. http: //finance.ce.cn/insurance1/scroll-news/201706/07/t20170607_23492240.shtml.

第一节　互联网保险概述

当前，社会互联网化进程不断加快，互联网金融创新不断涌现，互联网企业对传统金融企业开展了跨界竞争。对传统保险企业来说，顺应互联网时代要求，实现向互联网转变。不仅要加快构建线上销售服务能力，实现业务上网，以满足用户日益增长的在线消费需求，更要积极利用互联网技术和互联网思维，从产品设计、经营战略的角度实现自我创新，并且多借鉴国外已经发展成熟的互联网保险业务，从而真正发挥互联网保险的新时代核心竞争力。

一、互联网保险的产生与发展

（一）国外互联网保险的产生与发展

最早出现的互联网保险是美国国民第一证券银行通过互联网销售保险单，营业一仅个月就销售了上亿美元的保单。1997年年初，81%的美国保险公司至少有一个网址，其他未设网址的保险公司也计划尽快设立，但绝大多数网址只提供有关保险市场和购买的信息，并帮助客户决定他们购买保险的内容。随着2000年《电子签名法案》的出台，各保险公司在网上积极发展直接销售的营销模式，使得美国互联网保险的总保费收入迅速提升。目前，美国所有的保险公司都开展了互联网保险业务。

欧洲互联网保险的发展势头也相当强劲。作为全球最大的保险及资产管理集团之一的法国安盛集团，早在1996年就试行了网上直销。1997年，意大利RAS保险公司用微软技术建立一套造价为110万美元的互联网保险服务系统，在网上提供最新报价。该公司月售保单从当初的170套上升到了1999年年初的1 700套。英国于1999年建立的“屏幕交易”网站提供7家本国保险商的汽车和旅游保险产品，最初的几个月里用户数量以每个月70%的速度递增。

1999年6月，日本的American Family保险公司开始提供可以在网上申请及结算的汽车保险。同年9月底日本索尼损害保险公司开始推出电话及互联网销售汽车保险业务，到2000年6月19日通过因互联网订的合同数累计已突破1万件。日本朝日生命保险公司于2000年4月7日宣布，该保险公司决定与第一劝业银行、伊藤忠商事等共同出资设立网络公司，专门从事保险销售活动，并于2001年1月开始正式营业。

目前，全球排名前三位的互联网保险公司是法国安盛公司（AXA）、德国安联集团（Allianz）、荷兰国际集团（ING Group）。

（二）国内互联网保险的产生与发展

对于中国保险行业来说，互联网保险在过去20多年里经历了兴起、发展以及不断成熟的过程。从宏观的角度看，可以分为以下几个阶段：

1.第一阶段：萌芽期（1997年到2000年）

行业背景：根据保监会官网的数据，1999年全年保费为1 393亿元，2000年为1 609亿元。

互联网发展的背景：2000年年初，我国共有890万上网用户，其中666万用户利用拨号上网。

典型案例：1997年11月28日，中国保险学会和北京维信投资股份有限公司成立了我国第一家保险网站——中国信息保险网。同年12月，新华人寿保险公司促成国内第一份互联网保险单，标志着我国保险业已迈进互联网融合的大门。

这一阶段互联网保险的发展及特点：这一阶段互联网在我国普及度并不高，互联网保险也仅刚刚萌芽，诞生了互联网保险网站和第一份保单。

2.第二阶段：起步期（2000年到2003年）

行业背景：2000年，保费规模为1 609亿元；2001年为2 116亿元，增长32%；2002年为3 048亿元，增长44%；2003年，保费规模为3 840亿元，增长26%。

互联网发展的背景：互联网网民规模从2001年的3 370万人发展到2003年的8 000多万人。

典型案例：2000年8月1日，国内首家集证券、保险、银行及个人理财等业务于一体的个人综合理财服务网站——平安公司的“中国平安”正式亮相，其强有力的个性化功能开创了国内先河。8月6日，中国太平洋保险公司成立国内第一家连接全国、连接全球的保险互联网系统。9月22日，泰康人寿保险股份有限公司独家投资建设的大型保险电子商务网站——“泰康在线”全面开通，这是国内第一家由寿险公司投资建设的、真正实现在线投保的网站，也是国内首家通过保险类CA（电子商务认证授权机构）认证的网站。外资保险公司也紧随其后。9月，友邦保险上海分公司网站开通，通过互联网为客户提供保险的售前咨询和售后服务。

这一阶段互联网保险的发展及特点：2000年很多保险公司建立了网站，互联网保险开始起步，但随着2000年互联网泡沫的产生，很多太冒进的公司出现了问题。

3.第三阶段：探索期（2003年到2007年）

行业背景：保费规模从4 000亿元增长到7 000亿元。

互联网发展的背景：网民规模从8 000万人发展到2.1亿人，国内互联网环境渐渐好转，网购热潮兴起，安全第三方支付出现。

典型案例：2003年，中国太平洋保险开始支持航空意外、交通意外、任我游

（自助式）等三款保险在线投保。2004年4月，“泰康在线”在网上主推的产品包括亿顺四款旅行保险、引顿两款综合意外保险。从2006年起，以太平洋保险、泰康人寿、中国人寿保险为代表的保险公司对自身的官网进行改版升级。2006年，买保险网以“互联网保险超市”概念上线运营，采用了“网络直销+电话服务”的保险营销模式。

这一阶段互联网保险的发展及特点：随着互联网发展的回暖，互联网保险的建设更显平稳与稳重，保险公司的官网升级也从产品线、支付与承保优化到保险在线购买进行了有效改善，产生了保险超市。

4.第四阶段：积累期（2008年到2011年）

行业背景：保费规模从9 000多亿元增长到1.4万亿元。

互联网发展的背景：互联网普及度从2.1亿人发展到5.13亿人，手机网民规模达到3.56亿人，占整体网民比例为69.3%。电子商务用户逐步显现出年轻化、知识化的特征，且有一定的消费能力。在中国上网用户稳步增长的基础上，在线购物人群呈几何级数增长。

典型案例：慧择网、优保网、向日葵等以保险中介和保险信息服务为定位的保险网站出现，并且得到风险投资。

这一阶段互联网保险的发展及特点：截至2009年年底，全行业实现网上保费收入合计77.7亿元，其中财产险保费收入为51.7亿元，人身险保费收入为26亿元。在该阶段，互联网保险开始出现市场细分，保险中介服务类的网站开始发展。不过，由于互联网保险公司电子商务保费规模相对较小，电子商务渠道的战略价值还没有完全体现出来，因此在渠道资源配置方面处于易被忽视的边缘地带。保险电子商务仍然未能得到各公司决策者的充分重视，缺少切实有力的政策扶持。

5.第五阶段：发展期（2012年到2013年）

行业背景：保费规模从1.4万亿元增长到1.7万亿元。

互联网发展背景：互联网网民从5亿人发展到6亿人，移动互联网用户从3亿人发展到5亿人，移动支付也得到了快速发展。

典型案例：2013年“双十一”当天，寿险产品的总销售额超过了6亿元，其中，国华人寿的一款万能险产品在10分钟内就卖出了1亿元。其实早在2012年，国华人寿就从互联网保险中获益颇丰，曾通过淘宝聚划算，创下3天销售额过亿元的业绩。生命人寿也在2013年11月初正式启动天猫旗舰店，并在“双十一”当天8小时内销售总额破亿元。

这一阶段互联网保险的发展及特点：2012年，我国全年保险电子商务市场在线保费收入规模达到了百亿元，在线销售险种多以短期意外险为主，部分寿险公司也尝试销售定期寿险、健康险、投资联结保险和万能险，共有60多种互联网保险产品。各保险企业依托官方网站、保险超市、门户网站、OTO平台、第三方电子商务平台等多种方式，开展互联网业务，逐步探索互联网业务管理模式，包括成立新渠道子公司开展集团内部代理，成立事业部进行单独核算管理，通过优势网络渠道获得客源，实现线上、线下配合，在淘宝、京东等第三方电子商务平台建立保险销售网络门店，成立专门的互联网保险公司等。其中，第三方电子商务平台凭借其流量、结算和信用优势，日益成为推动互联网保险快速发展的中流砥柱。大家也认识到了互联网保险绝不仅仅是互联网保险产品的互联网化，而是对商业模式的改进，是保险公司对商业模式的创新。首家互联网保险公司“众安保险”的成立，就是一种新的商业模式的探索。

6.第六阶段：爆发前期（2014年之后）

电子商务、互联网支付等相关行业的高速发展为保险行业的电商化奠定了产业及用户基础，2014年互联网保险保费规模实现爆发式增长，互联网保险渗透速度加快。越来越多的保险公司意识到互联网保险不仅是销售渠道的变迁，还是依照互联网的规则与习惯，对现有保险产品、运营与服务模式的深刻变革。未来随着移动展业的成熟，传统保险的产品销售、保费支付、移动营销、客户维护服务等都将围绕移动端展开，互联网保险将打破时间和空间的限制迎来全面爆发。

二、互联网保险的定义与特点

（一）互联网保险的定义

互联网保险是在“开放、平等、协作、分享”的互联网精神指导下，将基本的保险原理与互联网技术相结合而形成的一种新型业态。“互联网+保险”是“互联网+”行动的重要组成部分。这里所称的互联网保险不局限于“保险的互联网化”，即简单地把传统互联网保险的业务从线下挪到线上，以网站的形式替代线下的网点。将互联网作为保险销售的渠道之一只是互联网保险的一种早期形态，而互联网保险的内涵比这要深刻得多。

互联网保险由传统的以保险公司及其产品为主导的业务形态，转变为以顾客需求为导向的业务形态，取代原有保险的推销主导模式，应用互联网、大数据、云计算等工具，分析顾客需求，在此基础上设计“顾客福利最大化”的保险产品，并以此来推动互联网保险的创新。具体来说，互联网保险是指保险公司或保险中介机构以信息技术为基础，通过互联网来进行保险经营管理活动（咨询、险种费率查询、承保、理赔等）的经济行为。更通俗地讲，互联网保险就是通过互联网等进行保险咨询、险种费率查询、承保、理赔等一系列业务活动。它主要包含两个层次的含义：

（1）广义上讲，互联网保险包括保险公司内部基于Internet技术的经营管理活动，以及在此基础上的保险公司之间、保险公司与公司股东、保险监管、税务、工商管理等机构之间的交易和信息交流活动。

（2）狭义上讲，互联网保险是指保险公司或新型的互联网保险中介机构通过互联网网站为客户提供有关保险产品和服务的信息并实现网上投保，直接完成保险产品和服务的销售，通过网上支付平台将保险费划入保险公司。

互联网保险的经营活动仅涉及资金和信息的流动，不涉及物流配送及相关问题。依据保险市场的状况和其自身特点，它比较适合网上经营。而作为一种特殊商品，互联网保险与一般意义上的物化商品有着显著的区别：

（1）保险是一种承诺，属于诺成合同，也是一种格式合同，保险商品表现形式为契约。

（2）保险是一种无形产品，它不存在实物形式，唯一的有形物品只是一纸合同。

（3）保险是一种服务商品，这个服务是保险企业为保户提供的从承保到理赔的全部过程。

（二）互联网保险的特点

1.互联网保险交易的虚拟性

网络时代的保险机构通常表现为没有保险公司的建筑物，没有公司的地址，只有网址，其顾客是网络用户。企业看不到它的顾客，顾客也接触不到企业，大家都是通过互联网进行沟通，所有的交易只在网络上进行，没有面对面的接触，没有现实纸币乃至金属货币，一切金融往来都是在网络上以数字化形式进行的。通过开展这类互联网保险业务，保险公司只需支付低廉的网络服务费，可免去代理人、经纪人等中介环节，从而在很大程度上降低保险机构的运作成本。

2.超越时空限制

网络没有时间的限制，一年365天，一天24小时，随时都可以在网上营业。网络上更没有地理的限制，在世界任何角落的客户都可以登录网站咨询业务、投保。同时省去了代理人等中介环节，直接开展业务，消除了传统条件下双方活动的时间、空间和规模限制，可以深入到不同年龄、不同性格的人群，接触到那些保险代理人不易联系的人群。开展互联网保险有利于克服这一障碍，实现更加灵活方便的推销。此外，中国上网人数已达几亿人，多数网络用户的个人收入在中等以上，他们年纪较轻，文化程度较高，崇尚快节奏、高效率的生活。虽然他们的投保意识也很强，但由于缺乏时间而又不喜欢经常被陌生人打扰，因此在传统保险方式下，他们接触或参与保险的机会并不多。如果保险公司在网上开展保险业务，他们将很可能成为新保户。

3.互联网保险电子化

通过互联网进行的保险业务，交易双方从磋商、签订保险合同到承保、保全变更、续期缴费、理赔和给付等保险全过程，无须当面进行，均通过互联网完成，整个交易过程电子化，省去了许多烦琐环节对客户的打扰，简化了整个流程。

4.互联网保险的低风险性

传统的投保方式，不可避免地在中介环节上知悉或有意无意地侵犯投保人的隐私。互联网保险可以排除在中介环节上知悉投保人的隐私，使投保人感到安全，最大限度地满足客户的要求。同时，由于网上信息的透明性，投保人可以通过互联网比较各保险公司推出的各类险种，自行计算保费，从而减少中介环节因利益驱动给投保人带来的风险。当然，目前网络本身的安全性问题也给互联网保险带来一定的风险，但是随着网络技术的进步和措施的完善，这一风险会逐步降低。

三、互联网保险的优势

（一）互联网保险的信息流优势

首先，互联网保险具有信息储量优势。宽带、高速、广域和多媒体化的互联网络具有信息容量大、时效性强的特点，它可以及时为客户提供大量高密度、多样化的专业信息，减少投保人投保的盲目性和局限性。其次，互联网保险具有信息调查优势。网络订单一般是标准化的电子保单，便于保险公司对各节点访问率进行统计分析，了解消费者的需求特征，制定市场扩张规划、设计险种组合，实现产品多元化经营。再次，互联网保险具有信息交流优势。一方面，投保人通过在线浏览，对保险险种和有关条款进行比较确认后实现网上签单，简化了投保手续，给客户投保提供了很大的便利。另一方面，保险人也可以运用网络加强与公司股东、保险监督机构等相关人员和机构的信息交流，及时了解行业动态和政策法规。

（二）互联网保险的产品优势

长期以来，我国保险市场的保险经营依从于生产者导向模式，险种同构现象严重，相似率达90%以上。运用网络电子商务技术可以在很大程度上改变这种窘境：一方面，保险人可根据消费者网络反馈进行文档处理、数据分析，发现和满足消费者需求，制定新产品的开发规划，既有利于满足社会不同层次的需要，加强保险产品的市场竞争能力，又有利于保险产品档次提升，形成险种优势，实现保险行业规范化经营。另一方面，投保人也可以运用网络在线申请订立特别保单，投保条件、可保范围、缴费方式、融资渠道等条款都依据个性制定，保险商品不再是一成不变的要式经济合同，而是别具风格的特色产品，具有相当的灵活性。

（三）互联网保险的渠道优势

宽带、高速、广域和多媒体化的网络为互联网保险创造了显著的渠道优势。首先，它为保险人将产品适时、经济地介绍给消费者提供了便利，在很大程度上节省了流通费用，提高了市场占有率，同时也为消费者创造了一个比较产品的渠道，使完全竞争市场成为现实；其次，保险销售网与银行网联网，将保险方和投保方有机地联系起来，是网络电子商务在保险业中运用的最突出的优势，改变了传统保险资金清算方式，使长期延续的上门收缴保费或保户到保险公司缴纳保费的烦琐结算方式逐渐消失；最后，从国外的经验数据看，相对于其他渠道，通过互联网分销的成本最为低廉。

（四）互联网保险的促销优势

首先，互联网保险信息覆盖面广，保留时间长，发布费用低，具有传统保险望尘莫及的优势。保险公司在网上设立网站或主页，将公司概况、险种种类、条款及费率公布于众，方便消费者在多家保险公司及多种产品中进行比较选择，有利于客户充分领会保险合同的条款细节，了解保障权利义务，对险种进行合理选择。其次，保险信息在网上发布，一般针对特定市场制作，摒弃了传统保险广告容易分散人的注意力而导致印象肤浅的弊病，使消费者从消极接受推销转变为自主选择。这更加符合消费者的购买心理，更容易促成交易的达成，具有良好的促销效果。

（五）互联网保险的保障优势

网上投保透明度高，容易确认责任归属以规避风险，可以完整地体现保险的保障功能。在互联网保险销售流程中，保险人不再沿袭传统中介展业模式，而是直接与投保人在线签约，经确认后填写电子投保单和保单，然后投保人网上付款取单，整个过程完全公开，有效地避免了以往保险中介因利益驱动侵犯隐私的事件发生，有利于保护客户商业秘密，将保险公司的承保风险降到最低。

（六）互联网保险的成本优势

保险经营成本过高一直是保险业不能快速发展的重要原因，而网络电子商务的运用则可以最大程度地改善这种不良状况。保险人在线展业时，网络互动性优势使其可以免去代理人、经纪人等中介环节，只需支付低廉的网络服务费便可保证市场份额，大大节省了企业经营成本。

（七）互联网保险的服务优势

以往传统保险展业推行的是人海战术，营销人员素质低下，令公众信任感缺乏，严重阻碍了保险业的正常发展。运用电子商务网络展业，其服务水平不可相提并论：首先，在线投保不受时空的限制，可以为客户提供最完全的服务。网络的无间断性特点，使保险人与投保人可以全天24小时进行网上交易，投保不受时间限制。网络的跨区域性特点，使其可以为身处不同地理位置的消费者提供多样化、多层次化的服务。其次，保险人可以利用网络对公司员工和代理人进行培训，提高营销人员的基本素质，保证服务水平，使保险展业不再停留在只注重扩大规模、抢占市场的低效益经营水平上。

四、互联网保险的发展趋势

进入21世纪后，互联网逐渐成为那些不太复杂的保险产品的富有吸引力的分销渠道，这些产品包括汽车保险、定期人寿保险、屋主保险、个人健康保险和租赁保险。但是，与其他金融服务领域不同，保险业利用互联网的进度非常缓慢。传统的保险行业比拼保险代理人团队、讲究人海战术；互联网进入后，重构了购买保险的场景，互联网保险公司只需调研用户需求，然后线上售卖相关保险产品，消费者在线上投保时，不需要去固定营业场所，也不需要与代理人对接，直接选择自己所需要的产品。互联网保险公司具备很强的议价能力、开发新产品的能力以及很强的场景适应能力，加上积极引入利用人工智能、大数据等新技术重塑保险价值链，在一段时间内，互联网保险风头无两，竞争中逐渐落后的传统保险企业也开始进行互联网创新的布局。

随着我国国民经济水平的不断发展，大众生活水平不断提高，人们对意外防患于未然的意识增强，这也促进了保险行业的蓬勃发展。在保险行业这个拥有万亿级财富的市场中，既存在着老牌保险公司的改造，也存在着新兴的互联网保险公司。表5-1是《互联网周刊》&eNet研究院发布的2018互联网+保险公司排行榜，名次是根据这些公司的发展规模、总资产和发展潜力拟定的，通过榜单的对比可以发现行业中存在的潜在问题并预测“互联网+保险行业”下一步的发展趋势。

表 5-1 2018互联网+保险公司排行榜

排名	公司名称	iPower	iBrand	iSite
1	国寿股份	93.74	90.87	89.65
2	平安寿险	92.68	90.76	88.93
3	人保股份	90.66	88.82	86.14
4	平安财险	88.95	87.89	86.09
5	太保寿险	88.68	87.97	84.38
6	华夏人寿	88.81	86.76	83.28
7	太平人寿	88.58	86.29	83.73
8	新华人寿	88.93	86.98	79.71
9	泰康人寿	87.52	86.05	82.46
10	太保财险	87.41	86.08	83

知识链接 5-1 “互联网+”

“互联网+”是将互联网作为当前信息化发展的核心特征提取出来，与工业、商业、金融业、服务业全面融合。这其中的关键就是创新，只有创新才能让“+”真正有价值、有意义。正因为此，“互联网+”被认为是创新2.0下的互联网发展新形态、新业态，是知识社会创新2.0推动下的经济社会发展新形态演进。

通俗来说，“互联网+”就是“互联网+各个传统行业”，但这并不是简单的两者相加，而是利用信息通信技术以及互联网平台，让互联网与传统行业进行深度融合，创造新的发展生态。

“互联网+”有六大特征：

一是跨界融合。“+”就是跨界，就是变革，就是开放，就是重塑融合。敢于跨界，创新的基础就更坚实；融合协同，群体智能才会实现，从研发到产业化的路径才会更垂直。融合也可以指代身份的融合，客户消费转化为投资，伙伴参与创新等，不一而足。

二是创新驱动。中国粗放的资源驱动型增长方式难以为继，必须转变到创新驱动发展这条正确的道路上来。这正是互联网的特质，既用所谓的互联网思维来求变、自我革命，也更能发挥创新的力量。

三是重塑结构。信息革命、全球化和互联网打破了原有的社会结构、经济结构、地缘结构、文化结构，权力、议事规则、话语权也不断在发生变化。“互联网+社会治理”“互联网+虚拟社会治理”会有很大的不同。

四是尊重人性。人性的光辉是推动科技进步、经济增长、社会进步、文化繁荣的最根本的力量，互联网的力量源于对人性的尊重、对人体验的敬畏、对人的创造性发挥的重视，例如UGC、卷入式营销、分享经济等。

五是开放生态。关于“互联网+”，生态是非常重要的特征，而生态本身是开放的。推进“互联网+”的一个重要方向就是要把过去制约创新的环节化解掉，把孤岛式创新连接起来，让研发由人性决定的市场驱动，让创业者和努力者有机会实现价值。

六是连接一切。连接是有层次的，连接性是有差异的，连接的价值是相差很大的，但是连接一切是“互联网+”的目标。

资料来源：佚名．“互联网+”［EB/OL］．［2017-02-20］．http：//baike.so.com/doc/7869991-8144086.html.

第二节　互联网保险业务

传统保险公司实施互联网保险经营管理模式战略转移的关键点在于转变经营观念，充分利用信息技术，重新设计业务流程，调整组织结构，实现“以客户为中心”的市场拉动型的营销管理战略，真正发挥互联网的信息平台优势，挖掘互联网保险的市场潜力。

从客户的角度来看，购买保险的决策一点都不简单，由于保单特点、服务质量和成本各不相同，整个决策过程相当花费时间和精力，而且每一步都有障碍。为了推进决策过程，承保人通常通过代理商来销售他们的产品，代理商从卖出的产品中收取佣金。

一、保险公司的基本业务流程

无论开展互联网保险还是传统保险，最关键的是基本的业务流程。通常，一个保险公司的基本业务流程是这样的：宣传自己的产品和服务；收取由众多投保人（往往也是被保险人）缴纳来的保险费，形成保险基金；当约定的保险事故不幸发生后，对被保险人进行保险金的赔偿和给付；由于保险事故发生和损失程度的不确定性，保险金、赔偿和给付之间必然存在着一定的时间差和数量差，使得保险资金的运用成为可能。另外，在承保之前，为防止逆向选择行为，保险公司必须对保险标的实施核保。在承保之后，为防止道德风险，尽可能减少保险赔偿和给付的可能性，保险公司一般还要对保险标的采取积极的防灾防损工作。保险公司的基本业务流程如图5-1所示。

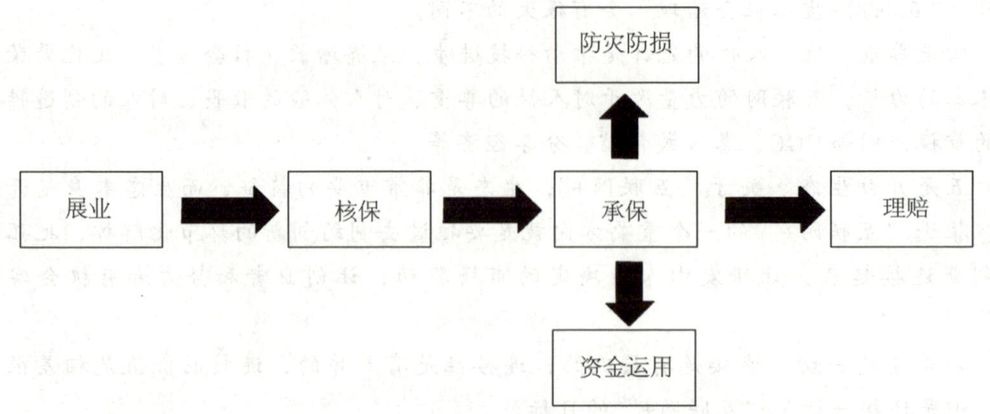

图 5-1　保险公司的基本业务流程

二、互联网保险的业务类型

目前，互联网保险的基本业务可以大致分为以下几种类型：

（一）信息咨询业务

信息咨询业务包含一般性的信息、险种介绍和保单查询服务，以及保险公司形象和产品的宣传等。保险公司在互联网上开设网站，通过公司的主页展示本公司形象，主页中包含公司的简介、机构名录、保险知识、险种介绍、服务之窗等内容，除宣传公司的形象外，还要尽可能详细地介绍各险种的具体情况，使访问者可以随意浏览、多角度地查询产品，获得险种名称、特点、保险责任、费率以及条款全文等资料。通过互联网加深与社会公众的沟通，是开展互联网保险的起点，也是我国保险企业走向国际化的环节之一。中国平安保险网站首页如图5-2所示。

图 5-2　中国平安保险网站首页

（二）网上直销保单业务

网上直销保单业务是指提供半自动化的互联网保险服务。保险公司组织专门机构和人员负责处理客户的网上咨询和投诉，使客户可以在网上得到个性化的投保方案。

对客户在网上的投保申请迅速派人上门收取保费和签单。对通过网络促成的保单，保险公司可根据实际费用支出的节省，实行费率优惠的鼓励政策。

（三）在线投保业务

在线投保业务就是对客户在互联网上提出的投保意向，保险公司核保后通过互联网发出已填好的保险单，客户可以通过网上银行将保险费划拨到保险公司的账户上。承保过程完全通过网络来实现，客户足不出户就可得到全方位的保险服务。泰康在线投保流程如图5-3所示。

微课5

网上投保

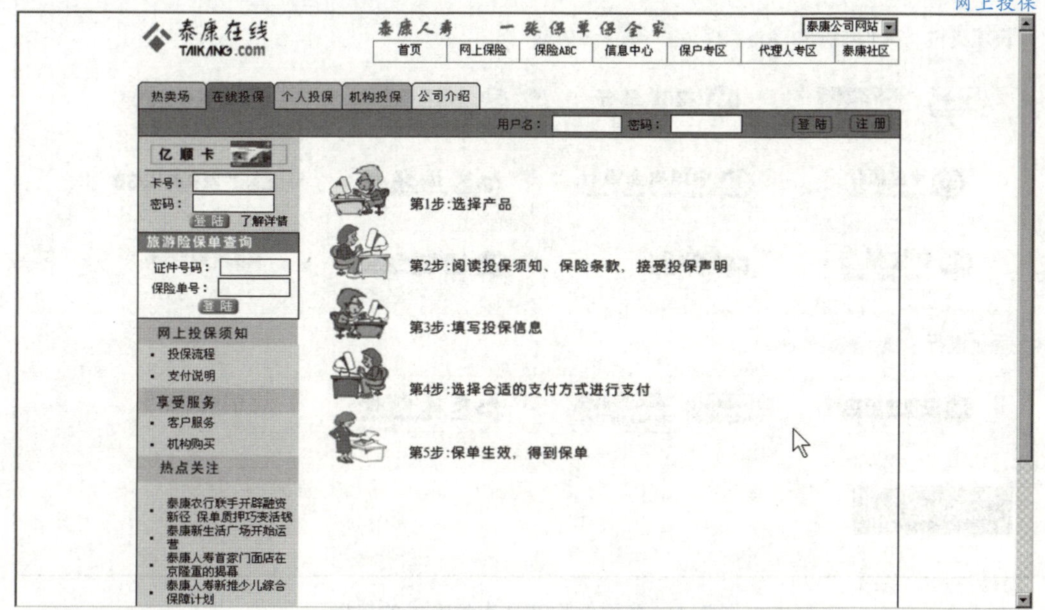

图5-3　泰康在线投保流程

三、互联网保险的业务处理

现以中国平安保险公司为例，说明一个较为完整的互联网保险业务流程。中国平安在网上开展的具体保险业务，从报价、产品信息、网上交易到网上理赔等服务一应俱全。任何一名客户都可以通过进入中国平安保险公司的网站“平安保险商城”办理其所需要的业务和享受所需要的服务。客户可以得到最新的旅游保险、意外保险、健康保险、财产保险、自助保险卡和企业保险业务的产品信息。客户可以通过浏览网页直接得到保险产品的报价。在交易环节中，客户可以通过网站的安全交易系统付款，或者进行保单变更，包括地址及其他信息的变更。如果客户发生事故损失，可随时在网上提出索赔。

（一）得到报价

在网站上，客户可以根据自己的需求选择保险产品，并能够得到对应的产品报价。

（二）产品信息

网站页面上有每一款保险产品的主要信息，并且在购买前会及时对客户进行必要信息提示，在客户进行了相关信息的确认和认可后，方可进入支付阶段。

（三）网上支付

在投保人完成必要信息的填写之后，进入保险费支付界面。互联网保险费支付方式有多种选择，如信用卡、储蓄卡、第三方支付、积分支付以及线下付款（如图5-4所示）。客户可根据自己的实际情况选择最方便的一种支付方式，完成保险费的缴纳。

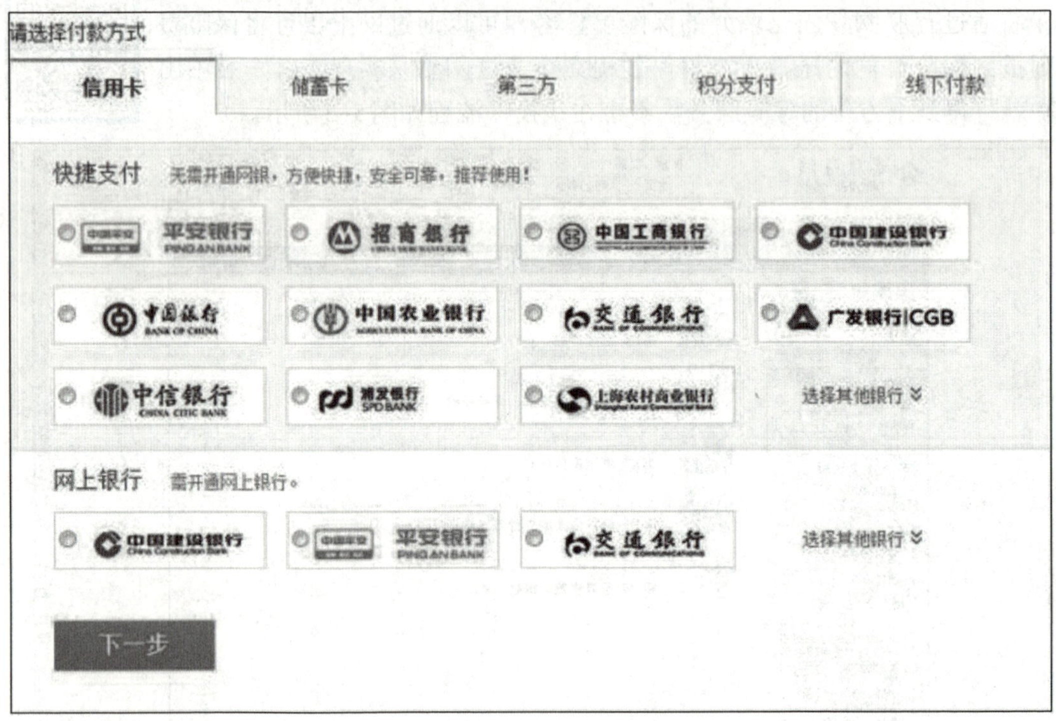

图5-4 购买保险产品支付方式的选择

（四）网上理赔

平安保险商城为客户提供完备、具体的保险理赔流程，并将理赔步骤明确标示出来。但是理赔的具体业务事项仍然需要采用传统的线下理赔方式来进行，即拨打保险公司客服电话，并在线下提供理赔材料。在网络平台上可以对理赔进度进行查询，并对常见问题进行解答。平安保险理赔流程如图5-5所示。

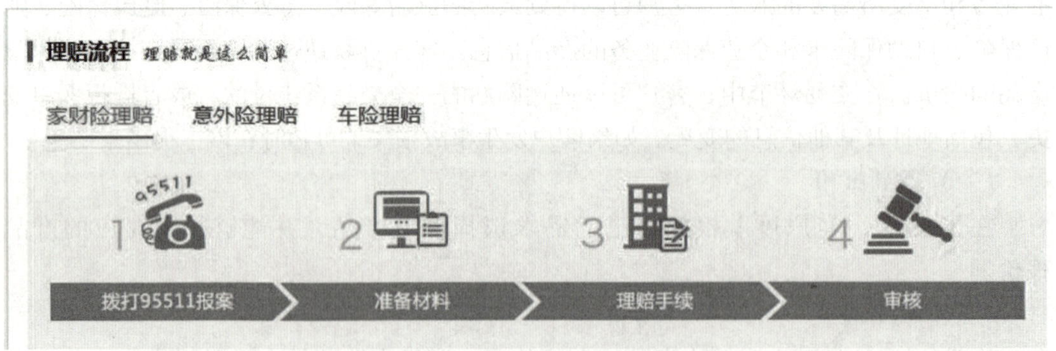

图5-5 平安保险理赔流程

由此可见，一个较为完整的互联网保险销售流程是：客户通过网站提供的信息，或经过在线咨询来选择适合自己的险种；网站根据客户填写的基本信息或回答的问题进行保费的报价；客户填写投保单和其他表格，通过互联网要求客户确认并经正式的数字签名后，保险合同即告成立。与此同时，客户通过网上银行提供的支付服务缴纳保险费，保单正式生效。

这个过程节省了买卖双方大量的时间，可以避免传统保险经纪人和代理人的介入，提高了效率，降低了销售成本。同时，由于管理费用的降低和佣金的免除，保险公司还可以降低保险费率进一步吸引客户，从而使公司和客户从中获益。

小思考 5-1

如果你在网上选择保险产品，请根据你的现状和需要，思考一下你会选择哪个保险公司的哪类保险产品。

第三节 互联网保险的经营管理

互联网保险不是传统保险与互联网简单结合的线下产品在网上销售，而是传统保险与互联网技术和互联网精神的结合。未来的经营管理发展将体现在经营模式、创新模式、决策支持等多个方面。

一、互联网保险业务的经营模式

就目前我国互联网保险公司已有的经营模式来看，其大致有四种，分别为保险公司自建网络平台、电商平台、专业第三方保险中介平台和专门的互联网保险代理公司。

（一）保险公司自建网络平台

国内大型保险集团基本都拥有自己的网络销售平台，如中国人寿的“国寿e家”、中国平安保险的“网上商城”“万里通”、泰康保险的“泰康在线”等。

（二）电商平台

就电商平台来看，目前淘宝、苏宁、京东、腾讯、网易等电商平台均已涉足保险销售。按照险种分类，它们主要涉及汽车保险、意外保险、健康医疗保险、少儿女性保险、旅游保险、财产保险、投资型保险等大类。

（三）专业第三方保险中介平台

第三方保险中介平台不属于任何保险公司，而是由保险经纪公司、保险代理公司等保险中介及兼业代理公司建立的提供保险服务的网络保险平台。目前，行业内知名度较高的平台主要有优保网、慧泽网、中民保险网等。目前我国有4家具有保险牌照的专业网络保险公司，即众安在线财产保险公司、泰康保险、安心保险和易安保险。

（四）专门的互联网保险代理公司

互联网时代产生的专门的互联网保险代理公司，逐渐成为目前互联网保险中介行业最主要的业务模式之一，以其门槛低、办理简单、对经营主体规模要求不高等特点受到普遍欢迎。

银保监会下发的《保险代理、经纪公司互联网保险业务监管办法（试行）》规定：只有获得经纪牌照或全国性保险代理牌照的中介机构才可以从事互联网保险业务，大量垂直类的专业网站在不具备上述监管要求的情况下，以技术服务形式使用兼业代理的资质与保险公司合作开展业务。

二、互联网保险的创新模式

（一）产品与服务创新

互联网保险产品的创新体现在借助场景化定位保险的发展方面，而服务创新体现在体验式服务的发展方面。

（二）大数据创新

随着互联网保险时代的到来，保险公司对个性化数据的获取成为可能，大量的数据支持使产品个性化成为可能，大数据使过去无法满足的保险需求成为可能。使用数据进行需求挖掘和产品设计，可以实现自动核保、自动理赔、精准营销和风险管理。

（三）资源整合与模式创新

未来，互联网保险通过对自身的优势和短板风险进行资源整合，集中力量在某一方面或者某一点进行突破，从目标客户、产品、服务手段等方面实现差异化策略，形成一定的优势。在互联网保险发展到成熟阶段之后，集合互联网技术优势，积极探索OTO、BTB、BTC、CTC各种模式创新，与现有盈利模式形成互补。

三、互联网保险的决策支持系统

（一）保险市场的特质

保险市场的状况和保险产品自身的特点使其天生适合于在网上进行经营。保险作为一种特殊商品。与一般意义上物化的商品有着显著的区别：

（1）保险是一种承诺，属于诺成性合同，同时也是一种格式合同。保险商品的表现形式为契约。

（2）保险是一种无形产品。它不存在实物形式，唯一的有形物可能只是一纸合同，而且合同还不一定要打印出来。

（3）保险是一种服务商品。保险服务是保险企业为客户提供的从承保到理赔的全部过程，主要是一种咨询性的服务。

保险产品的上述特点使它适合在网上销售。首先，在网上发布保险条款内容，并做出详细的、互动的解释，可避免因为极少数代理人在销售时夸大保险责任导致的理赔纠纷，有利于维护良好的行业形象。其次，保险服务是无形服务，所以也适合在网上销售。互联网的优势与保险业这些特征的结合，使互联网保险业发展成为具有竞争优势的新生力量。

（二）互联网保险营销决策支持系统

保险产品不同于一般的有形产品，也有别于其他一些金融产品，具有无形性、契约性等特征。正因为如此，保险营销基本上是一个由保险公司发动的推销过程，对保险公司的营销管理提出了很高的要求。互联网保险的营销策略必须重视客户需求，并利用网络信息的传播特性，吸引大量潜在客户，与优质客户形成长期的稳定关系。在竞争日益激烈的市场环境下，为取得竞争优势，保险公司需要收集大量翔实的实时数据，在此基础上制定营销决策。显然，没有强有力的信息技术的支持，传统的保险公司要做出这样的营销决策几乎是不可能的。而互联网保险系统利用在线客户关系管理系统，将互联网保险前台业务与后台业务处理系统管理进行集成，其核心就是利用网络采取数据挖掘技术和数据仓库技术，从而实现销售自动化。这样使得以客户为中心的保险营销决策支持系统的实现成为可能。

借助保险营销决策支持系统，保险公司的高层管理者可方便地进行展业分析、理赔分析、客户分析、市场分析、财务分析和经营风险（包括投资风险）分析等工作，包括经常性的历史对比分析和趋势预测。不难发现，这与传统保险经营分析方法的最大不同就在于数据的收集和分析处理都是自动的和实时的，对营销决策的支持更有力、更灵活。

四、我国互联网保险的发展对策

近年来，随着互联网发展瓶颈的凸显和传统行业互联网化诉求的增长，“互联网+”逐渐成为传统行业以及互联网行业的共识。2016年，互联网保险市场迎来爆发式增长，尤其是寿险产品，增长速度飞快。这一年，互联网保险公司推出的产品越来越接地气，同时渐渐回归保障。

互联网保险的发展也依赖于资本的青睐。资本在这一年也纷纷涌向互联网保险领域，在一定程度上助推了互联网保险的发展。“科技”一词也越来越受到各家互联网保险机构和资本的青睐。未来互联网保险的三大方向如下：

（一）跨界合作

除了2016年市场上出现的各种模式，互联网保险下一步将渗透到更多领域，比如“互联网保险+物流”“互联网保险+家装”“互联网保险+孕婴”等。这些领域的保险需求涉及方方面面、多个险种，由此可以推断，跨界合作将成为未来几年的主旋律。

（二）保险科技

在2016年下半年，Insurtech开始在互联网保险领域蔓延，而后成为最能引领未来互联网保险领域发展的代表性事物。Insurtech最早起源于美国，后来慢慢被众多创业者带到了国内。市场一下子就被这个新鲜事物所吸引，一时间成为行业热议的话题。Insurtech最早应用于车险领域，比较有代表性的是UBI车险的技术应用，因为车险相比寿险等其他险种简单，同时又是刚需，所以操作起来较为容易，这也是众多创业者和投资人看好Insurtech在车险领域应用的原因。接下来，Insurtech会在一些简单的险种上实现应用，提高保险效率，增强用户体验，比如智能投顾的应用。可以预计，随着互联网保险的与时俱进，未来会有更多这类科技公司出现，从而助力传统公司实现转型发展。

（三）监管趋严

金融业的发展离不开监管，作为传统行业的保险业，更是与监管密切相连。2018年5月，中国银行保险监督管理委员会召开深化整治银行业和保险业市场乱象工作推进会议，与互联网相关的保险产业成为整治重点之一。吸引了市场巨大关注的互联网保险，随着各路资本不断涌入、参与者不断增多，近两年完成了野蛮生长，但玩法越来越丰富、套路越来越出格、竞争越来越混乱、误导越来越严重等问题也相伴而生，监管这只“靴子”终于落下。整治保险自媒体的《中国银行保险监督管理委员会关于加强自媒体网络营销宣传行为管理的通知》和整治网络保险中介平台的《中国银行保险监督管理委员会办公厅关于开展2018年保险中介机构现场检查的通知》的出台，对现有的互联网保险经营造成较大的压力，部分互联网保险平台将被迫对经营模式进行调整和转型，若干以创新为名屡越红线的互联网保险公司前景堪忧。

案例5-1　从四个方面防范打击互联网保险洗钱行为

2020年，发生新冠肺炎疫情以来，互联网保险业务得到了快速的发展。但是互联网技术在给保险机构推动业务的发展带来便利的同时，也带来了互联网保险反洗钱方面的挑战和影响。保险产品由于其具备转变资金性质的特点，越来越受到洗钱行为的青睐。因此，防范保险产品洗钱成为我国反洗钱领域的重要任务之一。

目前，互联网保险反洗钱的问题主要有：对客户身份识别不到位、在甄别可疑交易上存在漏洞、互联网产品自身的特性导致反洗钱、互联网保险产品的创新带来洗钱风险、互联网保险中保险欺诈更容易发生。因此，需要从以下几个方面采取对策：

第一，创新监管机制，加强监管协调。互联网金融的主要特点就是跨业合作、混业经营，众多参与方在竞争合作、业务拓展的过程中，逐渐模糊了金融行业界线。在我国目前的监管框架下，对互联网保险业务的监管因各监管部门职能有限定而被分割开来，比如互联网支付和互联网保险业务的监管分别由中国人民银行及银保监会牵头负责，这大大降低了监管的时效性和政策传导效果，不利于发现系统性风险。

第二，根据技术的发展，及时更新反洗钱监测设备。积极运用反洗钱监管高科技手段。在当前大数据、信息化时代，数据挖掘、云计算等技术防范手段要广泛运用于反洗钱监管工作，可以加速建设网间互联的大额和可疑支付交易监测系统，完善反洗钱软硬件设备，推行完整、规范和真实的电子化数据采集方式，不断完善数据筛选和分析工作，提高数据筛选的准确性和分析报告质量，增强反洗钱监测的及时性和有效性。

第三，强化客户身份识别认证措施。从事互联网保险业务的保险公司在对线上客户进行身份校验时，应力争实现与公安部身份证联网核查系统对接或采取其他信息实名认证技术，对于被保人应尽量限定为投保人本人或其直系亲属。另外，保险公司要强化反洗钱工作中的责任，确保能够采取有效措施对客户身份尽职调查，保证客户职业、经济状况等基本信息真实有效；对于互联网保险的网上资金支付和流转，要确保资金流转平台和渠道符合现行网上支付的安全标准；建立完备的客户身份网络安全认证体系，强化名单管理。同时明确对各类非自然人客户进行识别的法定证件类型标准，对难以获取的客户身份资料信息，可通过“全国企业信用信息公示系统”进行查询，获得的信息视为履行客户身份识别义务。

第四，完善保险产品的设计，嵌入相关反洗钱的功能。进一步完善保险产品的设计，对现有保险产品存在的可能被洗钱者利用的漏洞进行监督、预防，制定严密的防范洗钱的处理程序；完善保单条款，如对退保理由进行核查，并设立不同等级的解约防范措施，杜绝黑钱从保险系统流过。积极研发更优质的能有效预防成为洗钱工具的新型保险产品，增强保险产品的竞争力，提高保险业声誉，积极有效地遏制“地下保单”现象。

资料来源：张健．证券时报网．从四个方面防范打击互联网保险洗钱行为［EB/OL］.［2020-05-28］. http：//stock.stcn.com/2020/0528/16094338.shtml.

本章小结

1.互联网保险，是指在“开放、平等、协作、分享”的互联网精神指导下，将基本的保险原理与互联网技术相结合而形成的一种新型业态。

2.互联网保险的特点：交易虚拟性、超越时空限制、电子化、低风险。

3.互联网保险的优势：具有强大的信息储量、时效性强；有助于新产品的开发，满足不同层次的需求；宽带、高速、广域和多媒体化的网络为互联网保险创造了显著的渠道优势；互联网促销效果显著；网上投保透明度高，容易确认责任归属以规避风险，可以完整地体现保险的保障功能；有效降低保险运营成本；提高营销人员服务水平。

4.保险电子商务的具体模式演化迅速，变化繁多。目前，每一大类保险电子商务模式都有一些切合保险业务特点的表现形式。

5.目前，根据不同原始模型的组合，结合实际应用，互联网保险可分成保险公司自建网络平台、电商平台、专业第三方保险中介平台和专门的互联网保险代理公司四种经营模式。

关键概念

互联网保险　信息咨询业务　网上直销保单业务　在线投保业务

知识掌握

一、单项选择题

1.我国第一家互联网保险公司是（　　）。

A.众信保险　B.众安保险　C.众筹保险　D.众销保险

2.我国国内第一家由寿险公司投资建设的、真正实现在线投保的网站是（　　）。

A.友邦保险网站　B.泰康在线　C.平安在线　D.易保网

3.世界上最早的互联网保险出现在（　　）。

A.中国　B.英国　C.美国　D.德国

4.互联网保险不应是传统保险与互联网简单结合的线下产品在网上销售，而是传统保险与（　　）的结合。

A.互联网技术　B.互联网精神

C.互联网公司　D.互联网技术和互联网精神

5.2016年，互联网保险市场迎来爆发式增长，尤其是（　　）产品，增长速度飞快。

A.寿险　B.财险　C.意外险　D.万能险

二、判断题

1.2015年，国务院总理李克强在政府工作报告中首次提到“互联网+”。（　　）

2.由于网络期限的便捷性，因此现阶段网络保险很容易实现规模经济。（　　）

3.互联网保险业务不受空间限制，但是受上下班时间限制。（　　）

4.互联网保险业务比传统业务安全，完全没有风险。（　　）

5.互联网保险是指在“开放、平等、协作、分享”的互联网精神指导下，将基本的保险原理与互联网技术相结合而形成的一种新型业态。（　　）

三、简答题

1.以平安保险网上销售为例，简述互联网保险的销售流程。

2.简述什么是互联网保险。

3.互联网保险的业务类型有哪些？

4.简述互联网保险的优势。

5.目前互联网保险业务的经营模式有哪些？

知识应用

一、案例分析

我国第一份通过国际互联网促成的保单

1997年11月28日，中国大陆第一份通过互联网促成的保单在新华人寿保险公司诞生。该保单的投保人是北京商学院的张女士，她一直想给自己在对外经贸大学上学的儿子买保险。28日下午，儿子在网上浏览时，偶然发现了新华人寿保险公司的网站，看完险种介绍，他觉得条款不错，便与母亲取得联系，并给新华人寿保险公司发了一份电子邮件，表达了自己的投保意向。下午4点18分，新华人寿保险公司员工在检查自己的主页时收到这份电子邮件。根据电子邮件留下的联系电话，公司指派寿险代理人立刻前去客户家拜访。下午5点多钟，寿险代理人赶到了张女士家，向她转达了公司的谢意，并为其详细介绍了条款的内容，张女士爽快地填写了投保单。这份特殊的保单在新华人寿保险公司备受重视，晚上8点多顺利出单，投保人拿到了保单。这份保单的诞生标志着互联网已经进入中国保险业。

资料来源：佚名. 中国第一张网上促成的保单［EB/OL］.［2020-02-25］. http: //www.chinalawedu.com/news/15700/162/2006/6/xi014233313266002597-0.htm.

分析探讨：什么类型的保险比较适合在互联网上开展业务？

要求：

1.将本班学生组成金融活动小组，以小组为单位，对题目认真分析并做准备，列出发言提纲。

2.教师巡视课堂进行指导，然后各小组选派一位代表将分析结果向全班陈述。

3.全班同学以自由发言的形式对各小组的发言进行讨论，并由教师点评。

二、专项实训

［实训题目］

登录保险公司官网，模拟网上投保业务。

［实训要求］

1.掌握网上投保的流程。

2.在互联网上熟练地进行不同保险产品的比较。

第六章
第三方支付

学习目标

知识目标：了解第三方支付、移动支付的概念及优势；理解第三方支付和移动支付存在的风险。

能力目标：能够熟练掌握第三方支付的类型和流程。

案例导入

中国银联发布“云闪付”

2015年12月12日，中国银联联合20余家商业银行在北京共同发布“云闪付”。消费者在支付时只需要通过手机“云闪付”一挥即付。此次率先亮相的“云闪付”实现了移动支付安全性与便利性的结合，代表了未来移动支付的主要发展方向。

只需要一部具备NFC功能的手机（操作系统为安卓4.4.2以上版本），持卡人便可以直接在手机银行APP中生成一张银联卡的“替身卡”，即云闪付卡。持卡人使用云闪付卡可在线下对具有银联“闪付”标识的POS终端挥手机进行支付，也可在线上通过银联在线支付进行安全付款（无需短信验证码）。相比市场上其他移动支付方式，银联“云闪付”不仅能够满足持卡人的多元支付需求，而且其优势明显。首先，银联“云闪付”更安全，凭借创新技术带来动态密钥、云端验证等多重安全保障，支付时不显示真实卡号，有效保护持卡人的隐私及支付敏感信息；其次，支付体验更便捷，支付时无需手机联网，也不必打开手机银行APP，只要点亮屏幕靠近POS终端即可完成支付。

此前，中国银联通过与运营商、手机厂商、穿戴设备厂商等多方合作，已陆续推出SWP-SIM、eSE全手机以及可穿戴智能支付设备等多种模式的移动支付产品及服务。此次，“云闪付”的推出，标志着中国银联及国内金融机构正联合发力、创新，协同打造安全、便捷、场景丰富、普惠民生的移动支付服务。

目前，首批发布“云支付”的商业银行已超过20家，包括工商银行、农业银行、中国银行、建设银行、交通银行、招商银行等。持卡人带上手机，即可在家乐福、麦当劳、屈臣氏、全家、Costa等25家全国连锁店及行业知名商户的上万个实体门店进行体验，并可享受银联优惠。

2015年12月18日，苹果公司和中国银联正式宣布合作，也意味着Apple Pay移动支付服务正式登陆中国内地。银联卡持卡人通过银联云支付技术，可使用iPhone、Apple Watch以及iPad等设备进行支付。合作实施后，消费者只要将iPhone靠近支持银联“云闪付”的POS终端，同时将手指放在Touch ID上即可完成购物。如果使用Apple Watch，只需连按两下侧边按钮，然后将表盘贴近非接触式读卡器，便可直接在手腕上完成购买。苹果公司的影响力在于其拥有强大的软、硬件结合能力，以及高度统一的使用体验，在中国拥有大量的忠实客户。对现有手机支付模式来说，Apple Pay服务不但可能冲击第三方支付企业已有的支付标准，而且第三方支付企业可能面临被Apple Pay大量替代的风险。

资料来源：周鹏峰.中国银联发布“云闪付”[EB/OL].[2015-12-13].http://www.cnstock.com/v_news/sns_bwkx/201512/3651748.html.有删减。

第一节　第三方支付概述

在传统的商业模式中，参与购买交易中的买卖双方需要一手交钱一手交货，即买方拿到商品的同时卖方拿到货款，这一商业交易行为才算完成。互联网的普及和电子商务的出现，使得网络交易成为现实，第三方支付也随之发展起来。

在日常生活中，时时处处都离不开支付。随着互联网和科技的飞速发展，支付的方式从传统的纸币、票据等发展到了无现金支付的方式，尤其是广为人知的支付宝、微信等工具让第三方支付迅速地渗透到普通民众的生活中。

一、第三方支付的概念

第三方支付，是指具备一定实力和信誉保障的非银行机构，借助通信和信息安全技术，采用与各银行签约的方式，实现非金融机构在收款人、付款人之间作为中介机构所提供的货币资金转移服务。

二、第三方支付的分类

按照业务分类，第三方支付涵盖的内容包括网络支付、预付卡的发行与受理、银行卡收单以及中国人民银行所规定的其他资金转移服务。

网络支付，是指依托公共网络或者专用网络在收款人、付款人之间转移货币资金的行为，包括货币汇兑、互联网支付、移动支付、固定电话支付、数字电视支付等。

预付卡，是指以盈利为目的发行在发行机构之外购买商品或服务的预付价值，包括采取磁条、芯片等技术以卡片、密码等形式发行的预付卡。

银行卡收单，是指通过银行卡受理终端为银行卡特约商户代收货币资金的行为。在本书中将以网络支付作为第三方支付的主要内容。

之所以称为“第三方支付”，并不是因为有第一方或第二方支付，而是在功能上，它独立于银行之外，充当了一个“第三方”的角色，行使“中间人”或“见证人”的职能。相对于商品交易中的卖家与买家，它处于“第三方”；在线支付时，它处于客户与银行之外，仍旧处于电子交易之外的“第三方”。

三、第三方支付产生的原因

对买卖双方来说，考虑最多的就是在交易过程中是否存在风险要素。不论是买方还是卖方，都希望自身的利益得到保障。卖方希望在交出商品或提供服务的同时能够拿到相应的货款或服务报酬；买方希望拿到商品或已享受服务后再付款。对电子商务中的交易而言，无论是商品的运输还是款项的到位，都必然有一定的迟滞现象，对于买卖双方都有一定的风险，所以第三方支付应运而生。

为了平衡买卖双方之间的利益，需要有一个除买卖双方之外的公正的平台，可以保护买卖双方的产品和资金不会被骗，这个平台要有一定程度的公信力，能为买卖双方起到担保作用，并且在一定时间内可托管买方的资金。这个平台就是第三方支付平台。第三方支付平台的出现，为电子商务的发展带来曙光。第三方支付平台接入了我国各大国家控股银行和大部分股份制商业银行的支付网关，满足了大部分用户各自持有银行卡的不同需求。

四、第三方支付的发展和特征

（一）第三方支付的发展

1.市场规模

2019年2月28日，中国互联网络信息中心在北京发布了第43次《中国互联网络发展状况统计报告》，该报告从各方面展示了我国互联网络在2018年的发展情况。

截至2018年12月，我国网民规模为8.29亿人，全年新增网民5 653万人，互联网普及率达59.6%，较2017年年底提升3.8个百分点；我国手机网民规模达8.17亿人，全年新增手机网民6 433万人；网民中使用手机上网的比例由2017年年底的97.5%提升至2018年年底的98.6%。

我国使用网上支付功能的网民达到6.004亿人，占网民规模的72.5%，较2017年12月，网上支付用户增加6 930万人，年增长率为13.0%。其中，手机支付用户达到

5.834亿人，使用率为71.4%，年增长率为10.7%。

互联网金融的快速发展以及互联网计算机端向移动端迁移的浪潮，对第三方互联网支付产生了一定的影响，加剧了各支付企业在传统行业及互联网金融领域的竞争。2018年，支付宝的市场份额为30.4%，银联商务的市场份额为18.6%，财付通的市场份额为13.9%，快钱的市场份额为10%，其他众多支付企业的市场份额之和为27.1%，如图6-1所示。在行业整体规模增长迅速的同时，第三方支付行业出现了市场份额集中向移动端迁移的现象。支付宝和财付通拥有强大的用户群体和丰富的支付场景，占据了绝对的市场优势，分别占据了54.3%和39.2%的市场份额，并且仍在不断培养用户黏性、开拓新的支付场景，以巩固行业地位，如图6-2所示。因此，移动支付行业中支付宝和财付通占据主导地位，其他市场份额占比较小的企业积极发挥自身优势，发力于各自的细分领域，形成了差异化发展道路的局面。加之互联网行业创新速度较快，未来的行业格局对每个参与者都充满了机会与挑战。

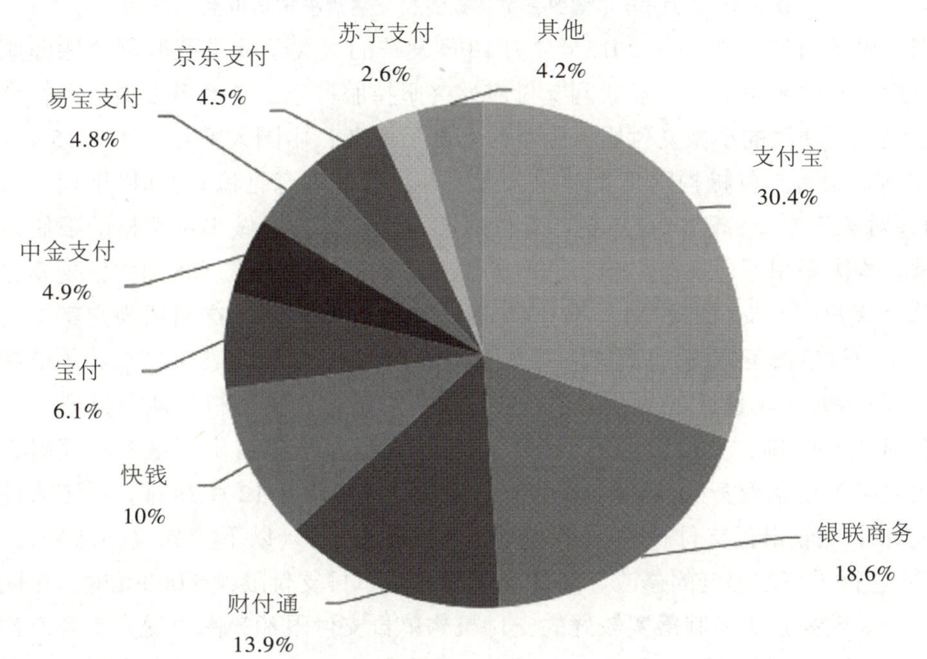

图6-1　2018年中国第三方互联网支付交易规模市场份额

2.市场准入

2011年5月，银联商务、支付宝、快钱等27家公司获得了中国人民银行签发的首批第三方支付业务许可证，即第三方支付牌照，第三方支付获得了合法地位。

截至2019年4月，中国人民银行累计发放271张支付业务许可证，其中243家第三方支付企业首次获得支付业务许可证或续牌成功。为防范金融风险、整顿市场乱象，中国人民银行通过支付业务许可证续展加大市场退出力度，有28家第三方支付公司因业务整合或业务违规等情况注销支付业务许可证。

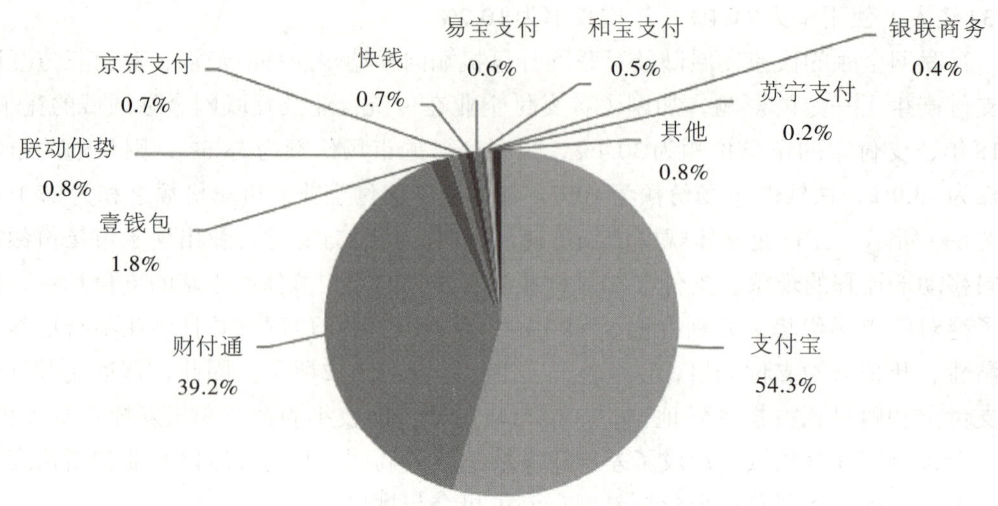

图6-2　2018年中国第三方移动支付交易规模市场份额

中国人民银行等十部委在2015年7月18日发布的《关于促进互联网金融健康发展的指导意见》中明确表示，互联网支付应始终坚持服务于电子商务发展，向社会提供小额、快捷、便民的小微支付服务为宗旨。随后不久，中国人民银行在2015年7月31日发布《非银行支付机构网络支付业务管理办法（征求意见稿）》（以下简称《意见稿》），对第三方支付账户的开立、支付限额、转账等方面做出了严格的限制。其中，支付机构需采用不包括数字证书、电子签名在内的两类以上（含两类）要素进行验证，单个客户所有支付账户单日累计金额应不超过5 000元。这两项规定意味着未来大部分用户通过第三方支付账户进行网上消费时，每日累计消费金额总计不能超过5 000元，每年则不能超过20万元。《意见稿》还对第三方支付机构从事互联网金融理财业务做出了限制：支付机构不得为金融机构，以及从事信贷、融资、理财、担保、货币兑换等金融业务的其他机构开立支付账户。2015年12月28日，中国人民银行正式发布了《非银行支付机构网络支付业务管理办法》（以下简称《办法》），对《意见稿》进行了一定程度的修改，对此前支付账户单日支付限额5 000元的，则明确规定综合评级较高且实名制落实较好的支付机构单日支付限额最高可提升到现有额度的2倍，即1万元。《办法》还规定，在满足一定条件的情况下，个人卖家账户可以视同单位账户管理，不受个人账户的余额付款额度限制。

3. 消费结构

随着第三方支付，尤其是移动支付在日常生活中的渗透，适合第三方支付应用的场景越来越多。2018年中国第三方支付年度数据发布显示，在第三方移动支付交易规模结构中，个人应用（包括信用卡还款、银行卡间转账、银行卡至虚拟账户转账、虚拟账户间转账等）占比为60%，移动金融（包括货币基金、P2P和其他口径内移动金融产品等）占比为16.9%，移动消费（包括移动电商、移动游戏、移动团购、网约车、移动航旅、二维码扫码等）占比为20.8%，其他业务（包括生活缴费、话费充值和其他口径交易等）占比为2.3%，如图6-3所示。在第三方互联网支付交易规模结构中，两个占比最大的细分行业分别是互联网金融和个人业务，如图6-4所示。其中，开展个人业务的支付平台不多，这部分的流量基本被支付宝和财付通两大龙头企业瓜分。互联网金融一直是中小企业争夺的市场。从余额宝诞生以来，用户的理财成本急剧下降，理财用户快速上涨，整体行业存在巨大流量。目前，多家平台正在积极布局网络借贷、基金、保险等传统细分领域，而被称为“新蓝海”的消费金融也是支付公司的下一个争夺点。除此之外，“双十一”“双十二”“6·18”等购物节使网络购物行业的交易规模有小幅提升，支付宝、京东支付和苏宁支付都是主要受益者。

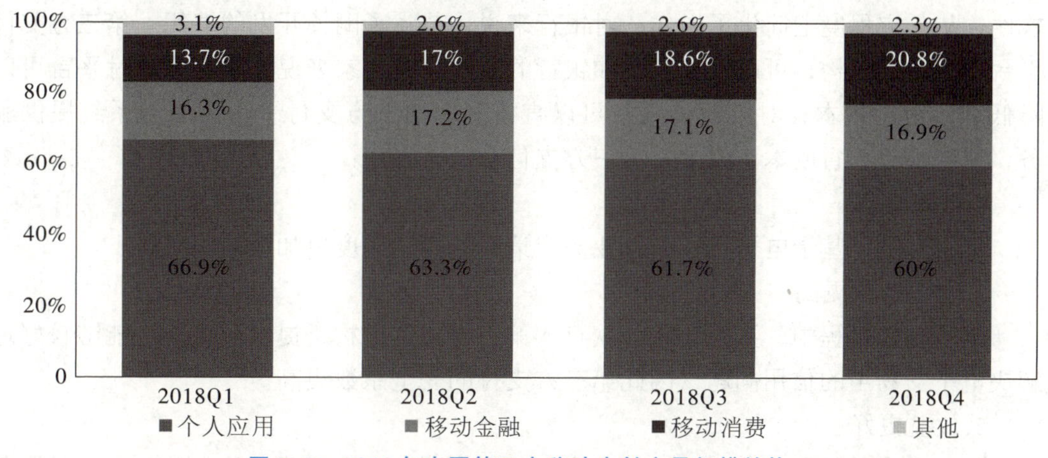

图6-3　2018年中国第三方移动支付交易规模结构

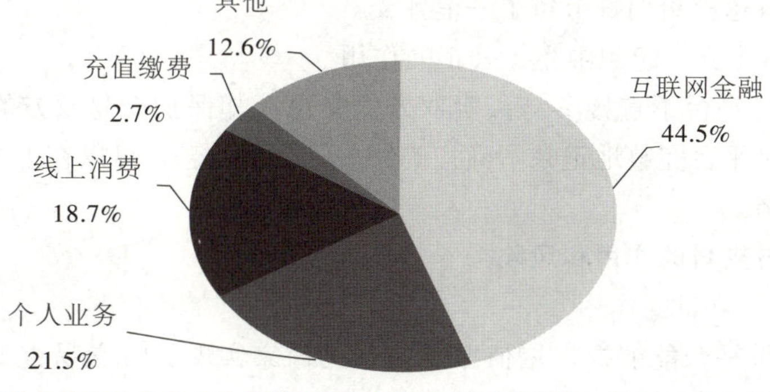

注释：1.互联网支付是指客户通过桌式电脑、便携式电脑等设备，依托互联网发起支付指令，实现货币资金转移的行为；2.统计的企业中不含银行；3.艾瑞根据最新掌握的市场情况，对历史数据进行修正。

资料来源：综合企业及专家访谈，并根据艾瑞统计模型预测。

图6-4　2018年中国第三方互联网支付交易规模结构

小思考6-1

互联网支付的全面普及和应用，为人们的日常生活带来了极大的方便，你是否认为互联网支付可以全面取代现金支付？

（二）第三方支付的特征

第三方支付的产生，首先源于传统银行业务覆盖面不够广泛，仍然有缺失，并且到各个银行柜台办理业务，需要耗费大量时间，无法完全满足所有客户包括小微客户对于资金及时传递和融通的需求；其次，针对买卖双方在电子交易过程中存在的风险，迫切需要一个能够抵御风险、保证交易顺利进行的中立机构；最后，我国非现金支付市场需求大、发展快，但金融基础设施建设尚不完善。

第三方支付平台的优势在于它采用了与众多银行合作的方式，同时提供多种银行卡的网关接口，从而方便了网上交易的进行。对商家来说，不用安装各个银行的认证软件，从一定程度上简化了操作；对银行来说，节省了网关开发的费用。第三方支付平台作为中介机构，可以促成商家和银行的合作。对商家来说，第三方支付平台可以降低企业运营成本；对银行来说，可以直接利用第三方支付平台的服务系统提供服务，帮助银行节省成本。因此，第三方支付有以下特征：

1.效率更高

第三方支付基于电子化，而且业务申请和结算的速度更加迅速。

2.安全系数更高

电子交易过程中，买方会将货款存入第三方支付机构所提供的账户，能够较好地解决电子交易中的信用问题，因此第三方支付的安全系数更高。

3.效益更好

第三方支付结算的速度很快，成本更低。在国内，大部分主流的第三方支付服务处于免费阶段，这就给用户节省了一笔开支。

4.作为支付中介，起到中立、公正的作用

第三方支付平台不直接参与买卖双方的交易，却保护交易双方的合法权益。同时，第三方支付平台完整地记录了商户的每一笔交易信息，可以在电子商务交易出现争议时提供参考。

五、第三方支付的作用和风险

（一）第三方支付的作用

第三方支付平台能够提供增值服务，帮助商家实现实时交易查询和交易系统分析，提供方便及时的退款和支付服务。第三方支付平台可以对交易双方的交易进行详细的记录，从而防止交易双方不当的交易行为，以及为后续交易中可能出现的纠纷问题提供相应的证据。

第三方支付的出现，解决了电子商务交易过程中由于信息不对称所导致的信用风险问题，不仅方便了电子商务交易中的双方，也给传统金融机构的同类业务带来了一定的影响和冲击。第三方支付改变了基金、保险、证券等行业的传统销售格局，并且积累了大量的支付数据，有利于创新融资模式，这对于传统的金融行业很有可能是颠覆性的。

第三方支付的作用具体表现为：

第一，降低信息不对称程度。通过第三方支付的担保功能，确保了交易双方履行合同的能力，交易双方对于彼此的信任度大大增强，而这正是电子商务发展的关键。信息不对称的降低扩展了交易边界、增大了交易可能性、增加了交易量，第三方支付准确地找到了制约电子商务发展的根源，并很好地解决了这一问题。

第二，支付方式方便、快捷。传统支付模式下，客户通过商业银行进行支付结算，商业银行间通过中央银行进行结算，客户需要向不同的银行进行支付结算，手续烦琐，支付效率较低。而第三方支付处在客户与商业银行之间，通过银联这个跨行清算平台，代替客户与商业银行进行结算，大大提高了支付效率。

第三，新销售渠道的发掘。第三方支付不仅是一个支付工具，而且是一个销售渠道。余额宝的出现就是将支付账户和基金账户打通，随时随地可以购买基金产品。用户在登录支付工具的同时可以进行产品的购买，节省了去商业银行或基金公司的时间，为用户带来了极大的便利。

第四，数据积累，是第三方支付平台最重要的作用。解决信息不对称只不过是解决支付行业的一个棘手问题，但是并不具备适用性和兼容性，未来其他金融业务也面临信息不对称的难题，而这些新的信息不对称难题的解决只能通过数据积累来实现。所以，数据积累是第三方支付平台最重要、最有价值的资产，只有数据的积累，互联网金融才能有继续发展的可能。

案例 6-1　连下两城！支付宝与中行、建行开启二维码互认互扫合作

2020 年 4 月 16 日晚间，支付之家网获悉，继工商银行、招商银行和平安银行之后，蚂蚁金服又分别和中国银行、中国建设银行达成了二维码互认互扫的合作。

4 月 10 日，中国建设银行与蚂蚁金服宣布，双方开启二维码互认互扫的合作。

为切实贯彻落实人民银行关于积极推动银行与支付机构打通条码支付壁垒、实现条码支付互联互通的指导意见，为广大用户和商户提供更加安全便捷的支付服务，中国建设银行联合中国银联、支付宝首批实现龙支付与支付宝互扫支付功能。

中国建设银行表示，首批会启用主扫支付宝收款码的付款功能，支持试点客户通过中国建设银行龙支付（含手机银行）扫描支付宝收款码即可完成支付，中国建设银行还将协同中国银联、支付宝进一步将业务范围拓展至商户码支付，助力条码支付市场向更加安全、开放、高效的方向发展。

4 月 16 日，中国银行与蚂蚁金服宣布，双方在银联网络实现互联互通试点。客户可在试点商户使用中国银行的手机银行扫描支付宝收款码完成付款。

中国银行与中国银联、支付宝的此次合作，旨在贯彻落实人民银行关于条码支付互联互通指导意见，为广大用户和商户打造更加完善便捷的支付服务，助力条码支付市场向更加安全、规范、高效的方向发展。

中国银行表示，作为国有大型商业银行，中国银行将持续重视网络与移动支付业务的创新发展，推动与各方深化合作，进一步促进条码支付互联互通，积极参与并推动支付市场健康发展，为客户提供更好的支付体验。

蚂蚁金服也表示，正在积极推动与更多银行的二维码互认互扫合作，利用自己的技术积累，推动中国移动支付不断向前发展。不仅在移动支付方面，在智能理财、场景金融等许多领域，也正在积极与银行深度合作，希望为用户和小微企业带来更好的服务体验。

至此，在二维码互认互扫合作上，支付宝已经实现了与四大行之中的工商银行、建设银行、中国银行的合作，也打通了最大的股份制商业银行——招商银行，以及中国内地首家公开上市的全国性股份制银行——平安银行，并且名单还在扩容中。

近年来，监管机构和业界一直在推动加快制定条码支付互联互通标准，以使支付宝、微信支付等第三方支付、银联等开发的二维码等扫码支付可以互联互通。

支付之家网了解到，央行早前发布的《金融科技（FinTech）发展规划（2019—2021年）》中就曾明确提出："推动条码支付互联互通，研究制定条码支付互联互通技术标准，统一条码支付编码规则，构建条码支付互联互通技术体系，打通条码支付服务壁垒，实现不同APP和商户条码标识互认互扫。"

央行科技司司长李伟此前也表示，将组织商业银行、支付机构、中国银联、网联等，稳妥开展条码支付互联互通技术验证和应用试点，逐步打通支付服务壁垒，为人民群众提供更加安全、便捷的支付服务。

相信不久的将来，条码支付互联互通将全面落地！

资料来源：之家哥.连下两城！支付宝与中行、建行开启二维码互认互扫合作［EB/OL］.［2020-04-17］. http://www.zfzj.cn/portal.php?mod=view&aid=2227.有删减。

（二）第三方支付的风险

第三方支付发展至今，交易规模不断增长，与此同时，第三方支付面临着交易安全、洗钱等风险。

首先，是交易安全问题。第三方支付是以开放的互联网络为基础，依托购物网站和商业银行的网上支付平台，通过网络进行数据存储和传输，容易出现假冒客户身份、非法窃取或篡改支付信息等问题。现在网络病毒种类繁多，传播方式和途径多样化，以及黑客恶意攻击，这些都时刻威胁着支付平台的安全。

其次，是洗钱风险。第三方支付提供了买卖双方现金交易的平台，而某些第三方支付工具不需要实名制就可以完成一些交易，这样就会产生通过第三方支付工具进行洗钱的问题。国内的第三方支付平台大多缺乏有效防止恶意交易的相关措施，这样第三方支付工具很容易沦为洗钱工具，甚至为网络赌博等不法行为提供资金渠道。随着第三方支付平台的不断发展，其业务范围也必然延伸到跨国支付领域，这样不仅国外黑钱可能通过第三方支付平台洗钱进入我国，国外热钱也可以通过它畅通无阻地投资于我国资本市场。

最后，第三方支付挤压银行支付业务，蚕食银行中间收入。支付结算是商业银行最重要的中间业务，第三方支付的方便快捷使其迅速占领原本属于商业银行的中间业务，尤其是在利率市场化、存贷利差不断缩小的背景下，这种蚕食对银行来说更是雪上加霜。现有的银行支付结算体系已经不再适应市场化的要求，目前银行业已经认识到了这一点，正在积极投入，向互联网方向转型。尽管如此，第三方支付机构的发展仍不可小觑，第三方支付已经构成了社会交易环节，尤其是电商交易中不可或缺的一环。

第二节　第三方支付业务

对消费者而言，随着电子商务的蓬勃发展，网上购物、在线交易已经从一个新鲜未知的事物变成了日常生活的一部分。而隐藏在网络购物身后的第三方支付方式也潜移默化地改变了社会大众的生活，甚至连我们自身都没有察觉，就已经不知不觉地成了支付公司的资深客户。当消费者完成购物，在电子商务网站上下单时，支付页面就会跳转到前台，以供消费者进行相应的支付操作。

在早期，第三方支付平台往往隐藏在电商平台（或商户）后面，即第三方支付平台的页面并不会为消费者所见，并且一个企业客户一般也只选择一个第三方支付平台合作。因此，消费者往往认为自己是某电商平台的用户，而不会觉得自己是第三方支付平台的用户。

现在，一个电商平台也会连接多个第三方支付平台，如果消费者选择通过某一个第三方支付平台完成付款，则直接链接到该第三方支付平台的支付页面，便可以在此页面上选择适合自己的支付方式。

对于网上支付，第三方支付平台可以提供两种支付方式，即网关支付和账户支付。在网关支付方式下，付款人首先是某家银行网银的用户，而不必成为第三方支付平台的用户。付款人通过第三方支付平台，进入第三方支付平台维护的银行支付页面，在页面上输入自己的银行账号和支付密码或证书，即可完成支付。在账户支付方式下，交易双方都需要在第三方支付平台开立虚拟账户，然后用户还需登录第三方支付平台，将资金从银行账户充值到第三方支付平台账户中，以虚拟资金为介质完成网上款项的转移。此后，第三方支付平台通过其在银行的账户向商户的银行账户划转实际资金。

有的第三方支付平台提供担保服务，即付款人的金额不会马上打到收款人的银行账户，而是暂存于第三方支付平台的银行账户中，当付款人对货物验收满意后，第三方支付平台才会将货款转到收款人账户。

在通过第三方支付平台进行支付的过程中，用户的资金通常先划转到第三方支付平台在各银行开设的收款账户中，然后由第三方支付平台与商户进行结算，最后由第三方支付平台与银行进行二次清算。具体做法如下：

假设第三方支付平台在A银行和B银行均开设中间账户，并存入一定的结算备付金。当用户向商家付款时，第三方支付平台通知A银行将用户账户上的相应货款扣除，并在中间账户上增加相同金额，然后通知B银行在中间账户扣除相同金额，并在商家账户上增加相同金额。这样第三方支付平台就分别通过与付款方和收款方的两次结算实现了一笔跨行支付。第三方支付平台要为各参与银行开设中间账户，并存入结算备付金。第三方支付流程，如图6-5所示。

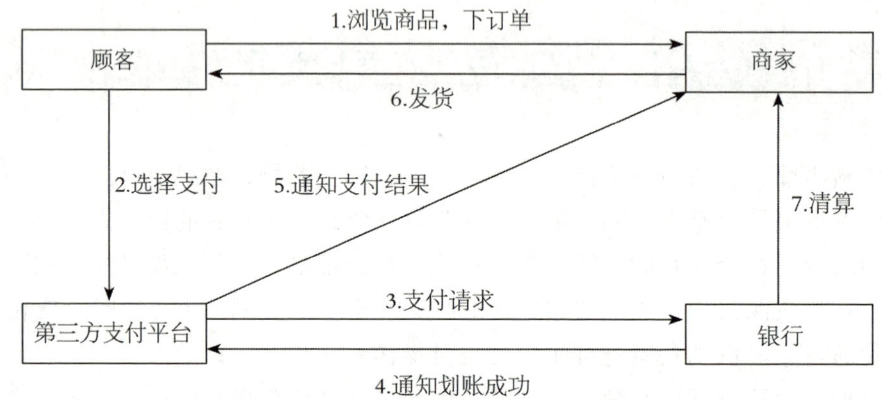

图6-5　第三方支付流程

第三方支付具体操作流程如下：

（1）顾客在网上浏览商家的检索网页并选择相应商品，下订单达成交易。

（2）在弹出的支付页面上，顾客选择具体的某一个第三方支付平台，直接链接到其安全支付服务器上，选择合适的支付方式，点击进入银行支付页面进行支付。

（3）第三方支付平台将顾客的支付信息传递到各相关银行，传递过程必须符合各银行支付网关的技术要求。

（4）由相关银行检查顾客的支付能力，实行冻结、扣账或者划账，并将结果信息回传给第三方支付平台和顾客。

（5）第三方支付平台将支付结果通知商家。

（6）接到支付成功的通知后，商家向顾客发货或者提供服务。

（7）各个银行通过第三方支付平台与商家实施清算。

第三节　第三方支付模式

传统的银行支付方式只具备资金的传递功能，不能对交易双方进行约束和监督，支付手段也比较单一。交易双方只能通过指定银行的界面，或者采用汇款方式进行资金的划拨，交易也基本上以款到发货的形式实现。在整个交易过程中，无论是在货物质量方面、交易诚信方面，还是在退换要求方面等，都无法得到可靠的保证，交易欺诈行为也广泛存在。

第三方支付平台是通过与国内外各大银行签约，由有一定实力和信誉保障的第三方独立机构投资建立的交易支持平台。由独立的第三方平台作为中介，通过改造支付流程来约束商家和消费者的行为，从而在一定程度上缓解对双方信用的猜疑，增加对网上购物的可信度。

除了信用中介，第三方支付平台还具有安全保障和技术支持的作用，与银行的交易接口直接对接，支持多家银行的多卡种支付，采用国际先进的SSL128位加密模式，在银行、消费者和商家之间传输和存储资料。同时，根据不同用户的需要对界面、功能等进行调整，增加个性化和人性化的特征。

目前，市场上第三方支付公司的运营模式，可分为两种类型：一类是独立的支付网关模式；另一类是有电子交易平台且具备担保功能的信用中介模式。

一、独立的支付网关模式

独立的支付网关，是指完全独立于电子商务网站，由第三方支付平台在银行和签约客户之间搭建起一个虚拟的桥梁，将银行和客户连接起来。这种支付平台将很多银行的接口整合到一个平台上，买方通过这个平台支付资金，卖方可以直接通过这个第三方支付平台，将款项提取到自己的银行卡上。例如，某客户在一个商务网站上看中一款产品，他可以通过已经注册的账号登录第三方支付平台，并发送自己的付款请求，第三方支付平台则会将客户请求进行加密发送给有关银行，银行根据该客户的存款情况向卖家进行支付，卖家则根据银行的支付情况向客户提供相应的产品和服务，这样一个网上交易的过程就完成了。这种模式在国内以首信易支付、快钱、易宝支付、汇付天下、拉卡拉等为典型代表。

此模式的第三方支付平台一般具有以下特点：

（1）盈利方式：根据客户的不同规模和特点提供不同的产品，收取不同组合的年服务费和交易手续费。

（2）客户群体：主要面向B2B、B2C和G2C市场，客户为中小型商户或者有结算需求的政企单位。

（3）优势特点：独立网关，灵活性大，一般都有行业背景或政府背景。

此模式的第三方支付平台所面临的问题是没有完善的信用评价体系，抵御信用风险能力有待加强；增值服务尚未开发，技术含量不大，容易被同行复制。在以后的发展中应加强安全技术方面的投入，严防技术漏洞，同时要加强与特定行业或领域的合作，以发展为行业支付结算平台。

知识链接6-1 **拉卡拉**

拉卡拉成立于2005年，是联想控股成员企业。拉卡拉的业务涵盖支付、征信、信贷、理财、股权众筹等多个领域，拥有近400万商户和1亿用户，位列中国移动支付规模前三。

在拉卡拉现有的业务中，多媒体便民公共终端的交易规模在全部业务的占比超过80%，拉卡拉在全国超过300个城市投资了超过25万台自助终端，遍布便利店、商超和社区，每月为超过5 000万的用户提供信用卡还款、水电煤气缴费等各种服务。

拉卡拉的支付业务线条多、覆盖面广，前端有支付业务引流，中端有理财和信贷业务揽客，后端凭借大数据和征信业务作支撑，同时面向用户和商户两端提供服务。上述业务既可以独立动作，深耕细分领域，也可以互为依托，形成一个金融生态网。这些业务主要包含四个方面的内容：一是便民支付。拉卡拉是中国最大的社区金融自助终端运营商。二是移动支付。拉卡拉是中国最大的智能支付硬件运营商，以拉卡拉近期推出的考拉手环为例，集运动手环、公交卡、各种智能IC卡、NFC支付及互联网金融APP为一体，是中国乃至世界第一个多卡合一、多平台合一、空中运营、软硬件结合的移动支付平台。目前，各类智能支付硬件累计出货量已超过1 000万台，年交易金额超过5 000亿元人民币。三是POS收单。拉卡拉一直在推动中国收单服务的进步，2013年便推出了基于云平台，整合了CRM、ERP等企业服务的云POS，目前商户数量已超过400万，年交易规模超过1.5万亿元人民币。四是跨境支付。目前拉卡拉的跨境支付可结算币种已超过20种，支持个人与企业间互联网跨境结算及企业之间的全球化结算，业务覆盖亚洲大部分地区，目前正在进入欧洲及北美市场，拉卡拉已与英国最大的账单支付公司Allpay Limited签署合作框架协议，引入合作的同时，重在反向输出。

基于支付业务，拉卡拉同时提供多种综合服务。其中，拉卡拉理财服务致力于为用户提供诚信、透明、公平、高效、创新的互联网金融平台，以稳健的收益满足投资者财富保值、增值等方面的需求。拉卡拉旗下的考拉征信公司，由拉卡拉联合多家著名企业共同组建，是中国第一批获得企业征信牌照及个人征信工作试点资质的公司。目前，考拉征信服务的日查询量的峰值超过40万笔。基于考拉信用开展的信贷业务，拉卡拉为个人和小微企业提供多种信用贷款，金额从1 000元人民币到20万元人民币，周期从一天到一年不等。

资料来源：姜樊．拉卡拉［EB/OL］．［2017-03-06］.http://finance.ce.cn/rolling/201703/06/t20170306_20737910.shtml.有删减。

二、信用中介模式

信用中介模式的第三方支付平台，一般都是依附于大型购物网站发展起来的，由电子交易平台独立或者合作开发，同各大银行建立合作关系，凭借其公司的实力和信誉承担买卖双方中间担保的第三方支付平台，利用自身的电子商务平台和中介担保支付平台吸引商家开展经营业务。它的出现很好地解决了买卖双方在网上交易过程中信用缺失的问题。它使得交易双方在交易中的风险降低了不少，具体来讲是通过交易双方都信得过的第三方支付平台来做担保。支付宝和PayPal就属于这类支付模式。这种模式在一定程度上解决了买卖双方的信用问题，因此被称为信用中介模式。第三方支付信用中介模式的支付流程，如图6-6所示。

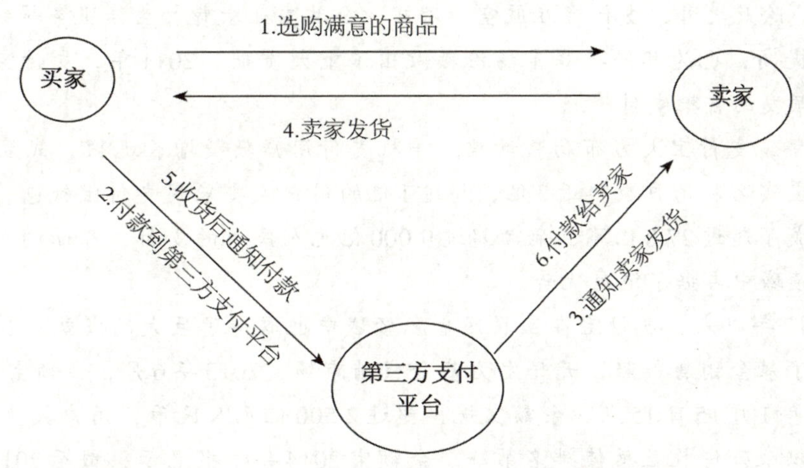

图6-6　第三方支付信用中介模式的支付流程

第三方支付信用中介模式的支付流程如下：

（1）卖家与买家都必须是在该平台申请过账号的会员，买家通过平台选购满意的商品并与卖家交流，达成交易意向。

（2）买家将资金打到第三方支付平台的账户中，此时资金不会直接打到卖家账户中。

（3）第三方平台通知卖家，买家已付款。

（4）卖家发货。

（5）买家收到货物并确认货物完好后，买家通知第三方支付平台付款。

（6）第三方平台将资金打到卖家的账户中。

如果买家没有收到货物或者货物出现问题，买家可以申请退款、退货，通过一定的程序拿回款项。

信用中介模式的第三方支付平台面向C2C、B2C市场，向个人或者中小型商户提供支付服务，以店铺费、商品登录费、交易服务费为盈利方式。但是，目前大多数第三方支付平台实行免费政策，处于扩大规模和狂敛人气的阶段。它拥有自己的客户资源，具有中介担保的功能，按照交易记录建立个人信用评价体系，可信度相对较高。

知识链接6-2 支付宝

支付宝（www.alipay.com）的支付服务于2003年10月在淘宝网推出，是目前最具知名度且使用最为广泛的第三方在线支付平台。支付宝服务由支付宝（中国）网络科技有限公司（隶属于阿里巴巴集团）提供。

2010年，网上零售市场发展迅速，团购网站爆发式的增长以及电子商务平台多轮的大规模促销，为支付宝这一国内最大的第三方支付平台带来了更大的交易规模和用户数量。除此之外，支付宝在航空、游戏、公共事业缴费、生活服务等细分领域拓展力度的提高，也为其保持高市场份额做出了重大贡献。2011年，支付宝获得中国人民银行颁发的首批支付牌照。

2013年，支付宝大力布局移动端，手机支付用户数量增长迅猛。截至2013年年底，支付宝实名制用户数接近3亿，超过1亿的用户主要采用支付宝钱包，通过手机支付宝完成了超过27.8亿笔、金额超过9 000亿元人民币的支付，在面向个人用户的支付应用领域中占据了绝对优势。

自2012年以来，支付宝在互联网金融领域中也取得了巨大的成就。2012年，支付宝获得了基金销售牌照，开始发力基金代销市场；2013年6月，余额宝正式上线，截至2014年1月15日15点，余额宝规模超过2 500亿元人民币，用户数量超过4 900万，成立以来万份收益总值排名第一。余额宝2014年年报显示，截至2014年12月，余额宝用户数量增加至1.85亿，规模为5 789.36亿元人民币。

2014年春节期间，支付宝手机支付超1亿多笔，借春节“抢红包”，支付宝迅速扩大移动支付市场，成为移动支付市场最大的第三方支付平台。2014年3月13日，中国人民银行杭州中心支行支付结算处收到中国人民银行出具的《中国人民银行支付结算司关于暂停支付宝公司线下条码（二维码）支付等业务意见的函》，支付宝发力移动支付领域受到一定影响，但是移动支付市场的巨大潜力及支付宝拥有的大量实体客户，使得支付宝寻求其他方式开拓业务。

2014年，支付宝在海外支付市场不断拓展服务。2014年7月，支付宝和“环球篮联”达成合作，在海外部分地区提供支付宝钱包退税业务，年内又继续推出“海外直购”“海外交通卡”等项目，借助2013年获得的跨境支付牌照努力寻求海外市场。

易观国际认为，支付宝初期依托淘宝平台得到了快速发展，在具备了大量的用户规模后迅速拓展了淘宝平台以外的支付业务。支付宝创造了中国网上零售市场中介式的交易模式，培养了中国网民第三方在线支付的使用习惯，使其成为中国网民使用互联网的基本应用之一。目前，支付宝的快捷支付业务发展迅速，成为支付宝另一个营收增长点，势头强劲。与此同时，支付宝在支付安全领域做出相关努力，2011年6月支付宝联合百家企业成立安全支付联盟。

在移动端，支付宝在快捷支付的基础上发展移动支付，不断提升用户体验。支付宝将其庞大的用户规模称为其在外部商家和市场获取方面的巨大优势，同时支付宝在技术研发和风险管控等方面也具有市场领先的水平，未来中国第三方支付市场的发展很大程度上与支付宝的发展相契合。线下支付业务的空间巨大，而线上线下结合的O2O运营业务迅速发展，让支付企业拓展线下业务变得容易，支付宝也在线下场景支付方面有所拓展，借助"新春红包"将众多互联网用户下沉转移至移动支付领域。无论是支持NFC版本的发行还是推出"未来医院"计划，都表明支付宝将在线下场景做更多的努力。未来全场景金融服务将成为支付宝发展的主要方向，也会给支付宝带来巨大的利润。

资料来源：佚名.易观：中国第三方在线支付市场年度综合报告2015［EB/OL］.［2015-07-12］.http://www.imxdata.com/archives/10519.有删减。

第四节　移动支付

手机与钱包是现代人不可或缺的两件随身携带品，而随着终端科技的不断发展，手机和钱包这两件在使用属性和功能上截然不同的物品越来越呈现出合二为一的趋势，手机终端越来越智能化，为第三方支付提供了一种新的产品形态和实现方式，即移动支付。移动支付作为一种新型的支付方式，是电子商务发展的一种趋势。它已经渗透到人们生活的方方面面，成为我们生活当中不可缺少的一部分。

一、移动支付的定义

移动支付，是指用户通过手机、智能终端等移动设备，依托移动通信网络或借助智能终端与支付受理终端之间的信息交互技术发起支付指令，实现资金转移的行为。

目前，我国移动支付产业已经形成较为完备的产业链条，众多商业银行、通信运营商和第三方支付组织的积极参与，有力地促进了此项新兴产业的发展，支付范围涉及转账汇款、网上购物、自助缴费、手机话费、公共交通、个人理财等诸多小额支付领域，图6-7、图6-8分别为微信钱包和支付宝钱包的应用界面。关于移动支付的各项发展条件也较为完善，移动通信网络发展成熟，经济保持快速增长，居民消费水平不断提高，网络经济发展迅速，信息化程度较高，社会信用体系逐步完善，并且关于电子商务的法律法规体系逐步成熟，这些条件都极大地有利于移动支付产业的发展。

二、移动支付的分类

微课6

移动支付

按照是否抵达交易现场划分，移动支付可分为三类：远程支付、近场支付和O2O支付。

远程支付，是指用户利用移动通信终端，依托于移动通信网络（包括Wi-Fi），远程接入系统完成支付的方式。

图 6-7　微信钱包应用界面

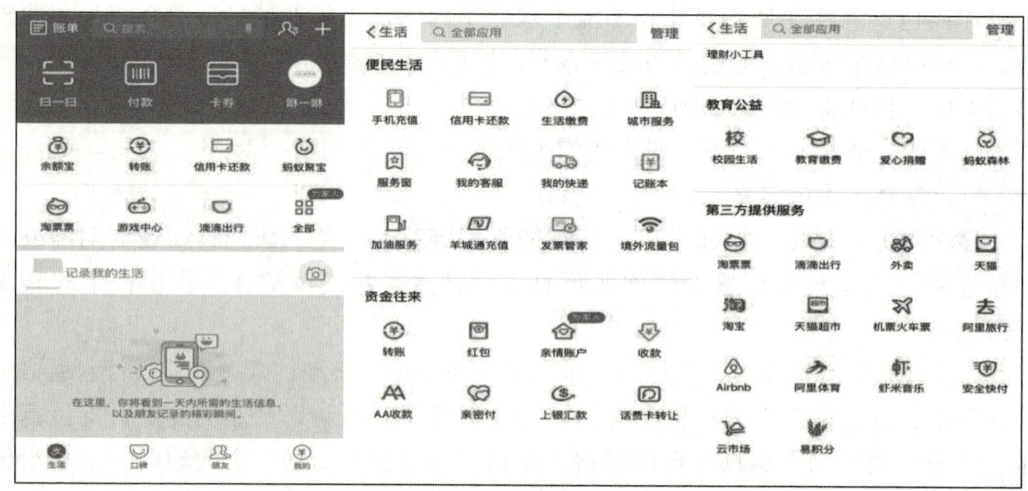

图 6-8　支付宝钱包应用界面

近场支付（near field communication），是指利用移动通信终端在交易现场以联机或脱机的方式完成交易处理的支付方式。近场支付技术支持多种应用，包括移动支付与交易、对等式通信和移动中信息访问等。借助于近场支付，支付的场景大大拓宽，并实现完成付款、获取海报信息等功能。近场支付设备可以用作非接触式智能卡、智能卡的读写器终端以及设备对设备的数据传输链路，其应用主要可分为四种基本类型：用于付款和购票、用于电子票证、用于智能媒体、用于交换和传输数据等。

O2O 支付既可以是 online to offline，也可以是 offline to online，是将线上支付和线下购物相结合的一种全新的体验方式。用户既能享受线上的快捷，也能感受线下的真实体验。近年来，由于 O2O 支付形态不断创新以满足用户日益增长的需求，移动支付使用场景也在不断扩大，进一步促进了移动支付的高速发展。

通过移动支付，用户可以使用其移动终端（通常是手机）对所消费的商品或服务进行账单支付，单位或个人还可以通过移动设备、互联网或者近距离传感直接或间接向银行金融机构发送支付指令，产生货币支付与资金转移行为。移动支付将终端设备、互联网、移动互联网、应用提供商以及金融机构相融合，为用户提供货币支付、缴费等金融业务。

作为一种新兴的支付手段，移动支付改善了用户的支付体验，并为金融机构、运营商、第三方支付公司和商户带来了新的机会，逐渐在全球受到了各方的关注。近年来，全球移动支付产业发展迅速，实现了用户数量和交易规模的快速增长。在中国，移动支付已经成为产业热点，蕴藏巨大的商机和增长空间，产业链各方竞相逐鹿移动支付市场的局面愈演愈烈。

三、移动支付的流程

（一）远程支付流程

（1）用户通过在移动设备中安装的客户端浏览商品或可提供的服务，并提交订单。

（2）用户通过客户端向交易系统发起支付请求。

（3）交易系统接收用户支付请求，检查用户的订单信息，向账户系统发起扣款请求。

（4）账户系统接收扣款请求，确认用户的个人信息和账户信息后，完成转账付款，并发送扣款确认信息给交易系统。

（5）交易系统向客户端发送支付成功的确认信息，完成交易流程。

（二）近场支付流程

（1）用户在实体店内选择商品或服务。

（2）用户到商户收银台结账。

（3）商户在现场受理终端（POS）上输入消费金额，通过近场通信技术，移动终端发起账户信息读取请求。

（4）移动终端将账户信息发送给现场受理终端。

（5）现场受理终端发起支付请求指令给交易系统。

（6）交易系统接收账户扣款请求，确认用户的个人信息和账户信息后，发送扣款确认信息。

（7）交易系统发送支付成功的确认信息给现场受理终端。

（8）完成结账。

第五节 第三方支付的风险与监管

第三方支付是利用互联网等科技手段实现资金转移的一种方式，它具有互联网和支付行业的属性，但最终应该属于金融业的范畴，互联网只是一种媒介。第三方支付的风险首要表现为金融属性的风险，当然也包括互联网属性的风险。

一、第三方支付的风险

第三方支付的交易额在支付额中所占的比重已经非常庞大了，但第三方支付出现时间较短，在运营管理方面经验不足，对其形成管理及约束的法律法规也有待修订。因而随着第三方支付的普遍应用以及资金规模的不断扩大，整个行业在系统安全、金融监管等方面存在的风险隐患也逐渐凸显。

（一）法律风险

针对第三方支付，中国人民银行出台了两个办法、一个细则，作为主要法律依据，即自2010年9月1日起施行的《非金融机构支付服务管理办法》、自2010年12月1日起施行的《非金融机构支付服务管理办法实施细则》，以及自2013年6月7日起施行的《支付机构客户备付金存管办法》。这两个办法、一个细则加上各地方针对第三方支付和电子商务等出台的规范性文件，使得第三方支付的设立、运行和监管摆脱了无法可依的状态。但是，从法律层面来看，仍然没有专门性的法律对第三方支付做出相关规定。

（二）沉淀资金问题

资金转移是第三方支付的本来职能，在电子交易过程中存在的延迟支付会形成大量的沉淀资金（也称客户备付金），如何管理沉淀资金问题，央行发布的两个办法和一个细则，已经有了基本的定性和一套较为具体的存放、使用和监管规则。客户备付金的所有权不属于支付机构，其存放需要严格遵循两个办法和一个细则的具体规则。

（三）操作风险

第三方支付涉及的用户众多，操作频繁，任何操作失误或恶意事件都有可能带来风险，进而涉及隐私泄露和资金盗用等问题。在电子交易过程中，用户的身份信息、账户资金信息、交易信息以及认证信息等都被记录下来，并保存在第三方支付的数据库中，如果第三方支付平台的保护措施不完善，则很容易造成用户个人信息的泄露，甚至导致个人资产的安全受到威胁。

另外，不法分子会利用第三方支付平台的系统漏洞，通过植入木马或者钓鱼网站来盗取用户在支付环节中输入的敏感信息，进而划转用户个人银行卡上的资金，造成用户的经济损失。

（四）洗钱犯罪

第三方支付交易由于其自身的限制，存在匿名性、隐蔽性和信息不完备性，很难辨别交易资金的真实来源和去向，这无疑为洗钱犯罪提供了一块滋生地。在这种风险下，对第三方支付平台和银行业金融机构提出了更高的要求，第三方支付平台有义务对其平台下的交易进行审查，对以合法形式掩盖其非法目的的交易行为必须严格予以制止。对此，各平台或机构也都在其服务条款中进行了声明，如《支付宝服务协议》中对洗钱犯罪的禁止性声明。但是，要有效防范和制止洗钱行为，各平台或机构仍需要投入更多的人力和技术支持。

二、第三方支付的监管

目前，第三方支付平台的业务已经开始向在线理财、网络借贷等方向拓展，极大地丰富了第三方支付平台的业务内容和业务种类。然而，随着内容和种类的增多，第三方支付平台也将面临更多、更严峻的考验，这将不再是一个企业内部的风控或一个企业外部的监管，而是上升到行业层面来监管。

（一）建立行业准入门槛

目前，第三方支付的平台数量已经有270多家，平台数量、业务规模、商业模式等已经基本上满足了当前的支付需求。在这样的情况下，不能再片面扩大平台数量，应当将精力主要放在提高行业整体质量和业务创新两个方面。例如，制定严格的行业准入门槛，对新进平台和现存平台提出更高的要求，包括注册资金、IT系统、执照等，从源头上控制行业质量。

（二）开展第三方支付平台的评级工作

针对公司的业务种类和规模、商业模式、运作流程、服务质量、客户利益维护、网络安全、内部风控等关键点进行评估，确定平台风险的大小。目前，各个第三方支付平台的实力仍有不小的差距，这就决定了平台之间的信誉、风险应急能力各不相同，开展评级工作可以评估各个第三方支付平台的综合水平，也能给其施加一定的压力，使其不断进行技术挖掘，以降低风险和提高服务质量。

（三）建立第三方支付保险制度

建立一个风险救济机制可以规范行业的发展，引入保险机制进行事后的全额赔付，可以保障用户利益。例如，支付宝联手中国平安财产保险针对快捷支付用户免费赠送一份永久的资金保障险，如果用户使用快捷支付付款发生被盗事件，中国平安财产保险将给予100%赔付，所有投保费用由支付宝承担。但这仅仅是个别企业的行为，广大的中小支付平台还无法实现这种保险机制。这也是实力平台和一般平台的区别。

（四）将第三方支付平台纳入反洗钱监控范围

要求第三方支付平台在金融监管机构进行注册，提交大额和可疑支付交易报告，并完整、妥善地保存交易资料。美国将第三方支付平台的监管重点放在交易过程，而不是从事第三方支付的平台自身。《美国爱国者法案》规定，第三方支付平台作为货币服务机构，需要在美国财政部的金融犯罪执行网络注册，及时汇报可疑交易，保存所有的交易记录。对此，我国可在法律制定和操作过程中借鉴此做法。

（五）依靠高科技手段加强信息系统安全

第三方支付系统自身的安全性是抵御风险的关键部分，第三方支付平台要重视系统建设。目前，第三方支付平台已经普遍采取了多重认证措施来保护账户安全。例如，第三方支付平台分别使用不同的交易密码和登录密码、安装安全插件、使用验证码和数字证书等。在账户安全方面，第三方支付平台要向金融机构看齐，不断提升安全保障措施。现在不少第三方支付平台提供了U盾，或采用与银行U盾绑定的方式来保护用户账户安全。第三方支付平台要根据现实情况定期升级网络风控系统，以打击“钓鱼”“盗卡”等网络金融犯罪。

随着第三方支付行业的不断发展，未来行业格局会出现行业洗牌、并购、重组等较大分化，中小型第三方支付平台应在研发和风控方面积极主动、求新求变，以适应行业需求，确保在行业中处于有利地位。

本章小结

1.第三方支付，是指具备一定实力和信誉保障的非银行机构，借助通信和信息安全技术，采用与各银行签约的方式，实现非金融机构在收款人、付款人之间作为中介机构所提供的货币资金转移服务。

2.第三方支付为网上购物提供资金划拨渠道和服务，作为目前主要的网络交易手段和信用中介，在商家和银行之间建立了连接，实现了第三方监管和技术保障的作用。

3.随着互联网经济市场的逐步成熟，O2O商业模式逐渐步入正轨，移动互联网的普及，使得移动支付模式越来越受到用户的欢迎。与其他支付模式相比，O2O商业模式特有的便捷性将会使其迅速占领第三方支付市场。

关键概念

第三方支付　网络支付　独立的支付网关　移动支付　远程支付　近场支付　O2O支付

知识掌握

一、单项选择题

1.第三方支付涵盖的内容包括（　　）。

A.网络支付　B.预付卡的发行与受理

C.银行卡收单　D.ATM机取款

2.第三方支付的作用有（　）。

A.降低信息不对称程度　B.支付方式方便、快捷

C.可挖掘新的销售渠道　D.数据积累数量大

3.下列选项中，属于第三方支付平台的是（　）

A.支付宝　B.网上银行　C.ChinaPay　D.财付通

4.使用支付宝进行网上支付属于电子支付模式中的（　）。

A.充值卡支付　B.第三方支付　C.电话支付　D.银行转账

5.以下选项中，属于移动支付的有（　）。

A.固定电话　B.PDA　C.手机　D.计算机

二、判断题

1.第三方支付处在客户与商业银行之间，通过在不同银行开设的中间账户，代替客户与商业银行进行结算，大大提高了支付效率。（　）

2.独立的支付网关模式的第三方支付平台拥有完善的信用评价体系，抵御信用风险能力强。（　）

3.使用第三方支付业务不需要在银行开户。（　）

4.支付宝属于支付网关类的第三方支付模式。（　）

5.移动支付是通过终端设备、互联网、移动互联网、应用提供商以及金融机构相融合的方式，为用户提供货币支付、缴费等金融业务的。（　）

知识应用

一、案例分析

乐富支付因疏于管理遭央行罚款3万元

近日，央行海口中心支行在官网发布消息，决定对乐富支付有限公司（以下简称乐富支付）海口分公司罚款3万元。处罚原因是乐富支付对其外包业务疏于管理，造成他人利益损失。

事实上，在今年年初央行集中抽查收单外包业务时，乐富支付就被查出未落实特约商户实名制，导致虚假商户入网。据央行通报，乐富支付虚假商户比例高于65%，账户真实性审核存在严重问题。央行责令乐富支付对违规行为进行全面整改，确保合规经营，并将其列入重点监控对象，严格审核主要出资人变动、高管人员变更等变更事项申请，审慎考虑业务续展。

公开资料显示，乐富支付于2011年7月在云南注册成立，注册资金1.05亿元，目前在全国共设有28个分公司。乐富支付以银行卡收单业务为核心业务，在全国近32

个城市共布放230万台POS终端，累计签约商户200万家。

不过，乐富支付也一直因代理商模式屡受质疑，频繁陷入“套现”风波。在2016年6月初，海南省儋州市公安查处了一个通过乐富支付POS终端绑定银行卡账号为诈骗犯套现、转移赃款的犯罪团伙。而类似的案例并非少数。在2016年8月9日，怀来公安部门在其官方微博上也通报了一则牵涉乐富支付的类似案例。一位业内人士表示，不少第三方支付平台将POS终端业务层层外包，对终端使用者难以有效监管，而这些经常会被不法分子利用。作为第三方支付机构，需要培养专业级外包服务商，严格管控代理商。

资料来源：崔启斌，刘双霞.乐富支付因疏于管理遭央行罚款3万元［EB/OL］.［2016-08-24］.http://www.wdzj.com/news/hydongtai/32819.html.有删减。

分析探讨：如何对第三方支付平台的相关业务进行有效监管？

要求：

1.将本班学生组成金融活动小组，以金融活动小组为单位，对题目认真分析并做准备，列出发言提纲。

2.教师巡视课堂进行指导，然后各金融活动小组选派一位代表将分析结果向全班陈述。

3.全班同学以自由发言的形式对各小组的发言进行讨论，并由教师点评。

二、专项实训

［实训题目］

登录支付宝官网，模拟操作第三方支付业务。

［实训要求］

1.注册支付宝账户。

2.使用支付宝，掌握绑定银行卡和开通快捷支付的步骤。

3.了解支付宝的支付流程，完成一笔交易。

第七章
P2P网络借贷

学习目标

知识目标：了解P2P网络借贷的起源、发展；掌握P2P网络借贷的定义及运营模式；理解P2P网络借贷政策规范体系的形成。

能力目标：能够进行网络借贷的注册及安全认证、充值及投标、提现及撤资。

案例导入

网贷十年，监管重压之下，P2P会被打回原形吗？

2007年，P2P网贷异军突起，经过10年的野蛮生长成为互联网金融强大军团。然而，史上最严监管政策的出台，对P2P如同晴天霹雳。重压之下，P2P会被打回原形吗？回顾P2P的10年，如同孙悟空横空出世。2007年，P2P空降中国，短短数年风靡全国，诞生时，它还只是单纯的信息中介。然而，短短10年，它已疯狂生长到漫无边际，由简单的信息中介发展为“信息中介+信用中介”，业务拓展到P2B（个人与企业借贷、个人与类金融企业债权）、A2P（资产收益权受让）等，对传统金融冲击极大。正值蓬勃发展的P2P，如今被重压在互金专项整治、地方金融办备案、电信业务经营许可证、银行存管、信息披露“五座大山”下，九死一生。2017年，监管政策陆续出台，P2P会被打回10年前的原形吗？

现阶段P2P行业处于整改期，时间紧、任务重，从银行存管方面来看，就要淘汰上千家平台。据网贷之家统计，截至2017年2月27日，共有261家正常运营的P2P平台宣布与银行签订存管协议，约占P2P行业正常运营平台总数的10.93%。P2P要翻越互金专项整治、地方金融办备案、电信业务经营许可证、银行存管、信息披露

"五座大山"并不容易，能完全完成合规的平台，至少投资风险下降了一大半！

资料来源：佚名.网贷十年，监管重压之下，P2P会被打回原形吗？[EB/OL]．[2017-03-10]．http://bbs.wdzj.com/thread-923567-1-1.html.有删减

第一节 P2P网络借贷概述

随着互联网技术的渗透及互联网金融的快速发展，民间借贷这一传统行业借助互联网的东风，依据《中华人民共和国合同法》等法律法规，如火如荼地发展起来了。民间借贷在网上就是网络借贷。把钱借给网上的陌生人，大家可能有些顾虑。这个时候网络借贷平台的出现，起到了资金中介的作用，同时大部分网络借贷平台承担起了担保者的角色，如借款者到期不还款，平台承担垫付责任。这就为投资者提供了一个种安全保障，借贷双方在网络借贷平台的撮合下完成借贷，一个基于互联网的网络借贷市场就形成了。

民间借贷基于地缘、血缘关系，手续简便，方式灵活，具有正规金融不可比拟的竞争优势，在一定程度上适应了中小企业和农村的融资需求，是对正规金融的有益补充。网络借贷是一种较为透明的民间借贷的网络升级版，也是我国现有银行体系的补充。

一、P2P 网络借贷的起源

我国是一个以间接融资为主的国家，国有企业和大企业很容易获得大银行的贷款，中小企业和民营企业融资渠道狭窄，传统的金融机构不能有效解决中小企业的融资问题，上市融资又不符合相关的监管要求，P2P网络借贷因其门槛比较低，融资规模也不大，成为一些中小企业新的选择。以互联网为代表的信息技术有效地降低了信息的不对称性和交易成本，使个体与个体之间的直接金融交易模式演化出了新的活力，弥补了传统金融机构的不足。

实质上，P2P网络借贷平台得以存在和发展的根本原因在于小微贷款因其成本过高使银行等金融机构敬而远之，而在互联网时代，有效的技术手段和创新服务方式极大地降低了贷款成本，可以高效满足庞大的普通个体的小微贷款需求。

知识链接7-1　P2P的起源和演化

在金融领域，说起P2P，对应的自然是P2P网贷。不过，P2P的思想和技术早已存在。最早的P2P是指对等计算（Peer to Peer Computing），即通过直接交换来共享计算机资源和服务，而对等计算模型形成的网络通常称为对等网络。P2P的起源应从20世纪80年代开始，其宗旨是"人人为我，我为人人"的去中心化思想。在P2P网络环境中，成千上万台彼此连接的计算机都处于对等的地位，一般来说整个网络不依赖

专用的集中服务器。这种模式充分利用了用户电脑的资源，节约了大量的服务器资源。正是因为“人人为我，我为人人”的思想，使得P2P应用迅速发展。最典型的例子是2002年后的BitTorrent（简称BT）和电驴（eMule）下载软件的迅速走红。

后来，P2P技术在视频领域得到了广泛应用，以对等方式构建的视频组播系统充分利用了节点之间的可用带宽使系统的可扩展性大为提高，为视频的流畅播放带来了突破性变化。典型的视频播放网站YouTube、土豆、优酷等，均使用了P2P技术。

当互联网技术和思维融入金融，“人人为我，我为人人”的去中心化思想也和金融产生了很好的融合，P2P网贷和众筹模式的融资就是这种思想的典型代表。随着互联网在各行各业的逐步渗透，P2P的思想和技术会给相关行业带来新的冲击和活力。

资料来源：曾德超，张志前.颠覆暴利——互联网思维下的金融创新［M］.北京：社会科学文献出版社，2015.

二、P2P网络借贷的概念

P2P（peer-to-peer）借贷模式是近年来逐渐兴起的一种个人对个人的直接信贷模式。通俗地讲，P2P借贷，也称人人贷，是指有资金并且有理财投资想法的个人，通过中介机构牵线搭桥，使用信用贷款的方式将资金贷给其他有借款需求的人。借款人可以自行发布借款信息，包括金额、利息、还款方式等，实现自助借款；出借人可根据借款人发布的信息，自行决定出借金额，实现自助式借贷。其中，由中介机构负责对借款人的经济效益、经营管理水平、发展前景等情况进行详细的评估，并收取账户管理费和服务费等。如果支撑P2P借贷的中介机构是互联网平台（公司），那么这个模式就是P2P网络借贷，简称P2P网贷。

（一）P2P网络借贷的主要参与者

P2P网络借贷在整个借贷过程中有三个基础参与方，即借款人、P2P网络借贷平台和出借人。其中，借款人和出借人都必须注册为平台会员，提供基本信息以获得放款或借款资格，网络借贷平台仅公布注册账号信息，以保证借贷双方的匿名性。P2P网络借贷各参与方的主要行为和关系，见表7-1。

表7-1 P2P网络借贷各参与方的主要行为和关系

步骤	P2P网络借贷平台	借款人	出借人
第一步	制定一定规则	提交信用审核材料，明确借款需求要素	注册成为平台会员
第二步	审核信用，发布需求	等待资金对接	筛选符合自己风险收益、偏好的借款需求
第三步	确定借款利率	签订电子合同	签订电子合同
第四步	办理放款手续，签订电子合同并收取相关费用	收到款项	投资成功，等待还款
第五步	监督还款及各类费用支付，追讨违约项目	分期或者到期偿还	收回投资

（二）P2P网络借贷的特点

1.直接透明

出借人与借款人之间直接签署个人对个人的借贷合同，一对一地互相了解对方的身份信息和信用状态，出借人可以及时获知借款人的还款进度和生活状况的改善情况，能够直观体验到自己为他人创造的价值。

2.信用甄别

出借人可以通过P2P网络借贷平台对借款人资信评估结果选择可接受的风险承受等级，信用级别高的借款人将得到优先满足，其得到的贷款利率也可能更加优惠。

3.风险分散

出借人可以将资金分散给多个借款对象，提供小额度的贷款，风险可得到最大程度的分散。

4.门槛低、渠道成本低

P2P网络借贷的存在降低了借款人的借款门槛，使每个人都可以成为信用的传播者和使用者，信用交易可以更便捷，每个人都能轻松参与进来，真正实现普惠金融的效果。

（三）P2P网络借贷平台的运营模式

目前根据借款项目来源的不同，可将P2P网络借贷平台经营的模式分为以下三种:

1.纯线上模式

P2P网络借贷平台根据线上信用审核体系甄选借款人。例如，拍拍贷。

2.抵押物模式

P2P网络借贷平台根据借款人抵押物的状况、借款人的信用和还款能力上线借款项目。例如，微贷网、积木盒子、有利网（由与平台合作的机构推荐项目）。

3.纯平台模式和债权转让模式、纯线上模式和线上线下相结合模式、无担保模式和有担保模式

例如，目前比较受欢迎的P2P车贷，即借款人以名下车辆向车贷平台进行抵押从而获得融资，业务模式主要分为半抵押、抵押和质押三种。

三、P2P网络借贷平台的主要风险

（一）P2P网络借贷平台的资质风险

P2P网络借贷平台的准入门槛是相当低廉的，只需要注册一个公司，买一个模板然后便可上线营业。因此，形形色色的P2P网络借贷平台如雨后春笋般地涌现出来，有注册资金仅十几万的平台，有毫无风控经验、风控技术的平台，也有不懂互联网安全技术的平台。这些平台在运营中一旦出现问题，将给投资者带来重大损失。

（二）P2P网络借贷平台的运营风险

目前，国内P2P网络借贷平台的运营模式不尽相同。大多数P2P网络借贷平台为降低投资人风险提供了担保公司垫付、风险准备金垫付等担保模式，这种模式的本意是好的，但在实际运营中也出现了一些问题，对P2P网络借贷平台来说也有一定风

险。担保模式，是指网络借贷平台与担保公司合作，在由担保公司担保的网络借贷业务中，一旦出现借款不能追回的情况，由担保公司出资还款的垫付模式。

（三）P2P网络借贷平台的管理风险

P2P网络借贷平台在确定了运营模式后，平台的管理方式就成为其能否健康发展的重要因素，主要体现在市场竞争力和平台透明度等方面。一些新的P2P网络借贷平台在刚刚进入网络借贷行业时，为了吸引投资者往往会采取全额保证本息的方式，全然忽略市场的风险性，结果往往是当其遭遇一些流动性危机或投资者在赚取奖励后纷纷撤离时，平台会遭受一定的损失。

四、投资P2P网络借贷的注意事项

（一）安全放首位，收益在其次

对刚接触P2P网络借贷的投资者而言，刚开始很容易只看收益，忽略风险。对于这个问题，投资人最好先参考知名机构的网贷评级来挑出备选投资的网贷平台，然后再来选择收益较高的平台进行投资。另外，最好可以多选择几家平台进行分散投资。

（二）学好金融知识，打好理财基础

如何选择合适的平台进行投资，对投资人来讲，需要多多关注金融行业的动态，多多学习理财技巧，尽可能通过各种渠道深入了解各网络借贷平台的背景信息，或者多浏览如网贷之家等诸如此类的行业资讯门户网站，参与各种以理财知识为主题的讨论群。

（三）小额先试水，缓步且慢行

投资者需要通过不断实践，将理论与实践结合起来，并在不断地学习和总结中逐步养成良好的投资理念和投资方法。

（四）专业风控是关键

在国内征信体系尚不完善的环境下，P2P网络借贷平台需要对借款人进行初审、面审等一系列的审核。通过审核的专业度也可基本判断风险团队的专业化水平，一个正规的P2P网络借贷平台应该通过现场、非现场等方式了解借款人的基本状况、信用状况、收入状况和贷款用途等，以确保第一还款来源。

小思考7-1

一位客户需要申请一笔期限为6个月、金额为10万元的消费贷款，当通过专业贷款平台进行融资时，思考一下他如何能够申请成功。

第二节　P2P网络借贷操作步骤

由于P2P网络借贷平台的风险性被接连爆出，问题平台数量急剧增多，对刚开始接触P2P网络借贷的投资者而言，很难辨别风险，最好参照知名机构的网络借贷评级

来挑选网络借贷平台，然后再选择收益较高的网络借贷平台进行投资，最好多投几个平台进行分散投资。

准备投资前，先对网络借贷平台进行初步筛选，挑选出比较安全的、收益好的且有保障的平台，也可按照信用贷款、房产抵押贷款、车辆抵押贷款、有担保机构合作的贷款等不同贷款类型，选择各个领域的龙头企业。

在已确定目标平台的基础上，投资人在平时应当多关注平台的新闻动态，可以在搜索引擎、门户网站等渠道收集与目标平台有关的信息，深入了解目标平台的背景信息、运营团队的精神风貌、管理团队的专业水平、借款业务资料等，还可以多参加投资人见面会，或以理财知识为主题的讨论群。

微课7

P2P网贷操作步骤

投资者在选定目标平台后，就可以在平台上选择合适的项目进行网络借贷投资了。简单来说，P2P网络借贷操作可以分为注册及安全认证、充值及投标、提现及撤资三个步骤。

一、注册及安全认证

注册及安全认证（以积木盒子网络借贷平台为例）：根据提示填写用户名和密码，且要记清。如果忘记，投资者可以用“忘记密码”来进行重设。投资者需要提供用户名、密码、真实姓名、身份证号、邮箱、手机号码等基本资料，通过视频见证、绑定银行卡完成注册（如图7-1所示）。

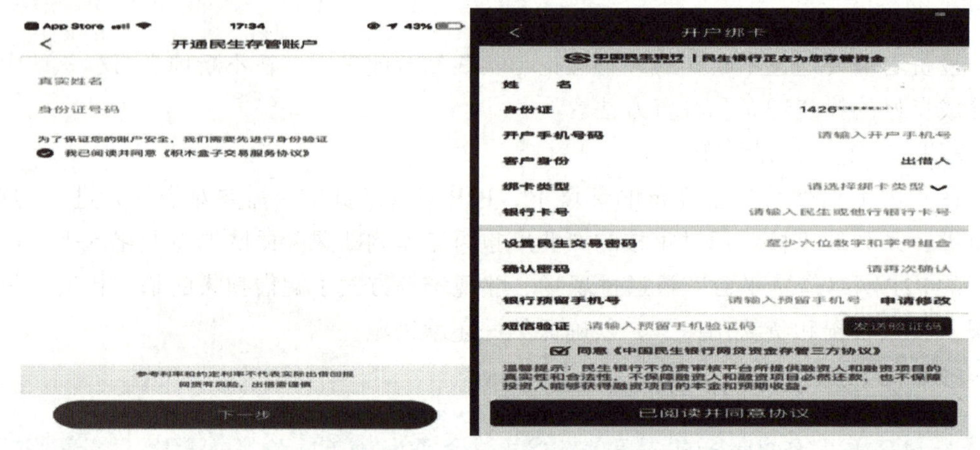

图7-1　积木盒子网络借贷平台账户注册流程

其中，网络借贷平台的安全认证一般有邮箱认证、实名认证和手机认证三种方式。邮箱认证可以通过注册时所填写的邮箱来接收各类信息，忘记密码的时候也可以通过邮箱找回。实名认证是最常用的一种方式，实名投资是保障资金安全的前提，而且部分平台的提现服务要求实名认证。在有借款的情况下，手机认证则是很有必要的，当有还款问题或需要信息沟通时，可以方便地找到投资者。

在充值之前，投资者需要设置好相关的银行卡信息和交易密码。平台托管需要设置包括开户银行、开户行名称及银行账号等信息。许多网络借贷平台都要求设置两级密码，分别是登录（注册）密码和交易密码。登录密码负责登录账户，交易密码主要处理提现、投资、设置自动投标等事宜。

二、充值及投标

（一）充值

大部分网络借贷平台都支持线上充值和线下充值两种方式。根据中国人民银行支付结算的相关规定，积木盒子网络借贷平台对银行汇款充值功能做出了相关调整。目前，投资人可以通过手机银行、网上银行和银行柜台三种渠道进行转账充值。积木盒子网络借贷平台银行卡绑定页面如图7-2所示。

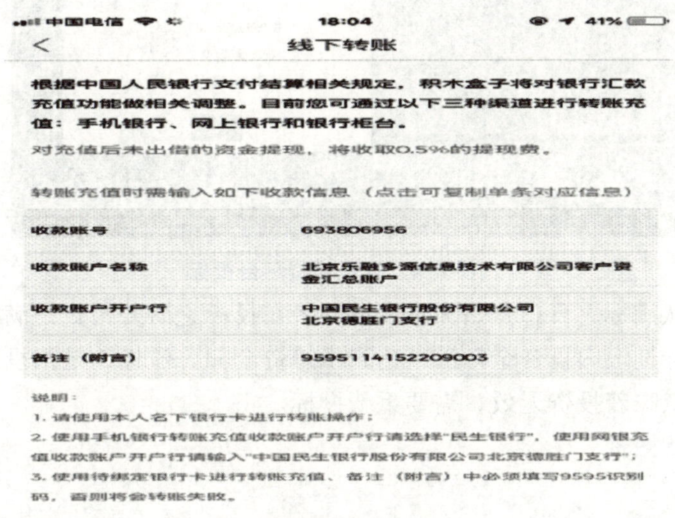

图7-2　积木盒子网络借贷平台银行卡绑定

在顺利绑定银行卡后，在“我的账户”中点击“充值”。各个网络借贷平台上的充值方式不尽相同，如在百金贷等平台账户上充值的过程中，用户可以根据需求选择合适的充值方式。如果选择网银充值，在确定充值金额后页面会跳转至第三方银行网银页面，通过手机验证码和交易密码便可充值成功，充值过程比较简洁，如图7-3所示。

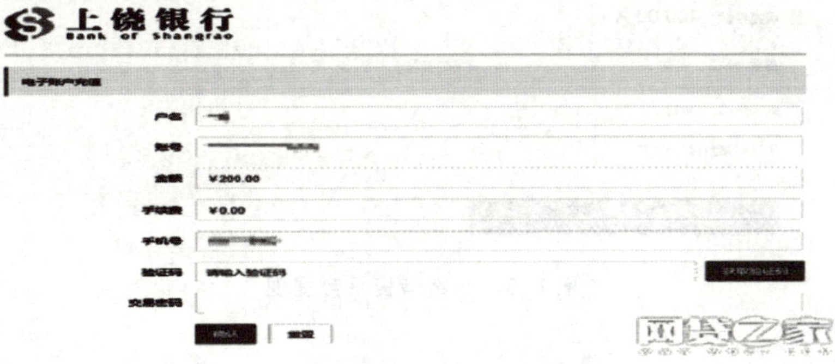

图7-3　网络借贷平台电子账户充值

大部分网络借贷平台不收取充值费。若收取充值费，则这部分费用会支付给第三方支付平台。

（二）投标

在大部分网络借贷平台上，投资者完成充值后，可以根据自身的需求选择投资标的，点击想要的投资标的，输入金额点击确认后，会弹出投资确认界面，点击“确定”后会有投资成功的提示（如图7-4所示）。

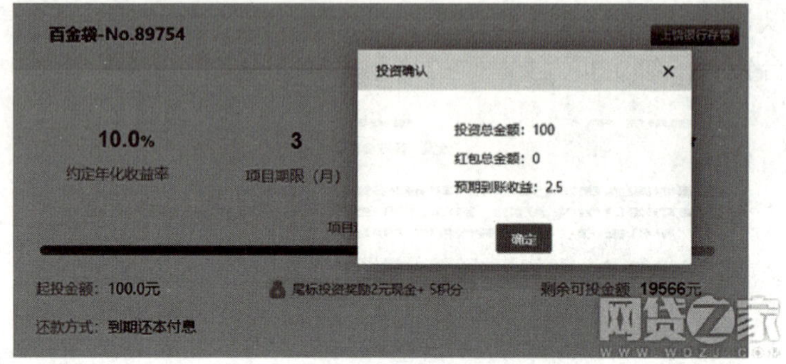

图7-4　网络借贷平台投标

投资标的从满标之日起开始计息。投资者在投标之后要检查是满标还是流标。满标，是指在投标期限内投资金额已经达到了筹资金额。流标，是指投资者的资金被打回账户内，这意味着投资无效，需要重新投标。

三、提现及撤资

（一）提现

大部分网络借贷平台对于提现都有相应规则，如规定提现费用，即约定在相应时间内提现收取的费用。一般在网络借贷平台的银行托管账户下输入提现金额，点击确认后，页面跳转至银行托管页面，用户输入交易密码即可申请提现（如图7-5所示）。

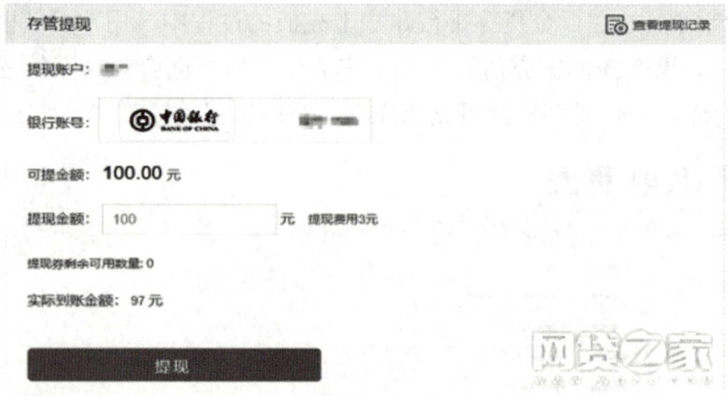

图7-5　网络借贷平台提现

（二）撤资

投资者终有撤资的一天，要么找到了更好的投资平台，要么找到了更好的投资项目。在撤出期限较长的全部资金时，投资者需要考虑提现费用和收益率等因素。网络借贷投资的退出过程一般受制于网络借贷平台的流动性，适时、果断的撤资可能会带给投资者一个新的开始。

第三节　我国P2P网络借贷的发展历史及法律监管

自2007年国内第一家P2P网络借贷平台上线到2019年，过去了12年。在这12年间网络借贷行业经历了翻天覆地的变化，从默默无闻到野蛮生长、风险爆发再到监管落地、行业整改洗牌。

P2P网络借贷行业曾因其创新模式和前景受到资本的疯狂追捧，也曾经历过数次大大小小的雷潮以及风险爆发后随之而来的质疑，特别是2018年6月后雷潮的爆发和备案的再次延期，导致市场信心降至冰点，整个行业弥漫着焦虑和不安，监管政策也越来越严。

一、P2P网络借贷12年的发展变化

从多维度行业数据来观察P2P网络借贷行业这12年的发展变化，我们可以发现正常运营平台数、停业及问题平台数、成交量从不温不火到爆发性增长再到回归理性，综合收益率整体呈下行趋势，平均借款期限总体呈拉长趋势，P2P网络借贷行业已结束野蛮生长阶段，进入规范发展阶段和洗牌期，行业趋于成熟和理性。

（一）正常运营平台数

从P2P网络借贷行业正常运营平台数量的走势来看：2012年以前P2P网络借贷行业尚处于萌芽期，正常运营平台数量不足200家；2013年开始P2P网络借贷行业正式进入了快速增长期；2014—2015年迎来爆发式成长，2015年年底正常运营平台数量达到了3 576家，相比2012年年底增长幅度超过17倍；但从2016年后正常运营平台数量呈逐级下降趋势，特别是2018年正常运营平台数量急剧下降，较2017年年底大幅减少了55.47%，2019年7月末正常运营平台数量更是跌破了800家（如图7-6所示）。

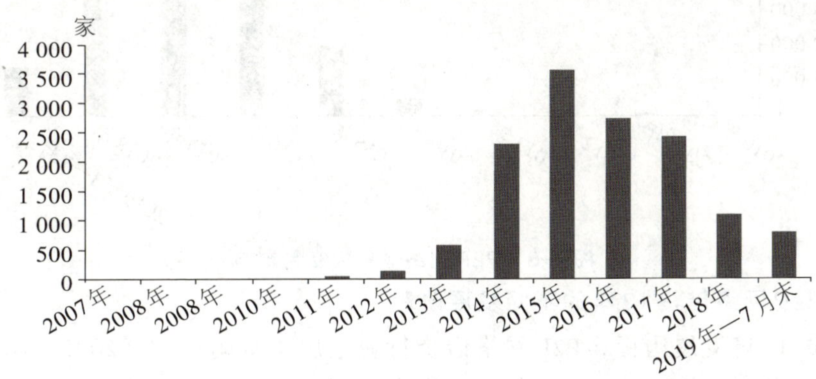

图7-6　P2P网络借贷正常运营平台数量走势

从2016年后正常运营平台数量呈逐级下降趋势，特别是2018年之后正常运营平台数量急剧下降，主要有两个方面的原因：一是网络借贷监管日益严厉，新上线平台数量大幅减少；二是受雷潮爆发影响，停业及问题平台的数量大增。

（二）停业及问题平台数量

网络借贷之家统计显示，截至2019年7月末，P2P网络借贷行业累计停业及问题平台的数量总计达到5 830家，其中问题平台2 827家，停业及转型平台3 003家（如图7-7所示）。

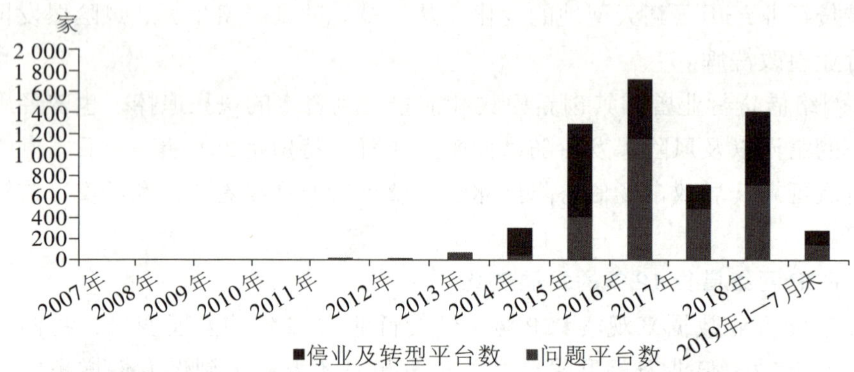

图7-7 P2P网络借贷停业及问题平台数量走势

（三）成交量

截至2019年7月末，P2P网络借贷行业累计成交量为8.69万亿元。从近年来看，2015年之后P2P网络借贷成交量呈大幅增长趋势，并在2017年达到顶峰，全年成交量达到2.8万亿元；2018年之后成交量出现大幅下滑，全年成交量为1.8万亿元，较2017年同期减少了36.01%；2019年1-7月总成交量仅占2018年全年成交量的37.12%，为6 661.84亿元（如图7-8所示）。

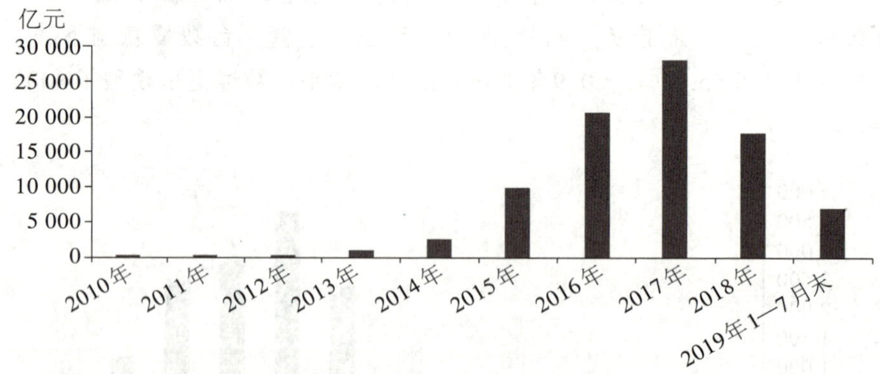

图7-8 P2P网络借贷成交量走势

二、P2P网络借贷12年的不同发展阶段

回顾这12年发展历程，P2P网络借贷行业经历了从萌芽期（2007—2012年）到快速发展期（2013—2015年）再到合规发展期（2016年至今）。在这期间发生过不少事件，也遇到过多个转折点，具体内容如下：

（一）萌芽期（2007—2012年）

在这一时期，国内对P2P网络借贷行业的监管完全处于空白期，法律上并没有明确P2P网络借贷的性质和地位，也没有赋予金融监管部门对其监管的权限。我国第一家P2P网络借贷平台——拍拍贷于2007年6月成立。2009年，红岭创投提出了“本金垫付”的模式，开创了网络借贷平台的担保模式。

（二）快速发展期（2013—2015年）

随着余额宝等宝宝类产品的兴起，人们的互联网理财意识逐渐觉醒，从2013年开始P2P网络借贷行业正式进入快速发展期。在此期间，网络借贷平台数量暴涨，成交量屡创新高，商业模式逐渐多元化，资本开始加速进入。与此同时，行业各种乱象丛生，自融、诈骗等问题陆续暴露出来，特别是2015年12月份发生的e租宝事件成为了行业发展的重要转折点。自此网络借贷行业结束了野蛮生长期，进入监管期。

在这一时期，行业监管体系初现雏形。2015年7月18日，中国人民银行等十部委发布的《关于促进互联网金融健康发展的指导意见》明确了对P2P网络借贷机构的信息中介的定位，并将P2P网络借贷正式纳入监管。2015年12月，中国银行业监督管理委员会下发的《网络借贷信息中介机构业务活动管理暂行办法（征求意见稿）》更是奠定了P2P网络借贷行业监管体系的框架。

（三）合规发展期（2016年至今）

2016年之后，随着全国及地方性监管政策陆续出台，P2P网络借贷行业正式进入监管时代和洗牌期。在这一时期，较为完整的监管体系制度初步形成，合规整改成行业发展的主旋律。

三、P2P监管体系基本形成

2016年8月24日，《网络借贷信息中介机构业务活动管理暂行办法》正式出台，标志着网络借贷行业正式进入了监管时代。

随后在2017年，中国银行业监督管理委员会先后发布了《网络借贷信息中介机构备案登记管理指引》《网络借贷资金存管业务指引》《网络借贷信息中介机构业务活动信息披露指引》，标志着网络借贷行业的银行存管、备案、信息披露三大主要合规政策悉数落地，与《网络借贷信息中介机构业务活动管理暂行办法》共同组成P2P网络借贷行业“1+3”制度体系。

2018年6月中旬，高返四大天王之一唐小僧爆雷，揭开了P2P网络借贷行业雷潮的序幕。据网贷之家不完全统计，2018年6—9月出现了453家问题平台，273家停业及转型平台。其中，7月共出现200家问题平台，94家停业及转型平台，问题平台数量更是达到历史单月问题平台数量的最高峰。此次雷潮的爆发也使得网络借贷行业开始进入了前所未有的寒冬期，出借人和业内人士的信心大幅下降。

随着合规检查的推进，越来越多的P2P网络借贷平台主动选择退出或被清退，全国各地行业自律组织陆续出台了P2P网络借贷平台的退出指引，目前已有厦门、江西、广东、大连、上海等多个省市发布了退出指引相关文件。2019年7月，互联网金融风险专项整治工作领导小组和网络借贷风险专项整治工作领导小组联合召开的网络借贷风险专项整治工作座谈会首提“监管试点”，并且重申引导绝大多数P2P网络借贷平台退出或转型。

四、互联网证券进入移动交易时代

虽然P2P网络借贷行业在这12年的发展过程中出现了诈骗、自融、提现困难等一系列乱象，但是不可否认的是P2P网络借贷作为传统金融的有效补充，为小微企业和中低收入的消费群体提供了有效的融资渠道，推动了普惠金融的发展，有其存在的价值和必要性。

（一）P2P网络借贷有助于推动普惠金融发展，服务于实体经济

近年来，普惠金融的概念不断被政府部门提及，可见普惠金融对当前金融市场的重要性，普惠金融关系到金融体系能否惠及社会的全体成员，能否为社会所有阶层和群体提供有效的、全方位的金融服务。

目前，我国的金融体系仍以传统商业银行为主体，由于规模效益和风险控制等多方面的原因，中低收入阶层和中小企业的融资需求通常难以得到充分的覆盖，满足这部分在全社会中占比最大的社会群体的融资需求具有重大的经济和社会意义。同样，金融服务实体经济问题在近年来也备受关注，并多次被写入中央文件和政策，监管层多次强调金融要回归本源，把为实体经济服务作为出发点和落脚点。

在这种背景下，P2P网络借贷能够充分发挥个体借贷优势，依据普惠金融的指导思想，为广大的普惠受众群体提供力所能及的金融信息服务，使传统金融机构难以覆盖的受众群体充分享受贷款的高效性和便捷性，填补传统金融体系对中小企业和中低收入消费群体覆盖的不足。

（二）P2P网络借贷助推利率市场化

利率市场化一直是我国金融改革的核心内容之一，早在1993年我国颁布的《关于金融体制改革的决定》已经提出，逐步形成以中央银行利率为基础的市场利率体系，我国外汇管理体制改革的长期目标是实现人民币可兑换，到2019年央行工作会议提出的九大工作任务中“稳妥推进利率‘两轨并一轨’，完善市场化的利率形成、调控和传导机制”。

在P2P网络借贷模式下，出借人可以对借款人的资信进行评估和选择，信用级别高的借款人将得到优先满足，其得到的贷款利率也可能更优惠。随着借款人信用等级的提升，借款利率也在逐步下降。而对持有资金的出借人来说，选择P2P网络借贷平台的主要原因在于可以获得相对更高的年化收益率。

另外，P2P网络借贷有助于民间借贷阳光化。众所周知，民间借贷的高利贷顽症症结在于资金供需失衡，以及信用信息不对称，导致借贷双方都深受其害。而在一个公开透明的P2P网络借贷平台上，信用良好的借款人可以得到低利率的奖励。同时，出借人也乐于在风险可控的前提下出借资金给高信用的客户，这就促使利率水平受到

供求调节，实现利率市场化。

（三）P2P网络借贷促进社会征信体系建设

2018年爆发的雷潮也让我们再次认识到征信的重要性，在此次雷潮中出现部分借款人潜入出借人群中，恶意煽动情绪，制造恐慌，企图利用平台爆雷的混乱逃避债务，这一行为也加速了P2P网络借贷平台风险的爆发。而借款人之所以会出现恶意逃避债务的行为，主要是因为大部分平台目前并未接入征信系统，违约成本较低，这也是目前P2P网络借贷行业发展的痛点之一。

针对这一逃废债行为，监管层和自律组织迅速出手整顿，陆续出台相关政策文件，如2018年8月初互联网金融风险专项整治工作领导小组办公室和网络借贷风险专项整治工作领导小组办公室联合召开的网贷机构风险处置及规范发展工作座谈会明确表示要加大对恶意逃废债行为的打击力度，将恶意逃废债的企业和个人信息纳入征信系统和“信用中国”数据库；北京互金协会公布网络借贷机构借贷主体恶意逃废债名单。

P2P网络借贷行业在满足借贷双方资金需求的同时，也积累了大量的借款人和出借人的数据和画像，随着社会信用体系的建立，为数众多的P2P网络借贷平台必将会成为社会信用体系建设的重要组成部分，为征信体系的健全提供尤为有效的补充。

案例7-1 4 000万P2P借款人信息入征信 “经济身份证”让恶意逃债无处可逃

截至2020年5月22日，百行征信有限公司（以下简称百行征信）拓展的金融机构达1 710家，签约信贷数据共享机构近1 000家。这是国内第一家获得个人征信许可的市场化公司——百行征信于近日交出的两周年成绩单，个人征信系统收录个人信息主体超8 500万人，信贷记录22亿条。值得一提的是，在累计收录4 000万P2P借款人信息的基础上，百行征信基本实现网络借贷人群的全覆盖。如今多头借贷等乱象因接入征信系统画上“休止符”。

一、反催收风起 行老赖之实

随着互联网市场的快速发展，基于大数据、云计算的征信系统逐步受到重视，建立于互联网企业基础上的征信机构也越来越多。但是，由于部分征信机构受商业利益因素的影响，各自构建自有征信数据库，相互间以邻为壑，从而形成“数据孤岛”。而百行征信的成立打破了数据孤岛的藩篱。从财经旗下互联网金融新闻中心了解到，在互联网金融乱象下，出清成为行业主基调，平台要完成对出借人的兑付工作，借款人对于债务的态度至关重要。

作为逃废债的“重灾区”，网络借贷行业发展早期，部分个人借款人恶意逃废债、逾期拒不还款的现象时有发生。更有甚者，不断寻找新的贷款口子，同时处处钻行业漏洞，直接成为“职业借款人”，进而沦为“老赖”，聚集在各大QQ、微信社群。他们有些人在第三方平台以被暴力催收、收取不合理费用等名义，打着

“维权”的旗号进行投诉，甚至组团围攻网贷平台，寄希望于网贷平台倒闭而躲避债务。

目前，不少网贷平台为完成兑付，仍在艰难催收。但面对恶意逃废债的“老赖”们，不仅是网贷平台，消费金融、助贷等机构的催收工作也举步维艰。据了解，目前“反催收”已形成一条灰色产业链，从业者不乏专业的金融人士，甚至是催收员。该产业的目的在于帮助借款人延期还款，躲避催收等，从中牟利。公开报道显示，某股份制银行计算过，其所在的银行共有60余宗涉及“反催收”案件，如满足“反催收”人士的需求，则在本金之外减免所有的息费可高达90万元。所以，不论是恶意逃废债还是反催收的行为，在加剧互联网金融风险的同时，也给社会信用秩序带来了冲击。正因如此，完善个人征信体系也就显得十分重要。

二、“经济身份证”升级 还款记录延至5年

征信是个人“经济身份证”，也是通往融资的“通行证”。通常而言，若个人信用存在污点，或成为“老赖”，会影响到后续贷款与出行。信用卡逾期会被记录到个人征信报告中，但凡有征信意识的借款人不敢不还贷款。对于网贷平台，借款人也不能存侥幸的心态。

2019年9月，互联网金融风险专项整治工作领导小组、网络借贷风险专项整治工作领导小组就联合发布《关于加强P2P网贷领域征信体系建设的通知》（以下简称《通知》）。《通知》指出，要在营的P2P网贷接入金融信用信息基础数据库运行机构、百行征信等征信机构。同时，鼓励各地依法建立跨部门联合惩戒机制，对失信行为加大失信惩戒力度，形成政府协助联动、行业组织自律管理、社会广泛监督的共同治理格局。《通知》明确，鼓励银行金融机构、保险机构等按照风险定价原则，对P2P网贷领域失信人提高贷款利率和财产保险费率，或限制向其提供贷款、保险等服务。

另据互联网金融新闻中心了解，自2020年2月以来，已有人人贷、玖富等20多家网贷机构接入央行征信系统，定期报送相关借贷数据。逃废债与多头负债是一直困扰消费金融机构、互联网金融及金融科技等平台的两大难题。而将借贷行为接入央行征信系统无疑是打击这两大难题最有效方式之一。

值得注意的是，2020年1月19日，央行征信中心二代征信系统正式上线。与一代征信系统相比，二代征信系统在个人和企业信用状况方面反映更为全面、及时，失信惩戒力度也更趋于严厉，堪称“史上最严征信系统”。从互联网金融新闻中心了解到，二代征信系统对应的新版信用报告中对借贷信息新纳入了共同借款、个人为法人担保、法人为个人担保等信息。此外，第二代个人信用报告中还展示了“5年还款记录”，包括还款状态、逾期记录等。据媒体报道，第一代个人信用报告中展示的是“最近24个月还款记录”和“最近5年的逾期记录”。同时，第二代个人信用报告增加展示了“已销户贷记卡近5年还款记录”。央行表示，这样调整信用报告是为了更好地展示信息主体的信用状况，帮助公众积累信用财富，促进其获得融资。

三、结语

接入央行征信系统后，网贷平台上借款人所有逾期信息会被记录到个人征信报告中。基于此，失信成本将大幅提升，这有助于打击和遏制恶意逃废债，有利于培养借款人的信用意识，营造诚实守信的社会风气，同时可以扩大基础信用数据的共享范围，使借款人有更清晰完整的信用画像，借款、还款记录有据可循，在很大程度上避免了因信息不对称造成的多头借贷等问题。在推动个人和企业信用状况评估、打破“数据孤岛”、防范化解金融风险、完善金融基础设施等方面具有里程碑式的意义。信用既是无形的力量，也是无形的财富。随着国家信用体制日益完善，借款人应珍视个人信用，培养良好的信用意识，做到合理借款、按时还款。

资料来源：苑桢.4 000万P2P借款人信息入征信“经济身份证”让恶意逃债无处可逃［EB/OL］.［2020-05-26］.https://news.p2peye.com/article-561222-1.html.有删减。

本章小结

1.P2P网络借贷，是指资金的供需双方在特定的网络环境中建立直接的借贷关系，网络中的每一个参与者都可以发起借款，通过网络进行信息流通，建立一定的规则，对金额、期限、风险、利率等因素进行匹配，签署具有法律效力的电子合同，满足借贷双方的需求并保障双方的利益。这种借贷关系具有以信用为基础、发起灵活、金额较小、利率较高的特点。

2.P2P网络借贷过程中有三个基础参与方，即借款人、网络借贷平台、出借人。借款人和出借人都必须注册为平台会员，提供基本信息以获得放款或借款资格，而网络借贷平台仅公布注册账号信息，以保证借贷双方的匿名性。

3.投资者在选定P2P网络借贷平台后，可以在平台上选择合适的项目进行借贷投资。简单来说，P2P网络借贷的操作可以分为注册及安全认证、充值及投标、提现及撤资三个步骤。

4.自2007年国内第一家P2P网络借贷平台上线到2019年，过去了12年。在这12年间，P2P网络借贷行业经历了翻天覆地的变化，从默默无闻到野蛮生长、风险爆发再到监管落地、行业整改洗牌。

5.随着监管政策趋严和备案的再次延期，不少平台主动或被动退出，行业出清仍在继续，2019年7月底正常运营的P2P网络借贷平台已跌破800家。随着监管力度的加强，预计接下来P2P网络借贷平台的退出速度将会加快，并且在未来很长一段时间内，退出和转型将是该行业的主旋律。

关键概念

P2P网络借贷　纯线上模式　抵押物模式　纯平台模式　合规检查

知识掌握

一、单项选择题

1.在下列互联网金融创新模式中，（　　）对传统存贷款业务形成了冲击。

A.P2P网络借贷　B.众筹　C.网上银行　D.互联网证券

2.对于P2P网络借贷，以下说法中不正确的是（　　）。

A.P2P网络借贷的中介机构是互联网平台

B.P2P网络借贷平台不收取费用，靠流量盈利

C.P2P网络借贷能够使中小企业摆脱从传统金融机构融资难的困境

D.P2P网络借贷平台能够节约和降低交易成本

3.全球第一家P2P网络借贷平台是（　　）。

A.Lending Club　B.ZOPA　C.Prosper　D.拍拍贷

4.以下P2P网络借贷平台的运营跨越了银行和证券两个领域的是（　　）。

A.Lending Club　B.ZOPA　C.Prosper　D.拍拍贷

5.在我国，第一家成立的P2P网络借贷平台是（　　）。

A.红岭创投　B.拍拍贷　C.陆金所　D.阿里小贷

二、判断题

1.国外典型的P2P网络借贷平台，如Prosper和Lending Club，不具备担保功能，是纯粹的平台。（　　）

2.线上线下结合的P2P网络借贷模式不要求有抵押物。（　　）

3.P2P网络借贷平台的发展有利于我国征信体制的建设。（　　）

4.在P2P网络借贷平台的操作过程中，仅设置一级密码就足够了。（　　）

5.我国第一家P2P网络借贷平台是采用线上线下结合模式的拍拍贷。（　　）

三、简答题

1.P2P网络借贷的特点有哪些？

2.根据本章的学习，你认为对于初入职场的年轻人（收入低、钱不多）应该如何理财？

3. P2P网络借贷平台的运营模式有哪些？

知识应用

一、案例分析

P2P行业难以自清，行业向消费金融转型？

P2P是互联网金融大概念下的一个分支。2010年国内互联网金融行业尚处于起步阶段，但随着互联网科技飞速发展，金融业也搭上了互联网“快车”。2012年网贷平台如雨后春笋般成立，百度百科显示，到了2013年，行业每天约以1～2家上线的速度快速增长，2015年网贷平台爆发式增长将互联网金融推上高潮，截至2015年9月底，国内P2P网贷行业历史累计成交量已达9 787亿元。

欣欣向荣的高光下是很多P2P企业不合规操作，直接导致P2P行业“短命”。2016年监管接入，重点对P2P企业开展摸底排查、清理整顿、督查和评估。严监管下，很多P2P企业绷不住了：坏账滋生，老板跑路。自2018年以来，P2P企业频现爆雷潮，监管政策对P2P行业的整顿并没有放松。华宝证券研究报告显示，从2019年1月《关于做好网贷机构分类处置和风险防范工作的意见》提出坚持以退出P2P为主要工作方向开始，网贷行业拉开以“清退”为关键词的序幕。

到2019年年底，各地监管部门、地方互联网金融协会积极响应，推动辖区内网贷机构风险处置工作有序进行，其中湖南、山东、重庆、河南、四川、河北、甘肃、山西等多个省市发布公告，辖区内没有一家机构完全合规并通过验收，取缔辖区内所有网贷平台，对辖区内的网贷平台实施“一刀切”式的清退。

面临行业环境变化，行业内领头企业纷纷转型，政策面也支持资质良好、股东实力较强的企业转型突破。华宝证券研究报告显示，2019年7月，互联网金融专项整治工作领导小组和网贷风险专项整治工作领导小组明确指出：对于少数在资本金和专业管理能力等方面具备条件的机构，允许并鼓励其申请改制为网络小额贷款公司、消费金融公司。

2019年11月，互联网金融专项整治工作领导小组和网贷风险专项整治工作领导小组联合下发《关于网络借贷信息中介机构转型为小额贷款公司试点的指导意见》，给行业指明了一条道路。2020年被市场认为是互联网金融“去伪存真、回归真谛”的一年。在去P2P向消费金融转型中，网贷也一直在去其糟粕，向阳而生。

资料来源：网贷之家.宜人贷遭遇监管“危机”？P2P的巨头们如何自清？[EB/OL].[2020-05-08].https://finance.sina.com.cn/roll/2020-05-08/doc-iircuyvi2027615.shtml.有删减。

分析探讨：你认为P2P网络借贷行业今后的发展趋势如何？

要求：

1.将本班学生组成金融活动小组，以金融活动小组为单位，对题目认真分析、准备、列出发言提纲。

2.老师巡视课堂进行指导，然后各金融活动小组选派代表一人将分析结果向全班陈述。

3.全班同学以自由发言的形式对各小组的发言进行讨论，并由老师点评。

二、专项实训

[实训题目]

选择一家P2P网络借贷平台，模拟操作投标过程。

[实训要求]

1.掌握P2P网络借贷平台的注册及安全验证。

2.模拟充值及投标。

3.模拟提现及撤资。

第八章
众筹

学习目标

知识目标：了解众筹的概念、特点及参与主体；掌握捐赠众筹、奖励众筹、债权众筹、股权众筹的定义和模式。

能力目标：能够区别众筹和非法集资；明确众筹融资面临的风险及应对措施。

案例导入

众筹的标志性事件——美国自由女神像众筹

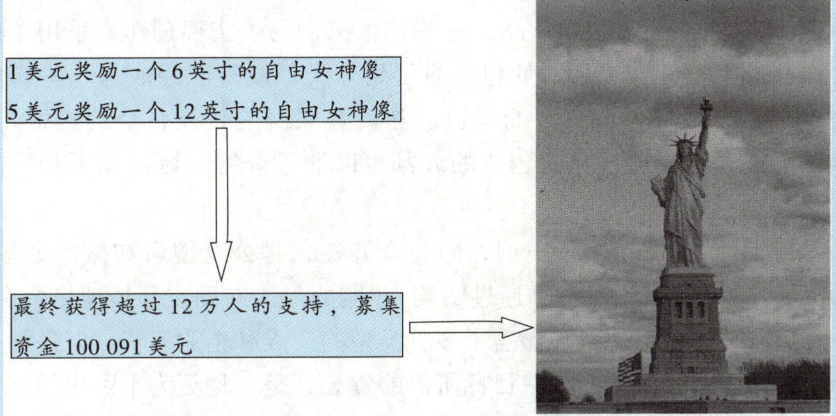

图8-1　美国自由女神像众筹案例

美国的自由女神像是由19世纪后期法国一位才华横溢的雕塑家费雷德里克·奥古斯特·巴托尔迪创作的，作为一份代表法国人民友好的礼物，在1884年美国诞辰之际送给美国人民。但吝啬的美国国会投票否决了一项投资10万美元用于修建雕塑基座的议案。这一结果激怒了后来新闻界鼎鼎大名的约瑟夫·普利策，他通过报业发起了雕塑底座的众筹活动。

在历经约147天的努力之后，普利策达成目标——十万美元，自由女神像底座的资金募集成功。如图8-1所示，超过12万人捐款，几乎各个阶层、各个行业的人都为该项目的成功贡献了力量，项目结束时，共募集资金100 091美元。

一个多世纪以来，矗立在自由岛上的自由女神像，已成为美利坚民族的象征，永远表达着美国人民争取民主、向往自由的崇高理想。

资料来源：杨东，文诚公.互联网+金融=众筹金融［M］.北京：人民出版社，2015.

第一节 众筹概述

随着互联网金融的崛起，众筹这个词，越来越被大众所熟知。在互联网时代，大家都或多或少地参与着这种被时代赋予新使命的活动。我们在网上注册会员购买图书，或在美团上订餐、购买电影票，这些都与众筹有着千丝万缕的联系，只是我们自己忽略了这种行为的本质也是众筹。

追溯众筹的起源，最早在18世纪，欧洲国家的知名艺术家们经常会采用一种"订购"的方式来完成一些艺术作品。这些艺术家们为了实现创作，采用了众筹这种筹集资金的方式实现自己的艺术梦想，演变到今天，众筹已经成为一些初创企业或者个人为实现某个项目争取资金的渠道。随着互联网的普及，众筹网站开始兴起，使众筹前进了一大步，让任何有创意的人都可以通过众筹平台向素不相识的人进行募资。

众筹译自国外crowdfunding一词，即公众筹资，是公众搜索和微型金融（micro-financing）两个词的融合，是一种通过团购+预购的形式向网友募集项目资金的模式。实际上，众筹只是一种统称，它涵盖了多种类型的个人和企业筹资，但是无一例外地都需要接触大众，以获得达成某一目标所需的资金，是一种更为平民化的资金筹集行为。所以，从外在来看，众筹是一个资本为王的融资行为，但更大的意义在于，它是一种以人为本的社会资源的低成本的有效整合方式。世界银行2013年发布的《发展中国家众筹发展潜力报告》提到，众筹以互联网科技为基础，利用社区和公众的判断来决定一个创业项目或计划应当得到多少市场关注和资金支持，并为尚处于起步阶段的项目提供实时反馈。由此看出，众筹依托网络和科技的力量，为创业者提供了一个创业平台和融资基地。

微课8

众筹

一、众筹的历史渊源

虽然众筹是一种新兴的融资模式，但是早在千百年前就已经有了大众筹资的行为。它最早是那些艰苦奋斗的艺术家们为了实现创作而筹集资金的一种手段。在18世纪，很多文艺作品都是靠一种被称为“订购”的方式完成的。1713年，英国诗人亚历山大·蒲柏在翻译古希腊诗歌《伊利亚特》前，就承诺在翻译完成后向每一位订阅者提供一本早期英文版的《伊利亚特》。这一承诺获得575名订阅者的支持，筹集了4 000多畿尼（当时英国的黄金货币）来完成翻译工作。

由此可见，众筹在西方有着悠久的历史。但是众筹模式的真正鼻祖却是佛祖释迦摩尼，在东方文明中宗教信仰的传播其实是一种最原始的众筹模式。中国历史上，各地的大小寺庙、道观无不是民众齐心协力、捐钱捐物的结果，民众不图回报，但当遇到天灾人祸时，寺庙、道观就成为民众的避难之所。早期众筹的特点，如图8-2所示。

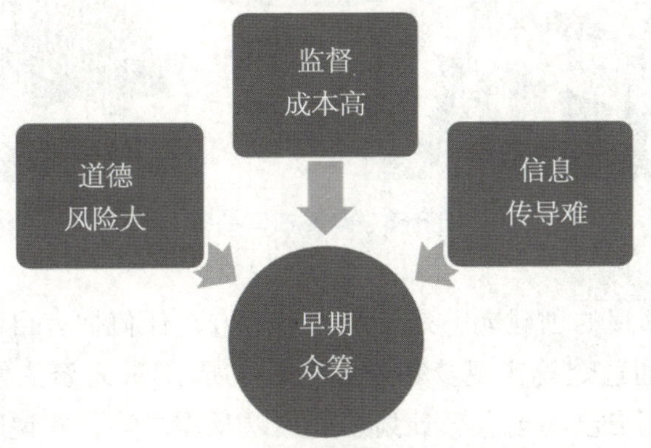

图8-2 早期众筹的特点

二、众筹的兴起和发展

随着互联网时代的到来，越来越多的人们在网络上寻找、探索全新的生活体验，在古代已经初具雏形的众筹，也乘着互联网的东风开始崛起。众筹网站的兴起，使众筹获得了前所未有的发展。

第一家真正意义上的互联网众筹平台源自2001年美国的ArtistShare。该平台致力于为音乐创作人筹集资金，通过网络将大量原创音乐推荐给音乐爱好者，由粉丝们出资帮助音乐发行，出资的粉丝们可以获得唱片并有可能参与唱片的制作过程。目前，世界范围内发展成熟、规模较大的互联网众筹平台是美国的Kickstarter，成立于2009年，是美国最大的互联网众筹平台，其定位是为创意服务的众筹平台，截至2014年10月，该平台众筹总额已超过10亿美元。

2011年，众筹在国内迅速走红。我国首家众筹平台“点名时间”于2011年7月正式上线，其定位是为创意项目服务的实物回报类平台。在2011年上线的还有股权众筹平台“天使汇”。2012年我国首家垂直类众筹网站“淘梦网”上线。2013年上线的众筹网成为我国最具影响力的众筹平台。此后，国内各类众筹网站如雨后春笋般不断涌现，如大家投、天使街、麒麟众筹、天使众筹等，其网站的项目数量与日俱增，发展迅猛。从目前来看，与公众日常生活息息相关的项目比较容易众筹，但是不久的将来，金融、保险等行业的众筹也将不再是难事了。

三、众筹的三要素

随着众筹模式的兴起和不断完善，人们渐渐总结出实现众筹的三个必不可少的要素（如图8-3所示），即筹资人（发起人）、公众（投资人、支持者）和众筹平台。

图8-3 众筹的三要素

（一）筹资人

筹资人是众筹项目的创建人，是资金的需求方。任何拥有自己独特创造能力却缺乏资金的人都可以通过众筹实现梦想（如图8-4所示）。筹资人需要在众筹平台上创建自己的项目，介绍自己的创意、计划、产品以及需求等，并说明筹资规模、筹资期限和回报方式。项目筹资成功后，要保障所筹资金用于实施计划和生产产品。筹资人的创意能力、对市场的把握能力和商业方案的策划能力等，往往决定一个众筹项目的成功与否。

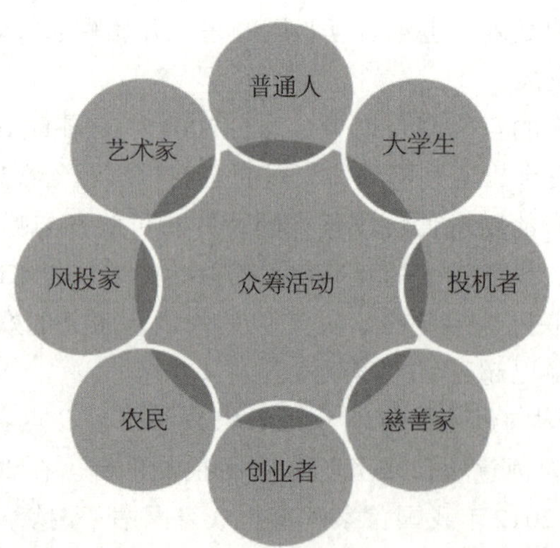

图8-4 各行各业的人通过互联网接触到众筹

（二）公众

公众是项目的投资人、支持者，是对筹资人的故事和回报感兴趣、对筹资人有支持能力的人。公众在众筹平台上浏览并筛选出感兴趣的项目，通过众筹平台对项目进行资金支持，在项目成功后获得回报。不同的众筹项目，公众获得的回报各异，如获得收益或产品、无偿捐赠、满足兴趣爱好等。

（三）众筹平台

众筹平台连接众筹项目的筹资人和公众。众筹平台为筹资人提供发布及展示其创意、计划、产品的便利，并负责审核筹资人及拟募资项目的资质和条件，为合格项目的成功募集资金提供各种支持服务。众筹平台是促进项目成功的核心要素。众筹平台的网页设计能否吸引公众进一步了解项目资料，以及资金支付及资金管理是否顺畅安全，均会对公众的投资意向产生很大的影响。

此外，部分众筹平台为了保障募集资金的安全，避免形成资金池，往往会引入资金托管方（通常为商业银行）对资金进行保管，并对资金的使用进行监管。大部分众筹平台没有支付牌照，不具备转换资金及支付结算的资格，所以需要引入第三方支付机构参与项目运行，委托第三方支付平台完成资金的收付与结算。

四、众筹的特点

众筹在互联网大发展的浪潮中，不断探索发展，展现出了惊人的生命力。在互联网金融引爆全球的时代背景下，热情的创业者们充分利用众筹的魅力，在实现了自己梦想的同时，还点燃了更多追梦人的心。它让创业变得不再困难，成为任何一个行业、任何一个民众都可以去尝试的事情。众筹巨大的价值和力量源于它与生俱来的特点（如图8-5所示）。

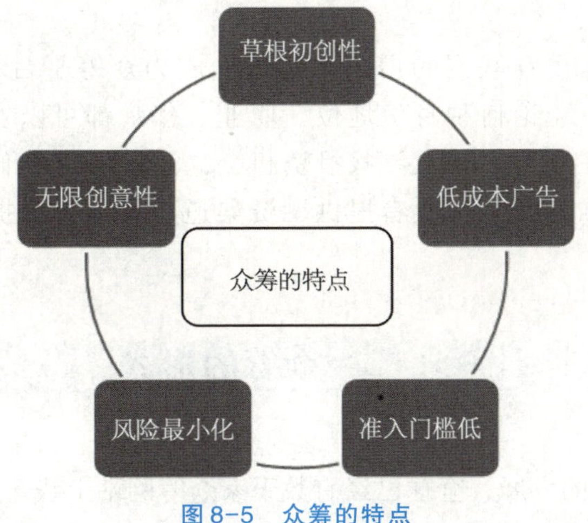

图8-5 众筹的特点

小思考8-1

从早期众筹的特点出发，思考众筹得以发展的核心是什么。

（一）草根初创性

人都有梦想，但有能力实现梦想的人寥寥无几。对那些在创业之初缺乏资金支持的人来说，众筹无疑成为了实现梦想的强大助力。在众筹网站上，大部分筹资项目都处于创意阶段和试产阶段，项目筹资人往往没有推进产品投产的资金，因此众筹模式在支持个人和小微企业发展方面有重要的作用。

（二）无限创意性

在众筹平台上，如何吸引公众投资的关键往往是项目本身的亮点和创意。没有创意的项目很难获得公众的注目，也很难融资成功。同时，筹资人要想通过众筹平台的审核，在平台上展现自己的创意，也需要让自己的创意达到可展示的程度，而不只是一个概念或者点子。

（三）低成本广告

众筹项目从发起到实现的过程中，吸引了众多公众的持续关注。公众在参与过程中，不仅提供资金，还会主动宣传众筹项目。众筹平台庞大的点击量也在无形之中增加了众筹的广告性。时常关注众筹网站的公众往往就是这些产品的目标消费群体。

（四）风险最小化

作为项目的筹资人，也许并不是没有足够的资金来推进项目的运行，而是不敢也不愿承担项目失败带来的巨大风险。借助众筹平台，筹资人不仅可以把风险无限拆分，把每一位公众的投资额度降低，而且还可以在平台上集思广益，在与公众的互动过程中完善优化项目，使项目不断创新完美，进而降低创业失败的风险。

（五）准入门槛低

任何一个懂得运用互联网的用户，都可以成为众筹平台上的筹资人或公众。只要你有好的创意，无论何种身份地位、职业、年龄都可以发起项目。同样，任何普通公众都可以在众筹平台上寻找投资机会。这一特点降低了创业门槛和募资投资双方的准入标准，既为创业者提供融资渠道，又为公众提供了全新的理财投资方式。

第二节 众筹的形式

经过近几年迅猛的发展，全球已经有数千家众筹网站上线运营。运营模式各不相同，既有以某种众筹方式为主的运营模式，也有综合类的运营模式。根据众筹的性质、用途和目的，大体可把众筹分为捐赠众筹、奖励众筹、债权众筹、股权众筹四类。

一、捐赠众筹

捐赠众筹是一种最常见的众筹模式，也是一种非营利的众筹模式。它通过募捐的方式为需要帮助的人提供资金支持，公众得不到任何回报和奖励，属于纯公益性质。

通常在这种模式下捐赠项目金额较小，涉及教育、宗教、健康、环境、社会等方面，是非营利组织接受捐款以帮助有需要的人的一种主要途径。

（一）捐赠众筹平台的三种运营方式

（1）用户个人发起公众募捐。例如，腾讯公益有一个项目就是用户个人替有资金需求的人在自己的朋友圈发起募捐。

（2）捐赠众筹平台根据《基金会管理条例》设立公募基金会，代替有资金需求的一方向公众发起募捐。公募基金申请门槛很高，获批难度大。

（3）微公益模式是由有公募资格的非政府组织发起、证实、认领，并在捐赠平台上募集捐款，捐赠平台起纯平台的作用。例如，腾讯公益下的“乐捐”。

（二）捐赠众筹成功的要素

从捐赠众筹的性质来看，这种众筹模式在公益事业领域和社会政治事件领域中运用较多。在国外，这种无经济回报的众筹很受欢迎，在社会各个领域中都发挥了重要的作用。随着捐赠众筹平台的建立及互联网的广泛传播，人们可以通过这些众筹平台为任何需要帮助的人提供帮助。

作为新兴的公益模式，捐赠众筹在网络上炒得很火爆，但是现实中其众筹效果却不容乐观。在四种众筹模式中，捐赠众筹仅占很小的一部分。作为项目发起人，如何让大众心甘情愿地为你的公益埋单，如何在短时间内汇集足够的人力、物力完成众筹，从一些成功的案例可以看出，捐赠众筹成功的要素有以下方面：

1.精准的项目策划

公益众筹的进程一般较快，对资金的需求有一定的时间限定。在项目上线前期，项目的筹资人必须对该项目有一个精准的项目策划，只有策划得当，才能在执行过程中快捷高效。同时，项目策划要懂得创新，以吸引公众有效参与，为项目的完成贡献力量。

2.契合社会公众的关注点

公益众筹项目一定不能脱离公众的关注点。即使前期策划得非常好，执行力也很好，但是如果脱离了公众的关注点，不能很好地结合社会热点，那么这样的公益众筹项目注定是会失败的。因为捐赠众筹的核心是公众的参与，如果偏离了社会的主流热点，那么就会脱离公众的关注点，很难形成社会效应。

3.资金流向必须透明

对捐赠众筹成功与否影响最大的就是资金流向的透明度，以及救助事件的真实性。这对于一个公益众筹项目的成功起到举足轻重的作用。由于网上信息真假混杂，如何甄别真实的信息，是每个众筹平台应该承担的责任，因此不仅需要筹资人提供真实的信息和资料，也需要众筹平台具备独立的甄别机制，才能保证公益众筹项目的成功。

案例8-1 **冰桶挑战**

2014年7月，ALS（肌萎缩侧索硬化症）协会邀请著名的棒球运动员Pete Frates为ALS患者募集善款。Pete Frates也是肌萎缩侧索硬化症患者之一。患有该病的人又俗称为“渐冻人”。为了让更多的人知道这种罕见的疾病，Pete Frates和他的朋友们一起策划了名为“冰桶挑战”的公益活动，并在Kliptap的视频众筹平台上发布这项公益众筹项目的视频。活动要求参加者录制一段自己被冰水浇遍全身的视频内容在网上发布，之后点名3位参与者在24小时之内接受挑战，挑战失败者向ALS协会捐出100美元，用于帮助患者治疗。

短短一个月，该活动在美国引起强烈反响，有171万美国民众参与挑战，捐款人数达251万人，总金额1.61亿美元。这项活动把全世界的人联系在一起，参与者横跨演艺界、科技界、体育界等。2014年8月18日，“冰桶挑战”公益活动蔓延至中国，多名科技界大佬被点名参与了这项活动。小米董事长雷军8月18日下午通过微博表示，已经接受DST老板Yuri对他的挑战，并将于今天完成“冰桶挑战”。一加科技创始人刘作虎率先完成“冰桶挑战”，并自称是中国第一位完成此挑战的人，同时他点名奇虎360的CEO周鸿祎、锤子科技的CEO罗永浩、华为荣耀业务部总裁刘江峰参与该挑战……

2014年8月19日，代表中国国民党参选宜兰县长的邱淑媞参加“冰桶挑战”，完成后点名当局领导人马英九。马英九被邱淑媞点名，其发言人马玮国上午回应表示，马英九长期支持台湾弱势公益、关心渐冻人，这次为响应关怀渐冻人，马英九也将捐款给台湾运动神经元疾病病友协会。

这种正能量的传递让更多人关注ALS这种疾病，其意义大于成效。自此以后，互联网上公益众筹效应的号召力和广泛性开始得到人们的重视，以互联网搭建的社交平台作为公益众筹平台，抓住了公众的从众和娱乐心理，是一条可行之路（如图8-6所示）。

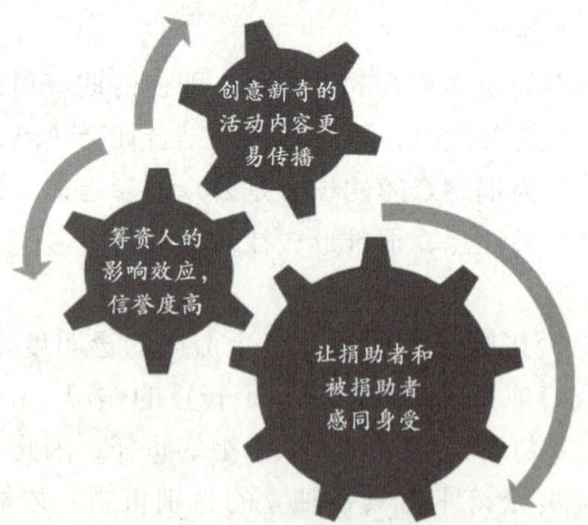

图8-6 冰桶挑战的启示

资料来源：任昱衡.众筹模式：募资·投资·孵化·运营［M］.广州：南方出版传媒，2016.

二、奖励众筹

奖励众筹，又称回报众筹或者预购众筹，是筹资人为了鼓励公众，承诺在众筹成功后给公众一定的非金融性奖励作为回报的众筹模式。这种回报仅是一种象征，如VIP资格、特殊意义的纪念品。通常用于创新项目的产品融资，如电影、音乐、设备产品的融资。还有一种情况是预先销售，是指筹资人通过平台发布新产品或者服务信息，对该产品或服务有兴趣的公众可以事先预订或预付，从而完成众筹融资。

（一）奖励众筹的作用

奖励众筹是融资方式的一种，但它的核心作用并不局限于融资（如图8-7所示）。奖励众筹强调的是“众”。在产品研发、生产、销售环节，筹资人和公众可以充分互动，集思广益。同时，可以把奖励众筹视为新产品的一场市场测试，测试市场反应。比如，你开发了一款智能手表，但是不知道市场反应如何，你可以发起众筹，预设一个价位。如果项目顺利完成，说明得到了市场的认可，价位合理；如果项目失败，则需要将公众的本金退回，并回报一些小礼品或一定利息。奖励众筹在一定程度上可以代替传统的市场调研，进行有效的市场需求分析。同时，在项目推进过程中，还可以让产品提前曝光，起到意想不到的广告效应。

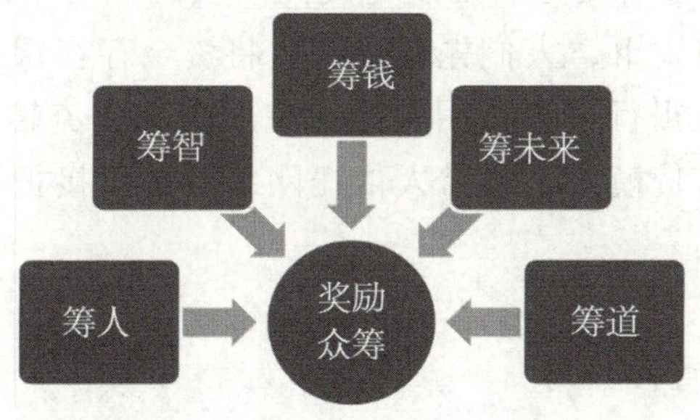

图8-7 奖励众筹的作用

（二）奖励众筹取得成功的因素

一个好的众筹项目，需要前期精准有效的宣传，这是众筹项目成功的前提，而专注回报产品本身则是众筹项目成功的关键。只要筹资人充分利用资源对众筹项目进行充分的准备和开发，让自己的产品回报符合公众的心理预期，必然能够取得相应的成功。

（三）奖励众筹涉及的领域

奖励众筹所涉及的领域相当广泛，适用于一些小微企业或初创企业的产品研发阶段。同时，奖励众筹还可以成为其他众筹模式的辅助手段。无论是捐赠众筹还是股权众筹，都可以加入奖励众筹的元素，增加对公众的投资激励，促成项目筹资的最终成功。

通过奖励众筹，筹资人在产品的研发、生产、销售环节都能够达到众人拾柴火焰高的效果，对公众来说，可以获得超值的商品和荣誉感。因此，奖励众筹看似简单平淡，已然形成了一个庞大的市场，成功率也相当高。目前，我国奖励众筹获得了日新月异的发展。

小思考8-2

请根据你的体验和理解，思考一下奖励众筹和团购的关系。

三、债权众筹

债权众筹，又称借贷众筹或贷款众筹，是指公众对项目或公司进行投资，获得一定比例的债权，在收回本金的同时获得利息收益。简单来讲，就是当筹资人急需资金时，可以通过利息回报的方式来筹集资金。当项目盈利时，筹资人不仅要把本金还给公众，还要按当时约定的利息回报公众；当项目亏损时，筹资人也可以扣除相应款项，与公众共同承担风险。

（一）P2P网络借贷

P2P网络借贷是债权众筹的典型表现形式。P2P是英文“Peer to Peer”或“Person to Person”的缩写，翻译为个人到个人，是指个人与个人之间的借贷模式。但这种借贷模式主要依靠互联网进行交易，被称为P2P网络借贷。

P2P网络借贷是随着互联网的发展与民间借贷的兴起而出现的一种金融脱媒的现象。在传统的借贷模式下，人们先通过存款将资金存在银行，借款人在需要资金时再向银行申请贷款，银行作为信用媒介，完成资金的流转和借贷。但P2P网络借贷是一种全新的资金借贷模式，出借人依托网络平台直接把资金交给借款人，并收取利息。

（二）P2P网络借贷的特征

1.出借人与借款人直接交易

出借人和借款人通过P2P网络借贷平台进行信息的发布和撮合，并签订借贷协议，支付资金完成借贷交易。P2P网络借贷平台充当中间人，借贷的交易关系和法律关系直接发生在出借人和借款人之间，属于直接融资。

2.出借人自行承担坏账风险

在P2P网络借贷模式下，出借人与P2P网络借贷平台之间不是存款关系，所以到期承担兑付义务的是借款人。一旦出现坏账，出借人自行承担风险。

3.交易依托互联网完成

在P2P网络借贷模式下，借款人通过互联网发布借款需求，出借人也通过互联网获取信息。当双方的资金和信息匹配后，通过网银或第三方支付平台完成资金划拨。

四、股权众筹

在《关于促进互联网金融健康发展的指导意见》中，股权众筹被定义为通过互联网形式进行公开小额股权融资的行动。因为股权众筹主要通过互联网完成筹资环节，因此又被称为“私募股权互联网化”。一般情况下，筹资人通过众筹平台发起项目融资，投资人在投资的同时可以获得公司的一定股权。

目前，我国的股权众筹多为创意者或小微企业等在众筹平台上建立属于自己的页面，用来向投资人介绍项目情况，并向公众募集小额资金或者寻求其他物质支持。在股权众筹运营中主要有三个参与主体，即筹资人、投资人和众筹平台。股权众筹的流程，如图8-8所示。

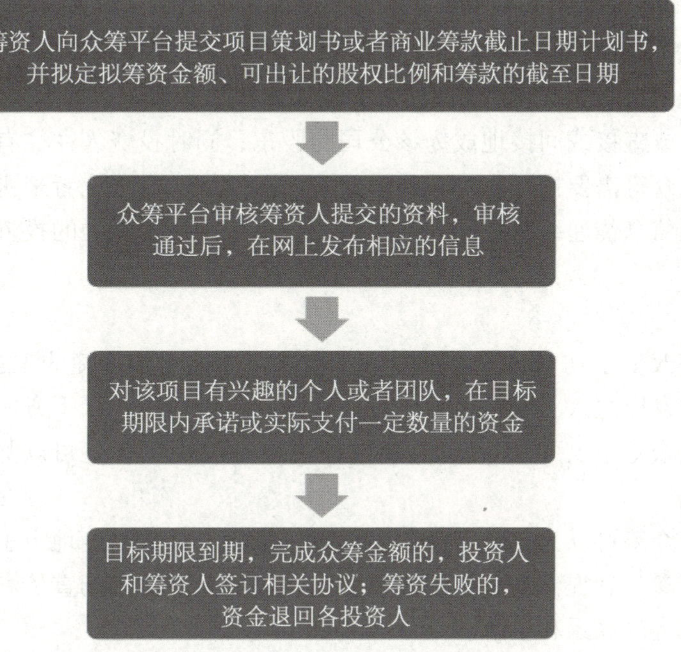

图8-8　股权众筹的流程

（一）股权众筹的运营模式

目前股权众筹的运营模式主要有以下三种：

1. 凭证式众筹

凭证式众筹主要是指在互联网上通过卖凭证和股权捆绑的形式进行募资，投资人付出资金取得相关凭证，该凭证又直接与创业企业或项目的股权挂钩。

美微创投项目就是一个典型的凭证式众筹案例。美微传媒创始人朱江为了在项目初始筹借启动资金，在淘宝注册了一家名为美微会员卡在线直营店。消费者只要拍下相对金额的会员卡，就可以获得100股美微传媒的原始股份，还可以享受订阅电子杂志的权利。

2. 会籍式众筹

会籍式众筹主要是指在互联网上通过熟人介绍，投资人付出资金，直接成为被投资企业的股东。会籍式众筹聚集了一群有共同价值观的人在一起，因为一个项目而发生关联。这种股东级别众筹更多的是搭建一个圈子平台，各股东之间资源共享。

例如，大家都是一个咖啡馆的股东，相互之间发生了联系，产生了交集，同时可以把自己的资源在股东之间相互共享，从而产生咖啡馆本身更大的价值。几乎所有的众筹咖啡厅都会宣扬，卖咖啡一定是亏损的，要找到咖啡之外的价值，咖啡厅只是一个媒介，用于大家线下沟通的媒介。通过众筹，股东之间直接拥有了100多个深层次联系的人，有可能分布于各行各业，而这些都是大家在创业路上或者人生的征途中一些资源的拥有者。每个人都有可能拥有别人没有的资源，只是这部分资源是分散的，更多的时候是处于休眠状态的，当众筹出现后有可能把这些处于休眠状态的资源激活，焕发新的活力。

3. 天使式众筹

天使式众筹更接近天使投资或VC的模式，投资人通过互联网寻找投资企业或项目，付出资金或直接或间接地成为该公司的股东，同时投资人往往有明确的财务回报要求。天使式众筹需要投资人对项目模式有一定理解。对创业者来讲，利用社交网络进行募资，把信息传递给身边同样懂行的或者有一定资本能力的投资人，从而完成项目融资。

（二）股权众筹的优势

股权众筹改变了初创企业的风险融资模式，通过更加便捷的渠道获得融资资金，为实体经济的发展注入了新的活力。股权众筹的优势体现在以下方面:

（1）股权众筹不仅可以降低交易成本，缩短融资时间，还可以弥补投资人专业经验不足的缺陷。

（2）股权众筹可以为创业者吸引到众多投资人，最大限度地吸引资金，打破地域限制，为平台参与者提供线上线下多元活动，提供免费的市场宣传和市场检验，加强投资人和筹资人的联系和了解。

（3）可以拓宽投资人的投资渠道，打破唯有投资机构才能参与股权投资的界限，满足投资人的投资需求。同时，释放小微企业市场潜力，汇集众多潜在天使投资人支持小微企业的发展和成长。

然而，在我国现行的法律环境下，向公众募集资金的唯一方式是上市发行股票，而任何其他形式的面向社会公众的公开募股行为都被认为是非法集资。因此，为了避免被视为非法公开发行股票的平台，现阶段我国所谓的股权众筹实质上是一种私募或者半公开的融资行为。2014年11月，李克强总理在国务院常务会议中提到，要进一步采取有力措施，缓解企业融资成本高的问题，其中特别指出“开展股权众筹融资试点”，股权众筹迎来发展良机。2014年12月，中国证券业协会发布了《私募股权众筹融资管理办法（试行）（征求意见稿）》，规定了股权众筹融资的性质、股权众筹平台、融资者、投资者、备案登记、信息报送和自律管理等内容。2015年7月，《关于促进互联网金融健康发展的指导意见》对股权众筹的性质、定位和监管进行了明确的阐述，回应了社会对股权众筹的需要，为股权众筹的发展指明了方向。

值得注意的是，虽然股权众筹大大降低了公众参与的门槛，并且通过投资人的支持和众筹宣传提高了众筹项目成功的可能，但是并没有改变天使投资高风险的特征。因为投资初创企业成功率低，回报时间长，是典型的高风险、高回报投资，所以各国的股权众筹平台都设定了合乎法律或行业管理的合格投资人准入门槛。

第三节　众筹的风险及其应对措施

互联网金融是把双刃剑，一方面能够迅速聚集大量资金，帮助有志之士实现创业梦想，另一方面也存在一定的风险让参与者血本无归。虽然众筹是时代的宠儿，但是因为它能聚集社会投资力量对特定项目进行支持，在众筹项目发起和实施的过程中涉及多方主体参与，可能产生风险的环节较多。尤其在我国，由于法律机制不健全给众筹行为埋下了诸多隐患，因此众筹想要进一步发展就必须提前弄清楚那些可能遇到的风险，及时找到应对策略。只有这样，众筹才能在时代的洪流中获得更好、更快的发展。

一、众筹的信用风险及其应对措施

(一) 众筹筹资人的信用风险

违约风险是最常见的信用风险之一，违约的原因一般都是项目失败。对初创期的企业或者项目来讲，所面临的风险要比运作成熟的企业多得多。有关数据显示，发达国家高达一半的新创企业会在创业5年后破产。对公众和筹资人来讲，他们有各自不同的利益追求，公众专注于回报和收益，而筹资人基于筹资成功的目标，难免会主观夸大对项目的描绘，给公众的承诺和预期可能超过项目的实际情况。这就大大增加了筹资人违约的可能性。此外，也存在由于筹资人管理松懈，或不负责任的行为导致延迟交货、以次充好的信用风险。

对于上述风险，公众除了加强自身对行业和企业运营能力的判断外，还可以借助众筹平台或第三方机构的专业意见来判断项目的可行性，以此来降低投资风险。

(二) 众筹平台的信用风险

众筹平台的信用风险，是指众筹平台违反约定给公众造成的风险。众筹平台的信用风险主要体现为众筹平台对筹资人或者筹资项目疏于审核，或者违反与公众和筹资人之间的其他约定，给相关方的利益造成损失。

众筹平台具有对筹资人提交的项目进行初步审核的责任。但是，在众筹平台的服务协议中，往往设定对项目审核的免责条款，即只强调中介服务，对项目的真实性和可靠性不承担责任，以至于对项目的审核流于形式。在这种情况下，公众基于对众筹平台的信任进行的投资，将面临一定的风险。此外，股权众筹多采用领投加跟投的投资模式。公众往往出于对领投人的专业判断与信任而投资，却忽略了领投人和筹资人联合欺诈带来的风险。

相对于简单的双方交易，公众和筹资人之间的资金流动要借助众筹平台的参与才能完成。因此资金的流动和管理也存在一定的风险。由于众筹项目的完成需要一定的周期，因此在众筹结束前，资金往往要在众筹平台指定的托管账户汇集，待项目结束后支付给筹资人。实质上，众筹平台只是担当了支付中介的角色，而整个资金流转过程中并没有资金托管部门，也未受到监管机构的监管，这也给公众的资金安全带来了风险。

（三）如何防范众筹的信用风险

防范众筹的信用风险，降低信用风险发生时对公众利益、社会秩序的冲击，是众筹行业健康发展的前提。

首先，设立公众准入门槛。让有一定风险承受能力和风险辨识能力的公众入场，同时对个人投资者和机构投资者设立不同标准。从操作形式上来讲，以众筹平台形式审核为宜。

其次，对众筹平台建立严格的准入制度。2014年12月，我国出台了《私募股权众筹融资管理办法（试行）（征求意见稿）》。股权众筹平台应当具备下列条件：①在中华人民共和国境内依法设立的公司或合伙企业；②净资产不低于500万元人民币；③有开展私募股权众筹融资相适应的专业人员，具有3年以上金融业或者信息技术行业从业经历的高级管理人员不少于2人；④有合法的互联网平台及其他技术设施；⑤有完善的业务管理制度；⑥证券业协会规定的其他条件。该规定为众筹平台的市场准入设定了标准，可以在一定程度上降低众筹平台的信用风险。

此外，对众筹资金的监控及后续管理也尤为重要。众筹平台可以根据项目实施方案，将募集资金分批划给筹资人，并引入第三方资金托管机构化解众筹平台不当使用募集资金的风险，还可以通过完善违约赔偿机制，以协议的方式与筹资人明确赔偿责任，避免违约。

二、众筹的法律风险及其应对措施

（一）与非法集资界限模糊

由于众筹是以互联网的形式吸引投资人参与，其目标人群通常具有不确定性，并且容易在募资的过程中形成资金池，因此众筹自引入我国以来就一直与非法集资的非议形影相伴。

众筹项目一旦上线，面对的就是任何能够上网的社会公众，众筹平台对项目的各种信息披露很容易被认为是向社会公开宣传，而众筹结束后对公众各种形式上的回报也与非法吸收公众存款特征相似。如果把控不好，众筹与非法集资只有一步之遥，很容易越过红线，触犯法律。

（二）缺乏相关的法律环境

众筹作为一种公开募集资金的行为，必然会牵扯到金融市场秩序，进而与金融监管发生必要的联系。然而，我国目前监管机制并不完善，众筹的法律监管近乎空白，缺乏匹配的法律环境。2015年，中国人民银行等十部门联合印发了《关于促进互联网金融健康发展的指导意见》，监管部门的积极参与和有效支持促进众筹良性发展。但是，由于众筹行为的复杂性，没有任何一个监管部门可以独立承担监管众筹的责任，因此只有多部门的协同合作，才能为众筹的发展营造一个规范的法律环境。

众筹作为一种新兴的金融模式，在我国处于起步阶段，如果对它监管力度不当，则很容易扼杀其成长；如果对它放松监管，则会加大众筹项目或公众的风险，甚至引发金融危机。因此，对众筹的监管力度需要在金融创新与保护公众权益之间寻求最佳平衡。

（三）知识产权保护困难

众筹是一种公开募资的行为。在众筹进行的过程中，必须把项目公之于众，这就给筹资人造成知识产权保护难的困扰。

大多数众筹项目为创意类项目，有的项目已经问世，有的项目为半成品，有的项目也许只是脑海中的一幅蓝图。经过众筹平台的展示，创意被他人窃取的可能性非常大。也许你还在众筹网站上进行众筹，但却发现创意已被人盗用了，一旦提起诉讼，项目可能暂停，公众的投资也得不到相应回报。那么筹资人是否需要返还公众的投资资金，众筹平台是否负有审核不力的责任，这些问题都使得筹资人的知识产权得不到保障，也给公众带来了风险。

（四）如何应对众筹的法律风险

在美国，众筹已经有了相关的立法，其内容体现了平衡监管、扶持发展的思路。在我国，还没有专门针对众筹的法律制度。无论筹资人、众筹平台还是公众，唯一能做的就是通过合同来维护自己的权益。随着众筹的发展，我国在不久的将来也会发布关于众筹的法律法规。众筹只有受到规范的监管，才能让每个主体都能明确合法与非法的界限。只有清楚了解了众筹与非法集资的区别，才能让众筹本身得到良好的发展。

为了避免触碰非法集资的红线，我国实物类众筹多采用商品预购的形式，在众筹回报的设置上多以商品销售或提供服务为主，一般不采用还本付息的方式。在股权众筹方面，大多数众筹平台都实行线上线下同步规范众筹流程，以规避法律风险。同时，股权众筹平台有义务核查筹资人的个人信息及项目的真实性，并参照股权制法规对筹资人和公众进行约束。债权众筹面临的法律风险相对较大，容易和非法集资在形式上混淆，所以债权众筹首先不得建立资金池，并严格审核筹资人的个人资料以及项目信息的真实性，有效遏制筹资人的非法集资犯罪行为。此外，众筹平台不得为自身募集资金，也不可以以平台的名义允诺回报。相比其他众筹，捐赠众筹面临的法律风险最小，但也不排除筹资人发布虚假公益信息的情况，所以众筹平台要深度调查公益项目的真实性，并严格监管众筹资金，避免筹资人挪用资金，确保公益类项目的资金专款专用。

知识链接 8-1　关于非法集资

根据《关于取缔非法金融机构和非法金融业务活动中有关问题的通知》，非法集资，是指单位或者个人未依照法定程序经有关部门批准，以发行股票、债券、彩票、投资基金证券或者其他债权凭证的方式向社会公众筹集资金，并承诺在一定期限内以货币、实物以及其他方式向投资人还本付息或给予回报的行为。为依法惩治非法吸收公众存款、集资诈骗等非法集资犯罪活动，最高人民法院会同中国银行业监督管理委员会等有关单位，研究制定了《关于审理非法集资刑事案件具体应用法律若干问题的解释》，该司法解释自2011年1月4日起施行。

根据《关于进一步打击非法集资等活动的通知》（银发〔1999〕289号）的相关规定，“非法集资”归纳起来主要有以下几种：

（1）通过发行有价证券、会员卡或债务凭证等形式吸收资金。

（2）对物业、地产等资产进行等份分割，通过出售其份额的处置权进行高息集资。

（3）利用民间会社形式进行非法集资。

（4）以签订商品经销等经济合同的形式进行非法集资。

（5）以发行或变相发行彩票的形式集资。

（6）利用传销或秘密串联的形式非法集资。

（7）利用果园或庄园开发的形式进行非法集资。

（8）利用现代电子网络技术构造的“虚拟”产品，如“电子商铺”“电子百货”非法投资委托经营、到期回购等方式进行非法集资。

（9）利用互联网设立投资基金的形式进行非法集资。

（10）利用“电子黄金投资”形式进行非法集资。

非法集资的特点：

一、未经有关部门依法批准，包括没有批准权限的部门批准的集资；有审批权限的部门超越权限批准的集资，即集资人不具备集资的主体资格。

二、承诺在一定期限内还本付息。还本付息的形式除以货币形式为主外，也有实物形式和其他形式。

三、向社会不特定的对象筹集资金。“不特定的对象”是指社会公众，而不是指特定少数人。

四、以合法形式掩盖其非法集资的实质。为掩饰其非法目的，犯罪分子往往与公众（受害人）签订合同，伪装成正常的生产经营活动，最大限度地实现其骗取资金的目的。

资料来源：杨东，黄超达，刘思宇.赢在众筹［M］.北京：中国经济出版社，2015.

本章小结

1.众筹是公众搜索和微型金融两个词的融合，是一种通过团购+预购的形式向网友募集项目资金的模式。它涵盖了多种类型的个人和企业筹资，但是无一例外地都需要接触公众，以获得达成某一目标所需的资金，是一种更为平民化的资金筹集行为。

2.众筹平台连接众筹项目的筹资人和公众。它为筹资人提供发布并展示创意、计划、产品的便利，并负责审核筹资人及众筹项目的资质和条件，为合格项目的成功募集资金提供各种支持服务。筹资人是众筹项目的创建人，是资金的需求方，往往是拥有自己独特的创造能力却缺乏资金的人。公众是项目的支持者，是对筹资人的故事和回报感兴趣、对筹资人有支持能力的人。公众在众筹平台上浏览并筛选出感兴趣的项目，通过众筹平台对项目进行资金支持，在项目成功后获得回报。

3.众筹平台可以分为四类：捐赠众筹，即我给你钱，你什么都不用给我；奖励众筹，即我给你钱，你给我产品或服务；债权众筹，即我给你钱，你之后还我本金和利息；股权众筹，即我给你钱，你给我公司股份。

4.金融有风险，众筹需谨慎。既要重视众筹各参与方的信用风险，还要重视在我国特殊的法律背景下的法律风险。

关键概念

众筹　捐赠众筹　奖励众筹　债权众筹　股权众筹　非法集资

知识掌握

一、单项选择题

1.（　　）是众筹项目的创建人，是资金的需求方。

A.筹资人　　B.众筹平台　　C.投资人　　D.支持者

2.下列各项中，众筹模式是非营利性的有（　　）

A.捐赠众筹　　B.奖励众筹　　C.债权众筹　　D.股权众筹

3.奖励众筹和团购的区别在于（　　）。

A.吸引公众参与

B.明确项目支持人数下限

C.项目运作有期限

D.奖励众筹的目的在于预售，而团购的目的在于提高销售额

4.债权众筹又称（　　）。

A.回报众筹　　B.借贷众筹　　C.预购众筹　　D.股权众筹

5.股权众筹的投资回报是（　　）。

A.实物　　B.本息　　C.股权　　D.奖励品

二、判断题

1.任何一个懂得互联网的用户，都可以成为众筹平台的筹资人和投资人。

（　　）

2.在特殊情况下，捐赠众筹也可以盈利。（　　）

3.当债权众筹的项目亏损时，筹资人和公众不需要共同承担风险。（　　）

4.收取佣金是众筹平台最常见的盈利模式之一。（　　）

5.在众筹活动中，违约风险是最常见的信用风险之一。（　　）

三、简答题

1.众筹的主体有哪些？

2.简述众筹的特点。

3.股权众筹的特征有哪些？

知识应用

一、案例分析

“相互保”变身“相互宝”

2018年10月16日，“相互保”在支付宝上线，用户只需要芝麻分在650分以上就能加入，不需要付费。加入后，假如有成员发生了重大疾病（范围是100种），就能享受30万元或10万元的保障金。保障金由所有加入“相互保”的成员分摊，相当于“一人生病，大家出钱”，最关键的是每个案例分担的金额不超过1毛钱。

低门槛、低费用、高保障，对用户如此“友好”的“相互保”自然吸引了众多支持，不过也引来了一些质疑。这些质疑主要集中在假如成员低于330万人，“相互保”是否自动解散，以及管理费收取10%是否合理，分摊费用的计算方法等。

2018年11月27日，蚂蚁金融服业集团（以下简称蚂蚁金服）突然宣布，从当天中午12点开始不再对接《信美人寿相互保险社相互保团体重症疾病保险》，并正式将“相互保”更名为“相互宝”，产品定位为一款基于互联网的互助计划。虽然新名与旧名只有一字之差，但是其背后却是产品本质的变化。这意味着“相互宝”将不再是一款保险产品，而是成为与“水滴众筹”“轻松众筹”等性质相同的网络互助平台。

传统相互保险与互联网牵手又分手——互助计划与保险不能混为一谈。

对更名一事，蚂蚁金服在公告中提到：近期，我们接到合作伙伴信美人寿相互保险社通知，监管部门约谈并指出其涉嫌违规，所以信美人寿相互保险社不能以“相互保大病互助计划”的名义继续销售《信美人寿相互保险社相互保团体重症疾病保险》。

2018年11月27日，信美人寿相互保险社方面发布的《一封公开信》中显示，监管部门对这款团体重疾保险产品的业务开展情况进行了现场调查，指出信美人寿相互保险社涉嫌存在未按照规定使用经备案的保险条款和费率、销售过程中存在误导性宣传、信息披露不充分等问题。

信美人寿相互保险社的公关部提到，在涉嫌违规的具体细节上，监管部门认为信美人寿相互保险社未在“相互保大病互助计划”的宣传页面中对公众进行充分的风险提示，如未明确标明“相互保”为保险产品；未明确指出保险人、被保险人、受益人各方主体。而关于“涉嫌存在未按照规定使用经备案的保险条款和费率”，信美人寿相互保险社目前尚未得到监管部门的进一步明确回复。

一位不愿透露姓名的保险业人士说，监管部门是不允许保险公司涉足网络互助的。2016年信美人寿相互保险社等3家相互保险公司正式获批时，中国保险监督管理委员会曾公开表示，相互保险公司与传统保险公司不是简单的替代关系，而是“补短板，填空白”。不过，2016年12月，监管部门发布《关于开展以网络互助计划形式非法从事保险业务专项整治工作的通知》，中明确指出，互助计划不是保险，不得使用任何保险术语，不得将互助计划与保险产品进行任何形式的挂钩或对比。由于众多原因，互助计划和保险的定义目前仍不够明确，这也就是“相互保”上线42天变成“相互宝”的根源。

资料来源：祝云燕．“相互保”变身“相互宝”的背后［EB/OL］．［2018-11-29］.https://hzdaily.hangzhou.com.cn/mrsb/2018/11/29/article_detail_3_20181129A037.html.有删减。

分析探讨：“相互宝”的本质是什么？和传统保险有何区别？

要求：

1.将本班学生组成金融活动小组，以金融活动小组为单位，对题目认真分析并做准备，列出发言提纲。

2.教师巡视课堂进行指导，然后各金融活动小组选派一位代表将分析结果向全班陈述。

3.全班同学以自由发言的形式对各小组的发言进行讨论，再由教师点评。

二、专项实训

[实训题目]

浏览一个众筹平台，进行注册并讲述其业务模式。

[实训要求]

1.掌握在众筹平台上发布项目的流程。

2.了解众筹项目的推广模式。

3.了解众筹平台的业务模式。

第九章
大数据金融

学习目标

知识目标：了解大数据金融的优势；明确大数据金融的定义和模式；熟知大数据金融存在的问题。

能力目标：能够掌握大数据在金融领域的基本应用。

案例导入

汇丰银行采用SAS管理风险

近日，汇丰银行选择采用SAS防欺诈管理解决方案构建其全球业务网络的防欺诈管理系统。据悉，这一解决方案是一种实时欺诈防范侦测系统。SAS被誉为“全球500强背后的管理大师”，是全球领先的商业分析软件与服务供应商。SAS通过软件及解决方案服务、咨询服务、培训及技术支持服务帮助客户洞察商机、成就变革、改善业绩。

汇丰银行采用SAS在防范信用卡和借记卡欺诈的基础上，共同扩展了SAS防欺诈管理解决方案的功能，为多种业务线和渠道提供完善的欺诈防范系统。这些增强功能有助于全面监控客户、账户和渠道的业务活动，进一步提高对分行交易、银行转账和在线付款欺诈以及内部欺诈的防范能力。通过监控客户行为，汇丰银行可以优化并更加有效地侦测资源。

汇丰银行利用SAS系统，通过收集和分析大数据解决复杂问题，并获得非常精确的洞察力，以加快信息获取速度，超越竞争对手。因此，汇丰银行还将继续采用SAS告警管理、例程和队列优先级软件，提高运营效率，以便迅速启动紧急告警。在当今这个海量数据的时代，如何找到大数据智能收银一体机中蕴含的前所未有的商业价值？笔者认为，高性能分析就是那把“钥匙”。SAS高性能分析可以帮助用户完成下列任务：将相关的大数据转变为真正的商业价值；采用世界顶级的分析技术来生成精确的洞察力；快速获得答案来改变企业的运营模式；部署一个适合未来扩展的分析架构。总之，高性能分析环境让用户可以充分利用IT投资，同时突破原有架构的约束，从大数据资产中产生高价值的洞察。

资料来源：佚名. 金融行业5个大数据应用案例及案例解析［EB/OL］.［2017-04-02］. http：//www.36dsj.com/archives/14424.有删减。

第一节　大数据金融概述

当今社会，随着互联网和全球信息化的快速发展，以及信息技术和数据技术与经济社会各领域的深度融合，各类数据呈现出爆发式增长，大数据已经成为国家基础性战略资源。而大数据的广泛应用和快速发展正引领和推动社会逐步走向数据化时代，对全球的生产、流通、分配、消费活动以及经济运行机制、社会生活方式和国家治理能力产生越来越大的影响。

互联网金融的本质仍是金融，金融风险又是其防范的主要问题。只有进一步深入推广大数据金融的专项研讨工作，深化大数据对金融行业的利用，实现数据的商业价值，才能实现互联网金融产业的健康发展。大数据已经得到政府、行业、相关媒体的高度关注，相信在各界人士的共同努力下，互联网金融企业将会运用大数据为人们的生活提供更加细化的产品和更加精细的服务。

一、大数据金融的概念

大数据金融，是指集合海量非结构化数据，通过对其进行实时分析，可以为互联网金融机构提供客户的全方位信息，通过分析和挖掘客户的交易和消费信息掌握客户的消费习惯，并准确预测客户行为，使金融机构和金融服务平台在营销和风险控制方面有的放矢。

基于大数据的金融服务主要是指拥有海量数据的电子商务企业开展的金融服务。大数据的关键是从大量数据中快速获取有用信息的能力，或者从大数据资产中快速变现利用的能力，因此大数据的信息处理往往以云计算为基础。积累数据的过程中，产生了数据采集、存储、使用的相关工作和企业，这样就完成了金融大数据的产业链，但总体依然是信息技术产业链。随着大数据金融的完善，企业将更加注重用户个人的体验，进行个性化金融产品的设计。未来，大数据金融企业之间的竞争将存在于对数据的采集范围、数据真伪性的鉴别以及数据分析和个性化服务等方面。

二、大数据金融的优势

金融业是大数据的重要产生者，交易、报价、业绩报告、消费者研究报告、官方统计数据公报、调查、新闻报道无一不是数据来源。金融业也高度依赖信息技术，是典型的数据驱动行业。在互联网金融环境下，数据作为金融核心资产，将撼动传统客户关系以及抵押品在金融业务中的地位。例如，信用卡消费记录中所包含的消费位置信息，现在就可以被互联网金融利用。

（一）大数据推动金融机构的战略转型

在宏观经济结构调整和利率逐步市场化的大环境下，国内金融机构受金融脱媒的影响日趋明显，表现为核心负债流失、盈利空间收窄、业务定位亟待调整等。业务转型的关键在于创新，但现阶段国内金融机构的创新往往沦为监管套利，没有基于挖掘客户内在需求提供更有价值的服务。而大数据技术正是金融机构深入挖掘既有数据、找准市场定位、明确资源配置方向、推动业务创新的重要工具。

（二）大数据技术能够降低金融机构的管理和运行成本

通过大数据应用和分析，金融机构能够准确地定位内部管理缺陷，制定有针对性的改进措施，实行符合自身特点的管理模式，进而降低管理运营成本。此外，大数据还提供了全新的沟通渠道和营销手段，可以更好地了解客户的消费习惯和行为特征，及时、准确地把握市场营销效果。

（三）大数据技术有助于降低信息不对称程度，增强风险控制能力

金融机构可以摒弃原来过度依靠客户提供财务报表来获取信息的业务方式，转而对其资产价格、账务流水、相关业务活动等流动性数据进行动态和全程的监控分析，从而有效提升客户信息透明度。目前，花旗、富国、UBS等银行已经能够基于大数据整合客户的资产负债、交易支付、流动性状况、纳税和信用记录等，对客户行为进行360度评价，计算动态违约概率和损失率，提高贷款决策的可靠性。

三、大数据金融存在的问题

对大数据来说，其应用和价值的挖掘不能以牺牲个人数据财产权为代价，而应经由严格的执法和行业的自律，确保大数据在权利保障有效的框架下发挥更大的作用，这样大数据才会拥有健康的未来。大数据挖掘作为提升互联网金融平台风控能力的有效手段，其中最关键的步骤就是数据积累。互联网金融不能简单地将传统金融的服务模式搬上线，其核心竞争力除了专业技术能力，大数据风控能力也很重要。同时，大数据手段作为行业内各机构金融科技的重点，它针对各阶段金融需求、消费特征及信用水平的差异化与潜在关联性，为个人提供全生命周期的金融产品及服务，解决了金融产品授信难题，满足了客户个性化、全方位、终身性的金融需求，这也进一步契合了供给侧结构性改革对金融业改革的要求。

（一）隐私和安全问题

随着个人所在或行经位置、购买偏好、财务情况等海量数据被收集，再加上金融交易习惯、持有资产分布以及信用状况以更细致的方式被储存和分析，机构投资者和金融消费者能获得更低价格、更符合需要的金融服务，从而提高市场配置金融资源的能力。同时，金融市场乃至整个社会管理的信息基础设施将变得越来越一体化和外向

型，对隐私、数据安全和知识产权构成更大风险。就个人隐私而言，大数据的隐私问题远远超出了常规身份确认的风险范畴。

（二）大数据的基础设施和安全管理亟待加强

在大数据时代，除传统的财务报表外，金融机构还增加了影像、图片、音频等非结构化数据，传统分析方法已不适应大数据的管理需要，软件和硬件基础设施建设都亟待加强。同时，金融大数据的安全问题日益突出，一旦处理不当可能遭受毁灭性损失。近年来，国内金融企业一直在数据安全方面增加投入，但是由于业务链拉长、云计算模式普及、自身系统复杂度提高等因素，都进一步增加了大数据的风险隐患。

（三）大数据的技术选择存在决策风险

当前，大数据还处于运行模式的探索期和成长期，分析型数据库相对于传统的事务型数据库尚不成熟，对大数据的分析处理仍缺乏高延展性支持，主要面向结构化数据，缺乏对非结构化数据的处理能力。在此情况下，金融企业相关的技术决策就存在选择错误、过于超前或滞后的风险。大数据是一个总体趋势，但过早进行大量投入，选择了不适合自身实际的软硬件，或者过于保守而无所作为都有可能给金融机构的发展带来不利影响。

四、促进大数据金融发展的有效措施

近年来，随着信息技术与经济社会各领域的深度融合，全世界的数据量都呈现出爆发式增长的新态势。2015 年 9 月 5 日，国务院正式发布《促进大数据发展行动纲要》，从促进大数据发展的高度，提出了我国大数据的顶层设计，引导大数据发展，使大数据成为创业创新的新动力，在全社会引起广泛的反响。

（一）推进金融服务与社交网络的融合

我国金融企业要发展大数据平台，就必须打破传统的数据源边界，注重互联网站、社交媒体等新型数据来源，通过各种渠道获取尽可能多的客户和市场资讯：一是整合新的客户接触渠道，充分发挥社交网络的作用，增强对客户的了解和互动，树立良好的品牌形象；二是注重新媒体客服的发展，利用论坛、微博、微信、聊天工具等网络工具将其打造成为与电话客服并行的服务渠道；三是将企业内部数据和外部社交数据互联，获得更加完整的客户视图，进行更高效的客户关系管理；四是利用社交网络数据和移动数据等进行产品创新和精准营销；五是注重新媒体渠道的舆情监测，在风险事件爆发之前就进行及时有效的处置，将声誉风险降至最低。

（二）处理好与数据服务商的竞争、合作关系

当前在各大电商平台上，每天都有大量交易发生，但这些交易的支付结算大多都被第三方支付机构垄断，传统金融企业处于支付链末端，从中获取的价值较小。为此，金融机构可以考虑自行搭建数据平台，将核心话语权掌握在自己的手中。另外，金融机构可以与电信、电商、社交网络等大数据平台开展战略合作，进行数据和信息的交换共享，全面整合客户有效信息，将金融服务与移动网络、电子商务、社交网络等融合起来。从专业分工的角度来讲，金融机构与数据服务商开展战略合作是比较现

实的选择。如果金融机构自办电商，没有专业优势，不仅费时、费力，还可能丧失市场机遇。

（三）增强大数据的核心处理能力

首先，要强化大数据的整合能力。这不仅包括金融企业内部的数据整合，更重要的是与大数据链条上其他外部数据的整合。目前，来自各行业、各渠道的数据标准都存在差异，要尽快统一标准与格式，以便进行规范化的数据融合，形成完整的客户视图。同时，针对大数据所带来的海量数据要求，还要对传统的数据仓库技术，特别是数据传输方式ETL（抽取、转换和加载）进行流程再造。其次，要增强数据挖掘与分析能力。利用大数据专业工具，建立业务逻辑模型，将大量非结构化数据转化成决策支持信息。最后，加强对大数据分析结论的解读和应用能力。关键是要打造一支复合型的大数据专业团队，他们不仅要掌握数理建模和数据挖掘的技术，还要具备良好的业务理解力，并能与内部业务人员进行充分的沟通与合作。

（四）加大金融创新力度，设立大数据创新实验室

可以在金融企业内部专门设立大数据创新实验室，统筹业务、管理、科技、统计等方面的人才与资源，建立特殊的管理体制和激励机制。实验室统一负责大数据方案的制订、实验、评价、推广和升级。每次推行大数据方案之前，实验室都应事先进行单元试验、穿行测试、压力测试和返回检验；待测试通过后，对项目的风险收益做出有数据支撑的综合评估。实验室的另一个任务是对“大数据”进行“大分析”，不断优化模型算法。在“方法论上，要突破美国FICO式的传统评分模式，针对大数据的非结构化特征，依靠云计算等海量分析工具，开发具备自我学习功能的非线性模型。目前，市场上的许多新技术，如谷歌MapReduce框架下的Hadoop或Hive等分析系统，具备较强的整合分析功能，可促进大数据向价值资产转换。

（五）加强风险管控，确保大数据安全

大数据能够在很大程度上缓解信息不对称问题，为金融企业风险管理提供更有效的手段，但如果管理不善，“大数据”本身也可能演化成“大风险”。大数据应用改变了数据安全风险的特征，它不仅需要新的管理方法，还必须纳入到全面风险管理体系，进行统一监控和治理。为了确保大数据的安全，金融机构必须抓住三个关键环节：一是协调大数据链条中的所有机构，共同推动数据安全标准，加强产业自我监督和技术分享；二是加强与监管机构合作交流，借助监管服务的力量，提升自身的大数据安全水准；三是主动与客户在数据安全和数据使用方面加强沟通，提升客户的数据安全意识，形成大数据风险管理的合力效应。

知识链接9-1　　数据安全

信息安全或数据安全有两个方面的含义：一是数据本身的安全，主要是指采用现代密码算法对数据进行主动保护，如数据保密、数据完整性、双向强身份认证等；二是数据防护的安全，主要是采用现代信息存储手段对数据进行主动防护，如通过磁盘

阵列、数据备份、异地容灾等手段保证数据的安全。数据安全是一种主动的包含措施，数据本身的安全必须基于可靠的加密算法与安全体系，主要有对称算法与公开密钥密码体系两种。

数据处理的安全，是指有效地防止数据在录入、处理、统计或打印的过程中由于硬件故障、断电、死机、人为误操作、程序缺陷、病毒或黑客等造成的数据库损坏或数据丢失，某些敏感或保密的数据可能由不具备资格的人员或操作员阅读，而造成数据泄密等后果。

数据存储的安全，是指数据库在系统运行之外的可读性。一旦数据库被盗，即使没有原来的系统程序，照样可以编写程序对盗取的数据库进行查看或修改。从这个角度来说，不加密的数据库是不安全的，容易造成商业泄密，所以衍生出数据防泄密这一概念，这就涉及了计算机网络通信的保密、安全及软件保护等问题。

资料来源：佚名. 数据安全［EB/OL］.［2017-04-05］. http://www.baike.com/wiki/. 有删减。

第二节 大数据金融模式

目前，我国在大数据发展和应用方面已具备一定基础，拥有市场优势和发展潜力，大数据为金融的变革提供了契机。如果传统金融机构把大数据和风控、渠道等传统优势结合起来，则可以形成新的服务和管理模式，进一步提高核心竞争力，变得更加强大。根据企业处于大数据金融服务中的环节及价值的差异，大数据金融可分为平台金融和供应链金融两大模式。

一、平台金融模式

平台金融模式，是指企业对其长期以来积累的大数据通过互联网、云计算等信息化方式进行专业化的挖掘和分析，通过研究并与传统金融服务相结合，创新性地为企业开展相关资金融通工作的模式。

采用平台金融模式的企业聚集了众多商户，企业凭借平台多年的交易数据积累，利用互联网技术，借助平台向企业或个人提供快速便捷的金融服务。平台金融模式的优势在于：它建立在庞大的数据流量系统的基础之上，对申请金融服务的企业或个人的情况十分熟悉，相当于拥有一个详尽的征信系统数据库，能在很大程度上解决风险控制的问题，降低企业的坏账率；依托于企业的交易系统，具有稳定、持续的客户源；平台金融模式有效解决了信息不对称的问题，在高效的IT系统之上，将贷款流程流水线化。信用贷款以小微企业为主体，在评定申请人的资信状况、授信因素后，系统自动核定授信额度。

平台金融模式的特点在于，企业以交易数据为基础对客户的资金状况进行分析，贷款客户多为个人以及难以从银行得到贷款支持的小微企业，贷款不需要抵押和担保，能够快速发放贷款，且多为短期贷款。这也使平台金融模式具有了寡头经济的特点。在平台金融模式下，企业必须在前期进行长时间的交易数据的积累，在交易数据的积累过程中完善交易设备和电子设备，以及进行数据分析所需的基础设施积累和人才积累。

说到大数据，首当其冲的应该是已经在数据海洋中耕耘已久并衍生出金融借贷业务的阿里系。首先，从宏观上对阿里系进行分析。阿里系的基础是“三流”，即信息流、资金流和物流。其中，信息流、资金流起到夯实基础的作用，物流则是未来阿里系壮大的必要保证和壁垒。随着移动互联网、社交网络的兴起，阿里谋求的是打通客户流量集中的场所，掌握通向商场的路径，占有入口优势。因此，阿里对新浪微博的入股以及对高德地图的收购，便不足为奇了。除此之外，阿里在做综合业态，主要目的在于保持产品种类的丰富，吸引人气，增加阿里平台的价值。从资金流层面来说，一方面是大家最为熟悉的小额信贷公司，小微贷款能在商家资金、资源运转上助一臂之力，帮助它们扩大规模，促进买家增加消费，而这种金融创新将带动商业的蓬勃发展，商业的运转旺盛也会刺激金融的发展；另一方面是引领大众理财风潮的余额宝，余额宝的诞生可以说是阿里力求将客户的资金留在阿里生态圈内部，是支付宝功能之外的拓展。从物流层面来说，马云自退休后专注于菜鸟物流，同京东的一日几送、节假日照送的强大的物流体系相比，阿里在物流上的弱势限制了阿里交易量的增长空间，直接影响了阿里在信息流、资金流上的积累。同时，菜鸟物流的建立将大幅度提高阿里的竞争壁垒，实现阿里生态圈的闭环，在未来将有望对大企业进行融资。目前，阿里集团仍在积极探索“三流合一”：以信息流、资金流、物流三流来整合一个完整的阿里生态圈，以信息流支撑资金流、物流，以物流、资金流反哺信息流。

从商户提出申请，到商户收到贷款，全流程系统化、无纸化，最快只需要3分钟。阿里金融以阿里云为整个贷款的技术基础，淘宝网、天猫、一淘等平台信息流源源不断地流入阿里云，阿里云对其进行专业化的分析和处理，通过网络数据模型，辅以交叉检验技术和在线视频检验技术，加上通过各个渠道获得的信用记录、交易状况等情况出具信用评估报告，确定授信额度，通过阿里金融发放贷款。阿里小贷贷款流程，如图9-1所示。

二、供应链金融模式

供应链金融模式，是指核心龙头企业依托自身的产业优势地位，通过其对上下游企业现金流、进销存、合同订单等信息的掌控，依托自己的资金平台或者合作金融机构对上下游企业提供金融服务的模式。

以京东为代表的供应链金融模式，是以电商或行业龙头企业为主导的模式，在海量的交易数据基础上，作为核心企业，或以信息提供方的身份或以担保方的方式，通过和银行等机构合作，对产业链条中的上下游进行融资的模式。在此模式中，京东等龙头企业起到对信息进行确认审核、担保或提供信息的作用，实质上并没有对用户提供资金的融通，这一职责仍旧由银行或别的资金供给方承担。此处之所以将这一模式

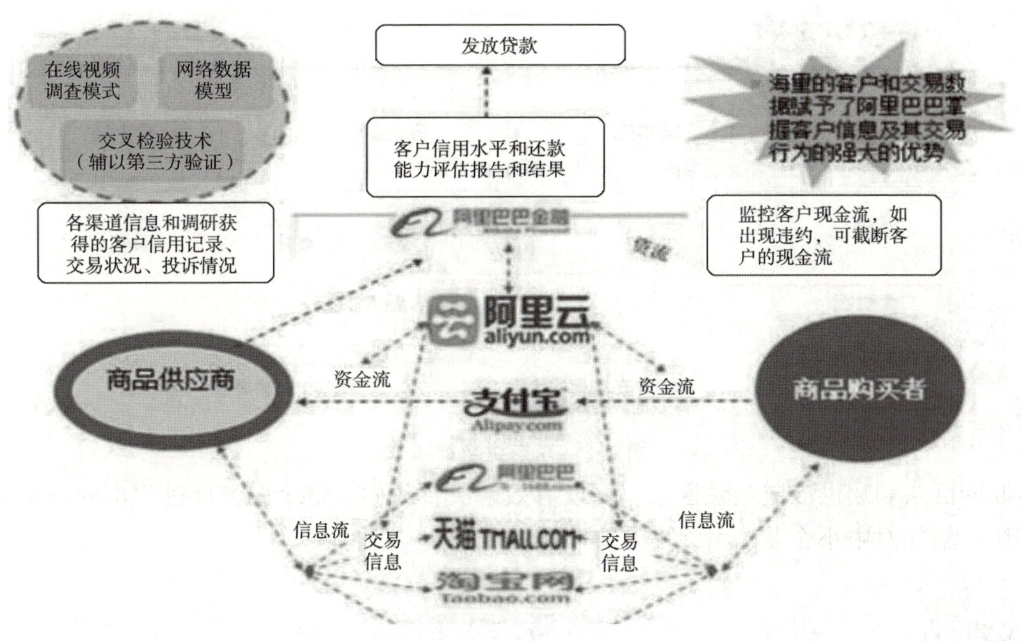

图 9-1 阿里小贷贷款流程

确定为电商或行业龙头企业为主导的模式，是因为它能够为银行提供流量、数据或信息。然而，由于银行竞争的同质性，在这一模式下银行则成为了“附庸”。

京东的供应链金融是京东对供应商、银行的双向深度绑定。从供应商的角度来看，由于金融借贷需要信用凭证，其往往和支付、物流等供应链环节紧密对接，通过供应商在支付、物流上的数据和凭证进行抵押担保。这也意味着，一旦供应商要申请金融贷款服务，就需要与京东在支付、物流上进行深度对接，因此很难脱离京东生态。从银行的角度来看，互联网手段正在驱动银行做出改变。银行希望放款更便捷，同时缩短放款时间，这也是银行积极搭建供应链金融网络的原因。只要涉及融资，就一定要用到信用评价体系，银行需要借助京东来了解上游供应商的情况。京东供应链模式，如图 9-2 所示。

供应链金融企业是供应链管理的参与者（核心企业），作为组织者对供应链金融资源进行整合，为供应链的其他参与方的资金提供渠道的一种融资方式，能够通过整合资金、资源、物流等活动提高整个供应链的资金运用效率。供应链金融的具体产品包括第三方金融机构提供给供应商和购买商的信贷产品。它最早出现在 19 世纪初，由荷兰某家银行以仓储质押融资业务的形式推出。到 20 世纪末，随着物流运输业和通信信息技术的发展，出现融资节点。由于供应链各个节点参差不齐，节点出现的资金瓶颈会引发“木桶”效应，供应链金融兴起。

供应链金融作为一种创新产品，有极大的社会价值和经济价值：一方面，满足企业的短期资金需求，促进整条产业链的协调发展；另一方面，通过引入核心企业对资金需求企业以及产业链进行风险评估，可以扩大市场服务范围。以电商企业为代表的

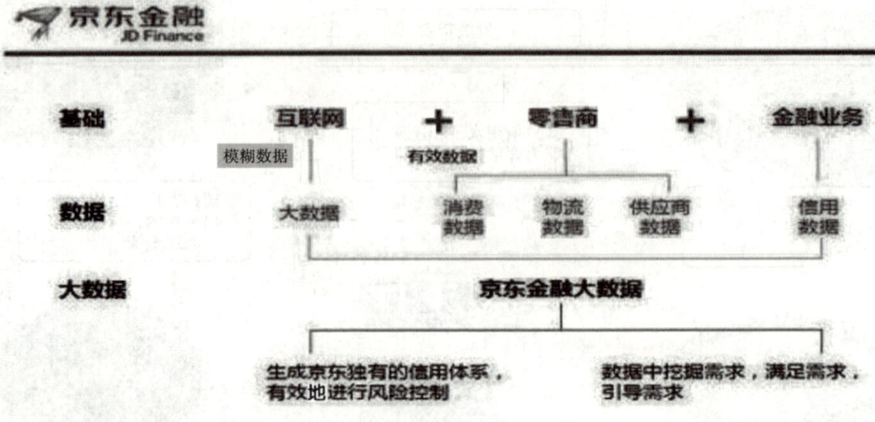

图 9-2 京东供应链模式

互联网巨头利用供应链金融模式，可以有效解决传统供应链金融发展过程中的一系列问题，增加对中小企业的关注度及实际服务效果。

第三节 大数据金融的应用

社交网络、电子商务、第三方支付、搜索引擎等互联网技术形成的大量数据可以产生价值，云计算、神经网络、遗传算法、行为分析理论等更使数据挖掘和分析成为可能，数据将是金融的重要战略资产。一时间，大数据似乎已经成为互联网金融行业的发展重点方向。

尽管大数据在金融企业的应用刚刚起步，目前影响还比较小，但是从发展趋势来看，应充分认识大数据带来的深远影响。在制定发展战略时，董事会和管理层不仅要考虑规模、资本、网点、人员、客户等传统要素，还要更加重视对大数据的占有和使用能力，以及互联网、移动通信、电子渠道等方面的研发能力；要在发展战略中引入和践行大数据的理念和方法，推动决策从“经验依赖型”向“数据依靠型”转化；要保证对大数据的资源投入，把渠道整合、信息网络化、数据挖掘等作为向客户提供金融服务和创新产品的重要基础。

一、客户管理

金融行业在发展大数据能力方面具有天然优势：受行业特性影响，金融机构在开展业务的过程中积累了海量的高价值数据。通过大数据技术，金融机构可以在客户管理中做到：

微课 9
大数据金融的应用——客户管理

（一）客户细分和差异化服务

银行可以把客户分为个人客户和企业客户。个人客户数据包括人口统计学特征、消费能力、兴趣、风险偏好等；企业客户数据包括企业的生产、流通、运营、财务、销售和客户数据及相关产业链上下游等数据。

保险公司在细分客户时，除了要考虑风险偏好的数据外，还要结合客户的职业、爱好、习惯、家庭结构、消费偏好等数据，利用计算机对客户进行分类，针对分类后的客户提供不同的产品和服务策略。

证券公司通过分析客户的账户状态、账户价值、交易习惯、投资偏好以及投资收益进行客户聚类和细分，从而发现客户交易模式的类型，找出最有价值和盈利潜力的客户群，以及他们最需要的服务，以便更好地配置资源和政策，改进服务，抓住最有价值的客户。

（二）潜在客户挖掘及流失用户预测

金融机构通过大数据整合客户线上和线下的相关行为，以及通过数据挖掘手段对潜在客户进行分类，细化销售重点。通过大数据进行挖掘，综合考虑客户的相关信息，筛选出影响客户的关键因素，并通过这些因素建立模型，对客户的流失率进行估计，找出高风险流失客户，及时预警，制定挽留策略，提高用户的关注度。

小思考 9-1

请根据你的体验和理解，思考一下如何使用数据进行客户开发，哪些数据可以进行客户流失预测？

二、精准营销

在网络营销领域，通过数据分析来判断客户行为并匹配营销手段并不是一件新鲜事。金融机构可以通过收集互联网用户的各类数据，如地域分布等属性数据，搜索关键词等即时数据，购物行为、浏览行为等行为数据，以及兴趣爱好、人脉关系等社交数据，将客户行为转化为信息流，并从中分析客户的个性特征和风险偏好，更深层次地理解客户的习惯，智能化分析和预测客户需求，从而进行产品创新和服务优化，在广告推送中采用地域定向、需求定向、偏好定向、关系定向等方式，实现精准营销。

银行根据客户的实时状态进行营销。比如，银行可根据客户当时的所在地、客户最近一次消费等信息有针对性地进行营销。又如，某客户采用信用卡采购孕妇用品，银行可以通过建模推测怀孕的概率并推荐客户喜欢的业务。银行也可以将改变生活状态的事件（如换工作、改变婚姻状况、置居等）视为营销机会。例如，海外银行开始围绕客户的“人生大事”进行交叉营销。这些银行对客户的交易数据进行分析，由此推算出客户经历“人生大事”的大致节点。人生中的这些重要时刻往往能够激发客户对高价值金融产品的购买意愿。保险公司可以根据客户的风险偏好进行个性化推荐，如根据客户的年龄、资产规模、理财偏好等，对客户进行精准定位，分析出其潜在的金融服务需求，进而有针对性地进行营销推广；证券公司通过大数据可以对客户进行生命周期管理，包括新客户获取、客户防流失和客户赢回等。

三、运营优化

基于金融机构内、外部运营管理和交互数据分析，可以借助大数据平台快速分析和预测市场风险、操作风险等，全方位统计和预测企业的经营和管理绩效。

（一）优化推广渠道

金融机构可以监控不同市场的推广渠道，尤其是网络渠道推广的质量，从而进行合作渠道的调整和优化。同时，金融机构可以分析哪些渠道更适合推广银行产品或者服务，从而进行渠道推广策略的优化。

（二）提升客户黏度

通过爬虫技术，抓取社区、论坛和微博上关于银行以及银行产品和服务的相关信息，并通过自然语言处理技术进行正负面判断，尤其是及时掌握银行以及银行产品和服务的负面信息，发现和处理问题。对于正面信息，可以加以总结并继续强化；对于负面信息，及时了解同行做得好的方面，以作为自身业务优化的借鉴。

（三）营销人员甄选

根据销售人员的业绩数据、性别、年龄，以及进入公司前的工作年限、其他金融机构的从业经验或从业人员的思维定向测试等，找出销售业绩最好的销售人员的特征，优选高潜力的销售人员。

四、风险管控

大数据不仅在人们的日常生活中应用十分广泛，在互联网金融发展过程中也起到了非常关键的作用，在互联网金融发展的现阶段更要建立完善的征信体系。大数据对于金融和征信起到的作用是极其大的。与此同时，我们要理性地看待：一方面，大数据有助于改善过去模糊化的信用生态环境，我国社会是缺乏数字管理的社会，即缺乏数据、缺乏数字、缺乏精准定位，这是需要改变的；另一方面，在软环境存在约束的情况下，也不能对大数据信息过于迷信。大数据风控的一个最大的优势就是丰富了信用风险评估的数据维度，征信数据规模越来越大，数据维度越来越广，模型不断迭代优化，大数据等新兴技术正在成为风险管理控制突破传统瓶颈的重要手段。

（一）大数据征信

大数据征信能够降低信息不对称，更全面地了解授信对象，并增加反欺诈能力，同时更精准地进行风险评估。与传统征信相比，大数据征信的优势有：

1.大数据征信能使信用评价更精准

大数据征信模型将海量数据纳入征信体系，并以多个信用模型进行多角度分析。以美国互联网金融公司ZestFinance为例，它的模型会处理3 500个数据项，提取近70 000个变量，利用身份验证模型、欺诈模型、还款能力模型等10余个模型进行分析，使评价结果更加全面、准确，使模型评估性能大大提高。

2.大数据征信能纳入更为多样性的行为数据

大数据时代，每个相关机构都在最大程度上设法获取行为主体的数据信息，使数据在最大程度上覆盖广泛，实时鲜活。过去，征信机构对于企业和个人信息的收集相对比较困难，数据的收集数量也比较有限。随着互联网和大数据的普及，依托于大数据和云计算技术的优势，可挖掘大量数据碎片之间的关联性，推动数据统计模型不断完善，更加科学地反映用户的信用状况。

3. 大数据征信带来了更有时效性的评判标准

传统风控的一个缺点是缺乏实效性数据的输入，其风控模型反映的往往是滞后数据的结果，利用滞后数据的评估结果来管理信用风险，本身产生的结构性风险就较大。大数据的数据采集和计算能力可以帮助企业建立实时的风险管理视图，借助于全面多维度的数据、自我学习能力的风控模型、实时计算结果，企业可以提升量化风险的评估能力。

（二）欺诈交易识别

基于企业内、外部交易和历史数据，实时或准实时预测和分析欺诈等非法行为，如医疗保险欺诈与滥用分析、车险欺诈分析等。

1. 医疗保险欺诈与滥用分析

医疗保险欺诈与滥用通常可分为两种：一种是非法骗取保险金，即保险欺诈；另一种是在保额限度内重复就医、浮报理赔金额等，即医疗保险滥用。保险公司能够利用过去的数据寻找影响保险欺诈的最为显著的因素及这些因素的取值区间，建立预测模型，并通过自动化计分功能，快速将理赔案件依照欺诈滥用的可能性进行分类处理。

2. 车险欺诈分析

保险公司能够利用过去的欺诈事件建立预测模型，将理赔申请分级处理，可以在很大程度上解决车险欺诈问题，包括车险理赔申请欺诈侦测、业务员与修车厂勾结欺诈侦测等。

（三）中小企业贷款风险评估

银行可以通过企业的生产、流通、销售、财务等相关信息结合大数据挖掘方法进行贷款风险分析，量化企业的信用额度，更有效地开展中小企业贷款业务。此外，银行还可以利用持卡人基本信息、银行卡基本信息、交易历史记录、客户历史行为模式、客户正在发生的行为模式（如转账）等，结合智能规则引擎（如从一个不经常出现的国家为一个特有用户转账或从一个不熟悉的位置进行在线交易）进行实时的风险评估，衡量是否进行交易反欺诈行为。

案例 9-1 **淘宝网掘金大数据金融市场**

随着国内网购市场的迅速发展，淘宝网等众多网购平台的市场争夺战也进入白热化状态，网络购物平台也开始推出越来越多的特色产品和服务。

1. 余额宝

以余额宝为代表的互联网金融产品在2013年刮起一股旋风，相比普通的货币基金，余额宝鲜明的特色当属大数据。以基金的申购、赎回预测为例，基于淘宝和支付宝的数据平台，可以及时把握申购、赎回的变动信息。另外，利用历史数据的积累可以把握客户的行为规律。

2.淘宝信用贷款

淘宝网在聚划算平台推出了一个奇怪的团购"商品"——淘宝信用贷款。开团不到10分钟，500位淘宝卖家就让这一团购"爆团"。他们有望分享总额约3 000万元的淘宝信用贷款，并能享受贷款利息7.5折的优惠。据悉，目前已经有近2万名淘宝卖家申请过淘宝信用贷款，贷款总额超过14亿元。

淘宝信用贷款是阿里金融旗下专门针对淘宝卖家进行金融支持的贷款产品。淘宝平台通过卖家在淘宝网上的网络行为数据进行一个综合的授信评分，卖家纯凭信用拿贷款，不需要抵押物，不需要担保人。由于淘宝信用贷款非常吻合中小卖家的资金需求，且重视信用、无担保、无抵押的门槛，更加上其申请流程非常便捷，仅需要线上申请，几分钟内就能获贷，被不少卖家称为"史上最轻松的贷款"，也成为淘宝网上众多卖家进行资金周转的重要手段。

3.阿里小贷

淘宝网的"阿里小贷"更是得益于大数据，它依托阿里巴巴（B2B）、淘宝、支付宝等平台数据，不仅可有效识别和分散风险，提供更有针对性、多样化的服务，而且批量化、流水化的作业使得交易成本大幅度下降。

每天海量的交易和数据在阿里的平台上跑着，阿里通过对商户最近100天的数据分析，就能知道哪些商户可能存在资金问题，此时的阿里贷款平台就有可能出马，同潜在的贷款对象进行沟通。

通常来说，数据比文字更真实、更能反映一个公司的正常运营情况。通过海量的分析得出企业的经营情况，这就是大数据的应用。在本案例中，正像淘宝信用贷款所体现的那样，这种新型微贷技术不依赖抵押、担保，而是看重企业的信用，同时通过数据的运算来审核企业的信用。这不仅降低了申请贷款的门槛，也极大地简化了申请贷款的流程，使其有了完全在互联网上作业的可能性。

大数据的价值已经得到互联网公司以及金融机构的认可。学者认为，"谁掌握的'拼图'图块多，谁就能快速拼出客户的图谱，成为真正的王者"。然而，从目前来看，谁都不愿意轻易地交出自己手上的"拼图"。于是，互联网公司、银行、支付机构等各个海量数据的拥有者展开了激烈的金融数据争夺战。

资料来源：佚名. 金融行业5个大数据应用案例及案例解析［EB/OL］.［2017-04-03］. http：//www.36dsj.com/archives/14424.有删减。

本章小结

1.大数据金融是指集合海量非结构化数据进行实时分析，可以为互联网金融机构提供客户全方位信息，通过分析和挖掘客户的交易和消费信息掌握客户的消费习惯，并准确预测客户行为，使金融机构和金融服务平台在营销和风险控制方面有的放矢。

2.大数据金融企业之间的竞争将存在于对数据的采集范围、数据真伪性的鉴别以及数据分析和个性化服务等方面。

3.对大数据来说，其应用和价值的挖掘不能以牺牲个人数据财产权为代价，而应经由严格的执法和行业的自律，确保大数据在权利保障有效的框架下发挥更大的作用，这样大数据才会拥有健康的未来。

4.根据企业处于大数据金融服务中的环节及价值的差异，可将大数据金融分为平台金融和供应链金融两大模式。

5.社交网络、电子商务、第三方支付、搜索引擎等互联网技术形成的大量数据产生价值，云计算、神经网络、遗传算法、行为分析理论等更使数据挖掘和分析成为可能，数据将是金融的重要战略资产。

关键概念

大数据金融　信息不对称　风险控制　数据挖掘　平台金融模式　供应链金融模式

知识掌握

一、单项选择题

1.大数据金融企业之间的竞争不包含（　　）。

A.数据的采集范围　　B.数据真伪性的鉴别以及数据分析

C.个性化服务　　D.网络速度

2.下列各项中，不属于大数据金融的优势的是（　　）。

A.推动金融机构的战略转型

B.增加了金融机构的管理和运行成本

C.有助于降低信息不对称程度

D.增强风险控制能力

3.大数据挖掘在提升互联网金融平台风控能力中最关键的步骤是（　　）。

A.数据积累　　B.数据查询　　C.数据分析　　D.数据存储

4.大数据金融存在的问题不包含（　　）。

A.隐私和安全问题　　B.大数据的基础设施和安全管理

C.大数据的技术选择　　D.大数据的分析

5.通过大数据技术，金融机构可以在客户管理中做到（　　）。

A. 客户细分　　　　　　　　　　　　B. 客户归类

C. 同质化服务　　　　　　　　　　　D. 流失用户预测

二、判断题

1. 大数据的关键是从大量数据中快速获取有用信息的能力，或者是从大数据资产中快速变现利用的能力。（　　）

2. 根据企业在大数据金融服务中所处的环节及价值的差异，可将大数据金融分为综合金融和供应链金融两大模式。（　　）

3. 在网络营销领域，通过数据分析来判断客户行为并匹配营销手段是不能实现的。（　　）

4. 大数据征信不仅能够降低信息不对称，更全面地了解授信对象，而且能够增加反欺诈能力，同时更精准地进行风险定价。（　　）

5. 银行可通过企业的生产、流通、销售、财务等相关信息结合大数据挖掘技术进行贷款风险分析，量化企业的信用额度，更有效地开展中小企业贷款。（　　）

三、简答题

1. 什么是大数据金融？

2. 简述促进大数据金融发展的有效措施。

3. 大数据金融的应用有哪些？

知识应用

一、案例分析

IBM用大数据预测股价走势

不久前，IBM使用大数据信息技术成功开发了“经济指标预测系统”。借助该预测系统，可通过统计分析新闻中出现的单词等信息来预测股价走势。IBM的“经济指标预测系统”首先从互联网上的新闻中搜索“新订单”等与经济指标有关的单词，然后结合其他相关经济数据的历史数据，分析其与股价的关系，从而得出预测结果。

在“经济指标预测系统”的开发过程中，IBM还进行了一系列的验证工作。IBM以美国“ISM制造业采购经理人指数”为对象进行了验证试验，该指数以制造业中的约20个行业、300家公司的采购负责人为对象，并在调查新订单和雇员等情况之后计算得出。实验前，首先假设“受访者受到了新闻报道的影响”，然后分别计算出约30万条财经类新闻中出现的“新订单”、“生产”和“雇员”等5个关键词的数量。追踪这些关键词在这段时期内的搜索数据变化情况，并将数据和道琼斯指数的走势进行对比，从而预测该指数的未来动态。

IBM研究显示，一般而言，当“股票”“营收”等金融词汇的搜索量下降时，道琼斯指数随后将上涨，而当这些金融词汇的搜索量上升时，道琼斯指数在随后的几周内将下跌。据悉，IBM的试验仅用了6小时，就计算出了分析师需要花费数日才能得出的预测值，而且预测精度几乎一样。

从本案例可以看出，大数据不再仅仅局限在媒体与厂商之间的讨论，它犹如一场数据旋风开始席卷全球，从各行各业的IT主管到政府部门都开始重视大数据及其价值。目前，不少信息系统企业都在使用大数据信息技术开发预测系统。例如，2011年，英国对冲基金Derwent Capital Markets建立了规模为4 000万美金的对冲基金，该基金是首家基于社交网络的对冲基金，该基金通过Twitter的数据内容来感知市场情绪，从而进行投资。无独有偶，美国加州大学河滨分校也公布了一项通过对Twitter消息进行分析从而预测股票涨跌的研究报告。

学者认为，企业数据就是新时代还未开采的石油，具有非常高的价值。国外一些金融机构已经开始做一些前瞻性的研究了，这种做法是非常值得国内金融机构学习和借鉴的。例如，国内大部分证券公司仍然没有摆脱以交易性数据为主的特点，但很多有前瞻意识的证券公司已经开始做一些转型了，对微博、互联网等外部数据进行了一些分析与预测。

资料来源：佚名．金融行业5个大数据应用案例及案例解析［EB/OL］．［2017-04-03］．http：//www.36dsj.com/archives/14424.有删减。

分析探讨：大数据对股票市场价格预测的准确度如何？

要求：

1.将本班学生组成金融活动小组，以金融活动小组为单位，对题目认真分析并做准备，列出发言提纲。

2.教师巡视课堂进行指导，然后各金融活动小组选派一位代表将分析结果向全班陈述。

3.全班同学以自由发言的形式对各小组的发言进行讨论，并由教师点评。

二、专项实训

［实训题目］

登录互联网金融机构的官方网站，画出该机构的用户画像，以便于更好地通过大数据分析挖掘客户。

［实训要求］

1.确定用户的画像维度。

2.选择用户的画像数据。

第十章
互联网金融风险与监管

学习目标

知识目标：了解互联网金融行业的风险所在；掌握互联网金融的相关风险种类和特征。

能力目标：能够区别认识互联网金融与传统金融面临的风险；掌握国家对互联网金融的监管动态。

案例导入

“e租宝”非法集资案真相调查

500亿元，90万人，前者是“e租宝”非法吸收的资金额，后者是遍布全国31个省、自治区、直辖市的受害投资人数量。下面，让我们一起来了解一下“e租宝”。

95%的项目都是假的！在正常情况下，融资租赁公司赚取项目利差，而平台赚取中介费。然而，“e租宝”从一开始就是一场“空手套白狼”的骗局，其所谓的融资租赁项目根本名不副实。他们虚构融资项目，把钱转给承租人，并给承租人好处费，再把资金转入他们的关联公司，以达到事实挪用的目的。

“e租宝”是“钰诚系”下属的金易融（北京）网络科技有限公司运营的网络平台。2014年2月，钰诚集团收购了这家公司，在一年半的时间里，他们利用广告炒作、广撒推销网等方式铺开业务，吸引了90多万的实际投资人。“e租宝”的宣传口号之一，就是“1元起投，随时赎回，高收益，低风险”。许多投资人表示，他们就是听信了“e租宝”保本保息、灵活支取的承诺才上当受骗的。

用承诺回报引诱投资者，本身就是最高人民法院关于非法集资犯罪的明确司法解释。而承诺保本保息，已经违反了中国银行保险监督管理委员会风险提示的理财产品销售要求。“e租宝”对外宣称，其经营模式是由集团下属的融资租赁公司与项目公司签订协议，然后在“e租宝”平台上以债权转让的形式发标融资；融到资金后，项目公司向租赁公司支付租金，租赁公司则向投资人支付收益和本金。

2015年年底，“钰诚系”可支配流动资金持续紧张，资金链随时面临断裂危险。同时，钰诚集团已开始转移资金、销毁证据，数名高管有潜逃迹象。2015年12月8日，公安部指挥各地公安机关统一行动，对丁宁等“钰诚系”主要高管实施了抓捕。但此时，钰诚集团的资产还能还清债务吗？答案是否定的，钰诚集团旗下仅有钰诚租赁、钰诚五金和钰诚新材料三家公司能产生实际的经营利润，但这三家企业的总收入不足8亿元，利润尚不足1亿元。因此，“钰诚系”的正常收入根本不足以覆盖其庞大的债务，投资人的损失已不可避免。

资料来源：佚名．“e租宝”非法集资案真相调查［EB/OL］．［2016-02-01］．http：//news.xinhuanet.com/info/2016-02/01/c_135062174.html.有删减。

第一节　互联网金融风险

微课10

互联网金融风险与监管

近年来，互联网金融异军突起，但由于从业人员良莠不齐、投资者和金融消费者缺乏相应的金融知识、监管乏力等，致使许多并非真正的互联网金融服务平台，以“金融创新”的外衣为掩护，进行金融诈骗或者非法集资等非法活动，严重地影响着互联网金融行业整体生态。然而，随着互联网金融监管的全面铺开，全行业风声鹤唳，在野蛮生长、问题爆发之后，互联网金融监管必然走向严格监管。

一、互联网金融风险的概念

互联网金融风险，是指与互联网金融有关的风险，如市场风险、金融产品风险、金融机构风险等。

互联网金融机构发生的风险所带来的后果，往往超过对其自身的影响。例如，一家互联网金融机构因经营不善而出现危机，有可能对整个互联网金融体系的稳健运行构成威胁；而一旦发生系统风险，互联网金融体系运转失灵，必然会导致整个互联网经济秩序的混乱。

二、互联网金融风险的分类

（一）互联网金融市场风险

互联网金融市场风险，是指互联网理财或其他产品在经济环境的影响下无法实现其承诺的投资收益率的风险。近年来，由于全球经济增长低迷，我国经济潜在增速下降，国内制造业存在普遍产能过剩、服务业开放不足、中小企业淘汰死亡率逐年增高，以及金融机构坏账率逐年上升等现象，互联网金融产品的市场风险已成为互联网机构防范风险的重点。

（二）互联网金融信用风险

由于网上“刷信用”“刷评价”的行为仍然存在，网络数据的真实性、可靠性会受到影响；部分互联网平台缺乏长期的数据积累，风险计量模型的科学性也有待验证；在互联网金融领域，信息不对称依旧没有显著改善，如此诸多因素造成了互联网信用风险的长期存在。随着互联网金融平台的增加，近年来发生的部分平台卷款跑路的事件（如图10-1所示）就属于互联网金融信用风险的范围。

图10-1　部分信用不良的P2P网络借贷平台跑路

（三）法律定位不明引起的越线风险

互联网金融机构法律定位不明，有可能越界触碰法律的两个“底线”：一个是不能非法吸收公众存款；另一个是不能非法集资。谬误与真理只有一步之遥。P2P网络借贷平台的产品设计和运作模式略有改变，就可能“越界”进入法律上的灰色地带，甚至触碰“底线”。我们支持互联网金融的创新发展，但是不允许碰触这两个“底线”。

（四）互联网金融流动性风险

在互联网金融领域，各金融机构和平台一直都在试图提高支付账户的活跃度，第三方支付平台投身到互联网金融领域，存在资金期限错配的风险因素，一旦货币市场出现较大的波动，可能会出现大规模的挤兑现象，进而引发流动性风险。

（五）互联网金融信息泄露风险

互联网金融是在大数据基础上进行数据的挖掘和分析，在这个过程中，个人的交易数据等敏感信息很容易被广泛收集，这对客户账户的安全和个人信息的保护提出了巨大的挑战。目前，出现了不少客户信息数据丢失的案例，交易平台并没有在传输、存储、使用、销毁等方面建立个人隐私保护的完整机制，这加大了信息泄露的风险。

（六）互联网金融技术风险

计算机病毒可以通过互联网快速扩散，而计算机操作系统本身就存在漏洞，这就给利用互联网窃取别人隐私的黑客提供了温床。当人们通过互联网进行投资或融资业务时，也就将个人信息及资产暴露于互联网风险之下。

（七）互联网金融“长尾”风险

所谓“长尾”，是指只要存储和流通的渠道足够大，需求不旺或销量不佳的产品共同占据的市场份额就可以和那些数量不多的热卖产品所占据的市场份额相匹敌，甚至更大。互联网金融的产生拓展了交易可能性的边界，使得大量没有被传统金融覆盖的人群接受了互联网金融的服务，因此也产生了与传统金融不同的风险特征。消费者因对金融知识、风险识别的欠缺而遭受的不公正待遇，互联网金融风险产生后对社会的负面影响，以及互联网金融的市场纪律失效等，都是潜在的“长尾”风险。

小思考 10-1

互联网金融风险并不是独立存在的，在一定条件下也在进行着相互转化（如图10-2所示），请在分析该图的基础上用语言或文字进行互联网金融风险相互关系的表述。

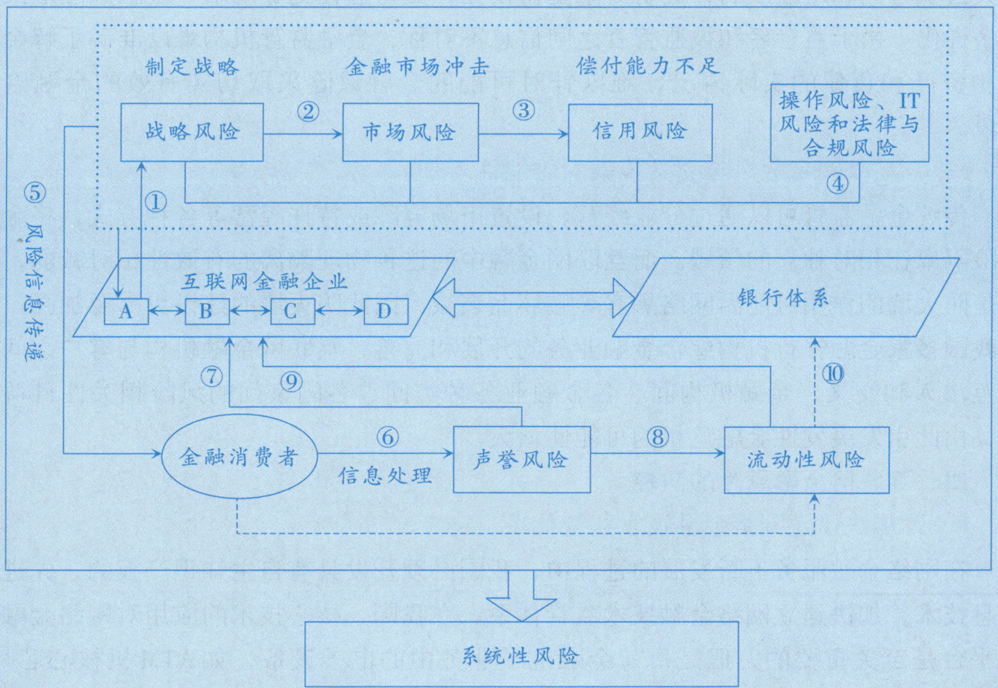

图 10-2　互联网金融风险的传递与转化

三、互联网金融风险的特征

既然我国互联网金融企业在起步阶段就面临如此之多的风险，那么是否就应该以此为由放慢甚至扼杀这一宝贵的金融创新呢？答案自然是否定的。有关各方应该在充分考虑潜在风险的基础上，研究互联网金融风险的相关特征，从而采取针对性措施有效推动互联网金融的稳步、可持续发展。

（一）互联网金融风险扩散速度较快

无论是第三方支付还是移动支付，包括P2P、大数据金融、众筹、信息化金融等在内的互联网金融，都具备高科技网络技术的快速远程处理功能，它们为便捷、快速的金融服务提供了强大的IT技术支持，同样，互联网金融的高科技也可能会加快支付、清算及金融风险的扩散速度。在传统的纸质支付交易结算中，对于偶然性差错或失误还有一定的时间进行纠正，而在互联网金融的网络环境下这种回旋余地就大为减小，因为在互联网或者移动互联网上流动的并不仅仅是现实货币资金，而是更多的数字化信息，当金融风险在短时间内突然爆发时，再对其进行预防和化解就比较困难了，这也加大了金融风险的扩散面积以及补救的成本。

（二）互联网金融风险监管难度较高

在互联网金融技术环境下存在所谓“道高一尺，魔高一丈”的说法，这对于互联网金融的风险防控和金融监管提出了更高的要求。互联网金融中的网络银行、手机银行等的交易和支付过程，均在互联网或者移动互联网上完成，交易的虚拟化使金融业务失去了时间和地理限制，交易对象变得模糊，交易过程更加隐蔽，金融风险形式更加多样化。由于监管者和被监管者之间信息不对称，金融监管机构难以准确了解金融机构资产和负债的实际情况，难以针对可能的金融风险采取切实有效的金融监管手段。

（三）互联网金融风险交叉传染的可能性增加

传统金融监管可以通过分业经营、设置市场屏障或特许经营等各种方式，将金融风险隔离在相对独立的领域。而互联网金融中的这种物理隔离的有效性相对减弱，尤其是防火墙的作用可能因网络黑客等破坏而衰减，因此防火墙的建设更需要加强。随着我国多家金融银行机构综合金融业务的开展和完善，互联网金融机构与客户之间的相互渗入和交叉，金融机构间、各金融业务种类间、各国家间的风险相关性日益增强，由此引发突发性金融危机的可能性增大。

四、互联网金融风险的防控

（一）加快建立网络金融技术监管体系

在网络金融服务不断发展的过程中，我国必须开发具有自主知识产权的、先进的信息技术，加快建立网络金融技术监管体系。在我国，核心技术的应用对网络金融软件平台是至关重要的，但是目前金融电子业务中的电子设备，如ATM机核心芯片、网络安全架构设计等基本都是从国外引进的，一旦对其依赖性越来越强，则我国的金融安全将变得很脆弱，甚至不堪一击。

比如，我国目前加密技术中的关键技术和数字签名技术都落后于网络金融的发展要求，这很可能造成较多的安全隐患。因此，我国应大力开发网络加密技术，预防和减少安全风险和技术风险，提高网络的安全性能，这才是加快建立网络金融技术监管体系的根本目的。

（二）完善网络金融业务活动监管体系

在网络金融服务不断发展的过程中，完善的安全审计系统和信息处理系统是非常重要的。与传统的金融业务相比，网络金融最大的特点是非产业风险和外生性风险。由于审计系统安全性的不足，金融企业想要找出所有潜在的安全漏洞，难度系数非常大，特别是要找出操作系统本身的系统配置更新而引起的漏洞将会变得更加困难。

因此，只有规范防范风险的规则和条例，加强金融体系的相关组织建设，提高金融信息系统安全建设工作的组织管理，建立专门的机构进行管理和组织相应的专业技术知识培训，才能有效地预防计算机犯罪。另外，需要全面清理现有的计算机安全系统，确保审计管理信息系统安全防范体系的建立，并健全操作规程和改善业务，加强关键岗位管理，健全内部控制机制，对互联网金融风险进行严格的全过程监控（如图10-3所示）。

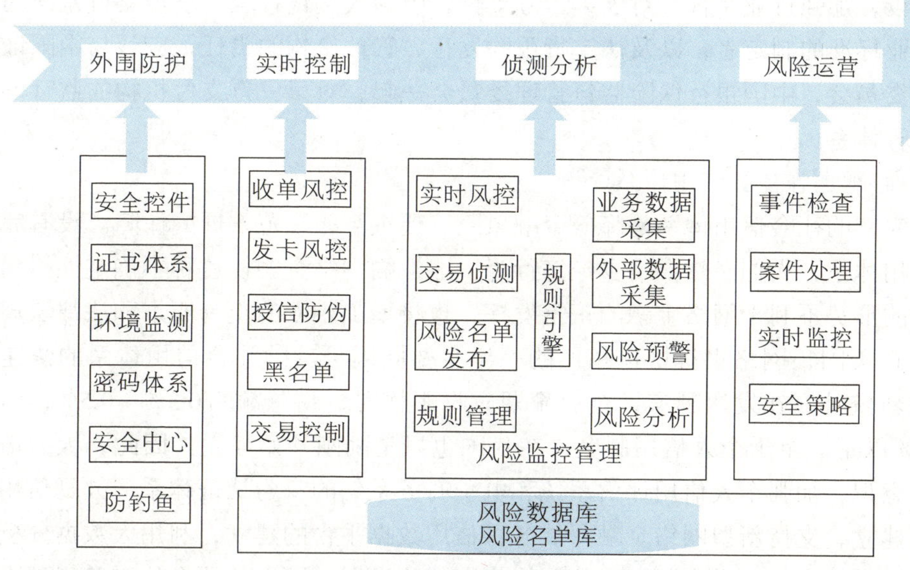

图 10-3 全过程监控互联网金融风险

（三）加强建设网络金融基础设施体系

在网络金融服务不断发展的过程中，需要加强建设金融网络化基础设施体系。在发达国家，网络金融系统是根据信息系统的基本原理，形成总体规划的指导，按照一定的标准和规范完成系统的开发。互联网金融的资金流动是通过网络完成支付的，其交易行为很难得到有效监管，从而为洗钱等违法行为提供了平台。再加上第三方支付机构对用户和交易的审查不够严格，资金交易双方只需在平台上注册账户，通过虚假商品或者虚假资金借贷进行交易，便可将非法资金“合法”转移。因此，我国应当借鉴发达国家的经验：按照统一标准的原理和方法，建立财务统一技术标准，进而统一规划电子货币的金融体系，提升各大商业银行和中小银行的网络技术，确保网络金融基础设施的完善和安全。

此外，要加强建设金融网络化基础设施体系，金融监管部门必须制定网络金融发展的总体规划和统一的指标要求，提高系统内网络金融的基础设施，有利于降低交易风险，并监测其他风险。只有科学地进行网络金融风险监管，才能有效地促进网络金融的健康发展。

（四）重视建立网络金融监管保障体系

在网络金融服务不断发展的过程中，中国人民银行、中国银行保险监督管理委员会和中国证券监督管理委员会要重视金融网络化监管保障体系的建立，中国银行业由于一直处于非混业经营状态，分业监管体制难以适应互联网金融混业经营趋势。网络金融的开放性和虚拟性使得各类金融机构混业经营有加强的趋势，金融机构和非金融机构之间的界限趋于模糊，各行各业对金融业的渗透日渐突出，原来的分业监管模式面临越来越多的问题。

对于网络金融服务，“一行两会”可在坚持分类监管的总体原则下，不断完善制度法规建设，加强行业监管。对于第三方支付，中国人民银行理应承担支付系统的建设者、行业标准的制定者，以及法定货币的发行、管理机构的责任，应该与中国证券监督管理委员会、中国银行保险监督管理委员会一起，对第三方支付机构的监管形成有效的监管体系。

（五）必须加强社会信用体系建设

一个完善的社会信用体系是降低金融风险、促进金融规范发展的保障。没有完善的社会信用体系，人们必然会减少经济行为，虚拟的网络金融使这种不确定性得到加强，这样的形势不利于网络金融的正常发挥，也将增加相应的交易成本和法律法规制定成本。在美国，网络银行快速拓展的一个主要原因是美国社会信用体系的快速发展。据最新统计，在发达国家，企业逾期应收账款占贸易总额的0.3%～0.5%，而我国却在6%以上。至于个人信用制度，在我国也只是刚刚开始建立。因此，大力培育社会信用意识，加强个人信用评估系统和电子商务系统的身份认证体系，鼓励信用中介机构的建立，支持新型网络金融开展各种信用数据平台的建立，利用大数据分析体系，推动信用报告网络查询服务、信用等级评估的发展，可以使社会的道德基础更加良好，进而有利于降低信用风险。

（六）提高网络金融的准入门槛和加强资金监管

可以借鉴温州市金融综合改革模式，建立网络借贷登记管理平台，要求民间借贷双方均实名登记、认证，保障交易的真实性。同时，对P2P网络借贷、第三方支付等网络金融公司的资金必须通过专门的资金托管方托管，并由监管当局实时动态监管，对资金发放、资金使用等情况逐笔对应并形成有效台账，使之能做到跟踪管理，有账可循。

（七）建立有效的网络金融法律管理体系

在网络金融服务不断发展的过程中，必须加强法制建设，建立有效的金融网络化法律管理体系。目前，我国已初步建立了对网上交易、计算机使用安全的立法，但远不能适应网络金融发展时代的要求。比如，网络交易的数字化签名没有相关法律认可，银行支付的标准并不相同，安全协议的使用也各不相同，因此应该制定不同的法律来管束这些行为。我们应该学习其他国家的成功经验，在网络金融发展的早期阶段及时制定和颁布有关法律，如电子交易法律、电子商务安全法律等，并加快网络金融服务业立法的步伐，加强网络金融的监管和风控体系。在发展过程中，要明确网络金融中个人信息、电子签章、电子证书等电子凭证和信息的有效性，加快制定网络金融技术规章和国家标准。

第二节 互联网金融监管

随着我国金融改革的不断深化，互联网金融逐渐走进大众的视野。从2013年开始，互联网金融在我国迅猛发展，大众也逐渐接受了其独特的模式。互联网金融的崛起，为投资者在投资方面提供了多种选择，大众不再仅仅选择银行存款，而是将投资分散于一些互联网金融产品上。然而，在高速发展的同时，互联网金融也随之爆发出许多问题。在我国，互联网金融的主要形式有第三方支付、P2P网络借贷和众筹三种。这三种形式的互联网金融争相发展，然而，在发展的同时它们都或多或少地存在一些问题。例如，关于第三方支付平台出现的虚假、诈骗信息，P2P网络借贷平台出现的跑路现象，以及众筹平台在我国发展受到限制等，这些问题可能是技术层面上的，但大多数还是因为我国在互联网金融上缺乏监管机制，没有合适的金融法律与其匹配，所以明确立法、完善监管机制是当前急需解决的问题。

一、互联网金融监管的概念

互联网金融监管是在金融自由化、网络化的背景下，金融主管机构或金融监管执行机构为保护存款人和投资人的利益，维护金融体系的安全稳定，推动经济的发展，根据金融法规对以互联网为技术手段的金融活动实施的监督管理（如图10-4所示）。

图10-4 监管是防范互联网金融风险的重要措施

二、互联网金融监管的目的

互联网金融的出现改变了金融机构及众多金融平台的服务手段，使其效率得到了很大的提高。但是，互联网有其脆弱性，风险波及范围广，破坏性强。由于我国正处于互联网蓬勃发展初期，对互联网金融的约束性不强，因此对互联网金融进行监管极其重要。

互联网金融监管的目的在于：

（一）维护金融机构和第三方金融平台的公平、有效的竞争

每个国家的金融监管当局都应该为互联网金融发展提供一个适度的竞争环境，这种良好、适度的环境既可以保持金融机构和第三方金融平台的经营活力，又不至于导致它们经营失败、倒闭，引起经济震动。

（二）保护存款人和投资者的利益

加强互联网金融监管，可以使存款人和投资者均感受到使用的便利与安全。面临日益猖獗的网络黑客攻击、网络诈骗等网络安全问题，互联网金融在信息技术层面上的监管应加大力度，从而保护存款人和投资者的利益。

（三）确保金融秩序的安全

互联网金融的兴起，使本来就拥有庞大体系的金融业锦上添花。金融机构相互之间都存在紧密的联系，因此一家金融机构的系统出了问题，很可能会引发连锁反应，导致一连串金融机构的经营出现危机，从而引发金融风险。对于互联网金融的监管，其重要目标就是要维系国内金融体系的安全和稳定，保证金融秩序的安全。

（四）保证中央银行货币政策的有效实施

中央银行是货币政策的实施主体，作为当今各国宏观调控的主要手段，货币政策的地位可见一斑。随着互联网金融的发展，其支付工具的创新给基础货币的统计和定义带来了新挑战。因此，中央银行的金融监管要有利于保证货币政策的顺利执行，增强对基础货币的管理能力。同时，在发行电子货币时，要保证金融业向中央银行进行及时反馈，确保调节手段及时准确地传递和实施。

三、互联网金融监管的必要性

互联网金融的出现，改变了金融交易的范围、人数、金额和环境，交易量的猛增、换手率的猛涨，使金融系统性风险增大。

在交易额只有几千元、几万元的情况下，许多人会把方便看得最重要，因为即使这些钱全丢了，也不一定影响到自己的生活。对于从事互联网放贷的金融机构，也大致如此：只要每一笔贷款投资数额很小，“大数定律”使金融机构能够通过在众多项目上都进行投入来化解单项投资的损失。但这些“小额”互联网金融也只能停留在“小额”，而上升到几十万元、几百万元的金额时，人们不见面就交给“机器”去帮自己理财的可能性则会大大减少。很难想象，在存在严重诚信危机的社会里，基于抽象机器的互联网金融能够让人们放心到不再需要传统银行、不再需要传统金融机构的面对面交往。即使今天许多人没有认识到这一点，而未来一场小小的金融危机就会提醒

甚至教训他们认识这一点。

当金融交易的受众范围太大、参与交易的人数太多时，在金融市场“星星之火可以燎原”的概率就会大增，不监管所引发的问题可能会超过监管本身所隐含的社会代价。在监管经济学里，一般哲学认为：如果金融交易或其他交易涉及的人数和地理范围非常有限，那么政府就不应该监管。交易人数就几十人、几百人，当然不需要官员指手画脚，监管能带来的坏处可能会超过好处。可是，当金融交易的人数达百万、千万甚至几亿时，如果金融交易出现问题，很容易变成一个大的社会问题、政治问题。随着参与交易人数的增加，监管的必要性也随之增强。

四、互联网金融监管的原则

对于互联网金融这个“新事物”，金融监管总体上应当体现开放性、包容性、适应性，同时坚持鼓励和规范并重、培育和防险并举，维护良好的竞争秩序，促进公平竞争，构建包括市场自律、司法干预和外部监管在内的三位一体的安全网，维护金融体系稳健运行。秉承这样的理念提出以下互联网金融监管的原则：

（一）互联网金融监管应体现适当的风险容忍度

一方面，对于互联网金融这样一种新出现的金融业态，需要留有一定的试错空间，过早的、过严的监管会抑制创新。美国经济学家斯莱弗认为，任何制度安排都需要在“无序”和“专制”两种社会成本之间权衡。如果P2P网络借贷和众筹均能够坚持单笔交易金额小、人数少的业务模式，那么应该用私人秩序和司法来规范。P2P网络借贷等无区域性、系统性影响自然退出，是市场的一种自我淘汰机制，对整个互联网金融的长期有序发展未必是坏事。另一方面，整个互联网金融行业可以在摸索中寻找道路，但不能犯致命性错误，整体风险必须在可控范围内。因此，监管的良好目标应是：既要避免过度监管，又要防范重大风险。

（二）实行动态比例监管

金融监管在中文和英文中都是一个很模糊的概念，需要进一步厘清。从松到严，金融监管可以分为市场自律、注册、监督、审慎监管四个层次。除此之外，法律本身也具有规范市场主体行为的监督约束作用，可以视为一种广义的监管。违反法律的金融机构，可由司法机关负责处理。典型的例子是，香港小贷机构的监管就是由警务处负责。

金融监管部门应当定期评估不同互联网金融平台和产品对经济社会的影响程度和风险水平，根据评估结果确定监管的范围、方式和强度，实行分类监管。对于影响小、风险低的互联网金融平台和产品，可以采取市场自律、注册等监管方式；对于影响大、风险高的互联网金融平台和产品，则必须纳入监管范围，直至实行最严格的监管，从而构建灵活的（而不是僵化的）、富有针对性与有效性的（而不是笼统与无效的）互联网金融监管体系。评估应定期进行，监管方式需要根据评估结果进行动态调整。

（三）原则性监管与规则性监管相结合

在原则性监管模式下，监管当局对监管对象以引导为主，关注最终监管目标能否实现，一般不对监管对象做过多、过细的要求，较少介入或干预具体业务。而在规则性监管模式下，监管当局主要依据成文法规定，对金融企业各项业务内容和程序做出详细规定，强制每个机构严格执行，属于过程控制式监管。一方面，互联网金融监管必须在明确监管目标的基础上，实现“原则”先行。监管原则应充分体现互联网金融运营模式的特点，给业界提供必要的创新空间，同时指导和约束运营者承担对消费者的责任。另一方面，要在梳理互联网金融主要风险点的基础上，对互联网金融中风险高发的业务和交易制定监管规则，事先予以规范。原则性监管与规则性监管的结合，有助于在维护互联网金融的市场活力与做好风险控制之间实现良好平衡，促进其可持续发展。

（四）防止监管套利，注重监管的一致性

监管套利，是指金融机构利用监管标准的差异或模糊地带，选择按照相对宽松的标准发展业务，以此降低监管成本，获取超额收益。互联网金融提供的支付、放贷等服务与传统金融业相仿，如果二者执行不同的监管标准，则会引起不公平竞争。事实上已经有持牌金融机构提出：为什么同样都提供支付服务或者从事贷款业务而受到的监管却不一样？为确保监管的有效性，维护公平竞争，在设计互联网金融监管的规则时，应确保两个“一致性”：一是不论是互联网企业还是传统的持牌金融机构，只要其从事的金融业务相同，原则上就应该受到同样的监管；二是对互联网金融企业线上、线下业务的监管应当具有一致性。

（五）关注和防范系统性风险

互联网金融的发展对于系统性风险的影响具有双重性，这应当是金融监管机构关注的焦点。一方面，通过增加金融服务供给、提高资源配置效率、推进实体经济可持续发展等，互联网金融的发展有助于降低系统性风险；另一方面，互联网金融也可能会放大系统性风险。互联网金融准入门槛低，可能会使非金融机构短时间内大量介入金融业务，降低金融机构的特许权价值，增加金融机构冒险经营的动机。互联网金融的信息科技风险突出，其独有的快速处理功能，在快捷提供金融服务的同时，也加快了相关风险积聚的速度，极易形成系统性风险。此外，某些业务模式还存在流动性风险。例如，互联网直销基金1周7天、1天24小时都可以交易，但货币市场基金有固定交易时间，第三方支付平台需要承担隔夜的市场风险和流动性风险，这类“小概率、大损失”的“黑天鹅”事件对于此类模式的成败有重要影响。金融监管机构对此应当保持高度警惕，及时化解和干预。

（六）全范围的数据监测与分析

及时获得足够的信息，尤其是数据信息是理解互联网金融风险全貌的基础和关键，是避免监管漏洞，防止出现监管“黑洞”的重要手段。客观上，大数据为实施全范围的数据监测与分析，加强对互联网金融风险的识别、监测、计量和控制提供了手段。为此，监管机构需要基于良好的行业实践，提出数据监测和分析的指标定义、统计范围、频率等技术标准。例如，P2P网络借贷平台应建立经营性指标和风险性指标的定期与实时报送和分析机制。在数据监测、分析机制的建设过程中，应注意保持足够的灵活性，在定期评估的基础上持续完善，及时捕获新风险。

（七）严厉打击金融违法犯罪行为

在精心呵护互联网金融的创新精神和普惠性的同时，必须及时惩治各类金融违法犯罪行为。互联网金融发展良莠不齐，少数互联网金融企业在运营中基本没有建立数据的采集和分析体系，而是披着互联网的外衣不持牌地做传统金融，有些企业甚至挑战法律底线。例如，一部分P2P网络借贷平台脱离了平台的居间功能，先以平台名义获取资金再进行资金支配，甚至挪作他用，投资人与借款人并不直接接触，这已突破了传统意义上P2P网络借贷的范畴。为此，监管机构必须不断跟踪研究互联网金融模式的发展演变，划清各种商业模式与违法犯罪行为的界限，依法严厉打击金融违法犯罪行为，推动互联网金融健康有序发展。

在打击金融犯罪的同时，国家相关部门也应当考虑与时俱进地修改部分法律条款，支持互联网金融发展。例如，美国的《创业企业融资法案》就是通过修订法条，将需要向SEC注册并公开披露财务信息的公司股东人数从499人提高到2 000人，鼓励小企业通过众筹融资。

（八）加强信息披露，强化市场约束

信息披露是指互联网金融企业将其经营信息、财务信息、风险信息、管理信息等告知客户、股东等。准确充分的信息披露框架，有助于提升互联网金融行业整体和单家企业的运营管理透明度，从而让市场参与者对互联网金融业务及其内在风险进行有效评估，发挥市场的外部监督作用；有助于增强金融消费者和投资人之间的信任度，奠定互联网金融行业持续发展的基础；有助于避免监管机构因信息缺失、无从了解行业经营和风险状况，从而出台过严的监管措施，抑制互联网金融发展。加强信息披露的落脚点是以行业自律为依托，建立互联网金融各细分行业的数据统计分析系统，并就信息披露的指标定义、内容、频率、范围等达成共识。当前，提升互联网金融行业透明度的抓手是实现财务数据和风险信息的公开透明。

（九）互联网金融企业与监管机构之间应保持良好顺畅的沟通

互联网金融企业与金融监管机构之间良好、顺畅、有建设性的沟通，是增进相互理解、消除误会、达成共识的重要途径。一方面，互联网金融企业应主动与监管机构沟通，努力使双方就业务模式、产品特性、风险识别等行业发展中的难题达成理解，特别是对法律没有明确规定的、拿不准的环节，更要及时与相关部门沟通，力求避免法律风险。在此过程中，推进行业规则逐步健全。另一方面，建设性的沟通机制有助于推动监管当局按照激励相容的原则设计监管规则，在充分考虑互联网金融企业的运营和内部风险管理等方面的特殊性的前提下，促进监管要求与行业内部风险控制要求相互一致，降低互联网金融企业的合规成本。

（十）加强对消费者的教育和保护

强化对消费者的保护是金融监管的一项重要目标，也是许多国家互联网金融监管

的重点。要引导消费者厘清互联网金融业务与传统金融业务的区别，促进公众了解互联网金融产品的性质，提升风险意识。在此基础上，切实维护放贷人、借款人、支付人、投资人等金融消费者的合法权益。当前重点是加强客户信息保密，维护消费者信息安全，依法加大对侵害消费者各类权益行为的监管和打击力度。例如，针对第三方支付中消费者面临的交易欺诈、资金被盗、信息安全得不到保障等问题，应有针对性地加强风险提示，及时采取强制性监管措施。

（十一）强化行业自律

相比政府监管，行业自律的优势在于作用范围和空间更大、效果更明显、自觉性更强。今后一段时期，互联网金融行业的自律程度、行业发展的有序或无序将在很大程度上影响着监管的态度和强度，从而也影响着整个互联网金融行业未来的发展。为此，行业领头的企业必须发挥主动性，尽快带头制定自律标准，建立行业内部自我约束机制，不应一味等待政府的强制性干预。陆续成立的互联网金融协会应当在引导行业健康发展方面尽快发挥影响力，特别是要在全行业树立合法合规的经营意识，强化整个行业对各类风险的管控能力，包括客户资金和信息安全风险、IT风险、洗钱风险、流动性及兑付风险、法律风险等。

（十二）加强监管协调

互联网金融横跨多个行业和市场，交易方式广泛，参与者众多，想要有效控制风险的传播和扩散，离不开有效的监管协调：一是可以通过已有的金融监管协调机制，加强跨部门的互联网金融运营、风险等方面的信息共享，沟通和协调监管立场；二是以打击互联网金融违法犯罪为重点，加强司法部门与金融监管部门之间的协调合作；三是以维护金融稳定，守住不发生区域性、系统性金融风险的底线为目标，加强金融监管部门与地方政府之间的协调与合作。

案例 10-1 发达国家怎样监管互联网金融

从世界范围来看，互联网金融正处在起步发展阶段。根据中信建投证券整理的资料，美国、欧盟等发达国家和地区已开始不断加强和完善对互联网金融的监管，主要通过补充新的监管法律法规，使得原有的金融监管规则适应互联网金融迅速发展的需求，但总体对互联网金融发展采取谨慎宽松的监管态度。

对于网络银行，美国的监管方法是，根据网络银行的特点，补充新的法律法规，使原有监管规则适用于网络电子环境。而欧洲中央银行则要求各成员国的国内监管机构对网络银行采取一致性监管原则，并负责监督统一标准的实施，坚持适度审慎和保护消费者的原则。

美国没有专门针对第三方网络支付业务的法律法规，仅使用现有法规或增补法律条文予以约束。欧盟则将第三方支付机构纳入金融类企业进行监管，要求电子支付服务商必须是银行，而非银行机构则必须取得与银行机构有关的营业执照，才能从事第三方支付业务。同时，规定第三方支付机构需在中央银行设立一个专门账户，存放沉淀资金，这些资金受到严格监管，限制第三方支付机构将其挪作他用。

在美国，将网络信贷纳入证券业监管范围，侧重于市场准入和信息披露，美国证券交易委员会（SEC）要求互联网信贷平台注册成为证券经纪商，认定互联网信贷平台出售的凭证属于证券。而欧盟对网络信贷的相关立法，主要是关于消费者信贷、不公平商业操作和条件等指引性文件。

随着娱乐宝的推出，众筹被广大投资者所熟知。2012年，美国通过了《创业企业融资法案》，旨在使小型企业在满足美国证券法规要求的同时，更容易吸引投资者并获得投资，解决美国当前面临的失业问题。该法案放开了众筹股权融资，而且在保护投资者利益方面做出了详细的规定。法国众筹机构的具体业务和运作形式多样，涉及法国金融审慎监管局（ACPR）和法国金融市场监管局（AMF）两个监管部门的监管。法国财政与经济工业部目前正在研究众筹行业法律框架，预计在今年颁布实施，法国将成为第一个拥有众筹行业监管法规的国家。

资料来源：佚名. 欧美怎样监管互联网金融［EB/OL］.［2017-03-20］. http://finance.qq.com/original/caijingguancha/f1119.html. 有删减。

五、互联网金融监管的细则

互联网金融监管细则是一种统称，包含2013年75家互联网金融机构审议并通过的《互联网金融专业委员会章程》和《互联网金融自律公约》，2015年先后出台的《关于促进互联网金融健康发展的指导意见》《互联网保险业务监管暂行办法》《非银行支付机构网络支付业务管理办法（征求意见稿）》《最高人民法院关于审理民间借贷案件适用法律若干问题的规定》《非存款类放贷组织条例（征求意见稿）》，2016年8月，中国银行业监督管理委员会下发《网络借贷信息中介机构业务活动管理暂行办法》等一系列法律法规。相对于其他对互联网金融的监管，法制是保障互联网金融健康发展的最有力武器（如图10-5所示）。

图10-5　法制是保障互联网金融健康发展的最有力武器

（一）《关于促进互联网金融健康发展的指导意见》

为鼓励金融创新，促进互联网金融健康发展，明确监管责任，规范市场秩序，经党中央、国务院同意，中国人民银行等十部门联合印发了《关于促进互联网金融健康发展的指导意见》（银发〔2015〕221号），这意味着互联网金融行业将告别“缺门槛、缺规则、缺监管”的“野蛮生长”时代，进入法治化规范发展轨道。《关于促进互联网金融健康发展的指导意见》的出台，标志着互联网金融行业即将迎来一次大的洗牌，操作和管理不规范的互联网金融企业将难以生存，而正规的互联网金融企业将迎来发展的好时机。

（二）《互联网保险业务监管暂行办法》

2015年10月，中国保险监督管理委员会印发《互联网保险业务监管暂行办法》（以下简称《办法》），对互联网保险经营资质、行业发展做出界定。这是中国人民银行等十部门印发《关于促进互联网金融健康发展的指导意见》之后首个落地的互联网金融分类监管细则。

《办法》首先对互联网保险进行了定义，互联网保险是指保险机构依托互联网和移动通信等技术，通过自营网络平台、第三方网络平台等订立保险合同、提供保险服务的业务。《办法》放宽了互联网保险的业务范围，明确保险公司在具有相应内控管理能力且能满足客户服务需求的情况下，可将四类险种的互联网保险的经营区域扩展至未设立分公司的省、自治区和直辖市。

上述四类险种主要包括：人身意外伤害保险、定期寿险和普通型终身寿险；投保人或被保险人为个人的家庭财产保险、责任保险、信用保险和保证保险；能够独立、完整地通过互联网实现销售、承保和理赔全流程服务的财产保险业务；中国保监会规定的其他险种。

此外，《办法》规定，保险专业中介机构开展互联网保险的业务范围和经营区域，应与提供相应承保服务的保险公司保持一致。

（三）《非银行支付机构网络支付业务管理办法（征求意见稿）》

为规范非银行支付机构网络支付业务，防范支付风险，保护当事人合法权益，根据《中华人民共和国中国人民银行法》《非金融机构支付服务管理办法》《关于促进互联网金融健康发展的指导意见》的规定，中国人民银行2015年7月31日发布了《非银行支付机构网络支付业务管理办法（征求意见稿）》，并向社会公开征求意见。

《非银行支付机构网络支付业务管理办法（征求意见稿）》第八条提出，支付机构不得为金融机构，以及从事信贷、融资、理财、担保、货币兑换等金融业务的其他机构开立支付账户。

当前，业内大多数P2P网络借贷平台都采用第三方支付机构的账户进行托管，直接通过第三方支付平台的内部体系对资金进行划拨。而此次的征求意见稿显示，P2P网络借贷的资金存管只能是在银行完成。虽然之前有P2P网络借贷平台选择跟银行合作进行资金托管，但是进展缓慢且效率低，同时成本相对较高。

所以，P2P网络借贷的托管业务由银行开展实行，对P2P网络借贷平台而言，在资质、渠道资源、盈利能力等方面的门槛将会大大提高，成本承受力受到挑战。P2P网络借贷行业也将面临洗牌，小规模的P2P网络借贷平台将面临巨大压力，实力强以及具有国资背景的P2P网络借贷平台的前景将更加乐观。

（四）《最高人民法院关于审理民间借贷案件适用法律若干问题的规定》

《最高人民法院关于审理民间借贷案件适用法律若干问题的规定》（以下简称《规定》）全文共三十三条，主要内容包括以下方面：

1.对民间借贷的行为、主体范围、受理与管辖进行了规定

《规定》指出，民间借贷是指自然人、法人、其他组织之间及其相互之间进行资金融通的行为。《规定》从借贷主体的适用范围上与金融机构进行了区分，规定了民间借贷案件的受理与管辖，包括起诉条件、民间借贷合同履行地的确定以及保证人的诉讼地位等问题。

2.对民间借贷案件涉及民事案件和刑事案件交叉的情况做出规定

《规定》对于涉嫌非法集资犯罪的民间借贷案件，人民法院应当不予受理或者驳回起诉，并将涉嫌非法集资犯罪的线索、材料移送公安或者检察机关；对于与民间借贷案件虽有关联，但不是同一事实的犯罪，人民法院应当将犯罪线索材料移送侦查机关，而民间借贷案件仍然继续审理；借款人涉嫌非法集资等犯罪或者生效判决认定其有罪，出借人起诉担保人承担民事责任的，人民法院应予受理。

3.明确了民间借贷合同的效力

《规定》规定了自然人之间民间借贷合同的生效要件；规定企业之间为了生产、经营需要签订的民间借贷合同，只要不违反《中华人民共和国合同法》（以下简称《合同法》）第五十二条和本司法解释第十四条规定内容的，应当认定民间借贷合同的效力；企业因生产、经营的需要在单位内部通过借款形式向职工筹集资金签订的民间借贷合同有效；借款人或者出借人的借贷行为涉嫌犯罪，或者已经生效的判决认定构成犯罪，当事人提起诉讼的，民间借贷合同并不当然无效，而应当根据《合同法》第五十二条和本司法解释第十四条规定的内容确定民间借贷合同的效力。

4.对互联网借贷平台的责任承担进行了规定

《规定》规定借贷双方通过P2P网络借贷平台形成借贷关系，网络借贷平台的提供者仅提供媒介服务，不承担担保责任。如果P2P网络借贷平台的提供者通过网页、广告或者其他媒介明示或者有其他证据证明其为借贷提供担保，根据出借人的请求，人民法院可以判决P2P网络借贷平台的提供者承担担保责任。

5.关于民间借贷合同无效的认定问题

《规定》具体列举了民间借贷合同应当被认定为无效的情形，具体包括：（1）套取金融机构信贷资金又高利转贷给借款人，且借款人事先知道或者应当知道的；（2）以向其他企业借贷或者向本单位职工集资取得的资金又转贷给借款人牟利，且借款人事先知道或者应当知道的；（3）出借人事先知道或者应当知道借款人借款用于违

法犯罪活动仍然提供借款的；（4）违背社会公序良俗的；（5）其他违反法律、行政法规强制性规定的。

6.加大对虚假民事诉讼的预防和打击

《规定》具体列举了10种可能属于虚假民间借贷诉讼的行为，规定经审理发现属于虚假诉讼的，人民法院除判决驳回原告的请求外，还要严格按照《民事诉讼法》的相关规定，对恶意制造、参与虚假诉讼的诉讼参与人依法予以罚款、拘留；构成犯罪的，应当移送给有管辖权的司法机关追究刑事责任。

7.对民间借贷的利率与利息做出明确规定

具体内容包括：借贷双方没有约定利息，或者自然人之间借贷对利息约定不明，出借人无权主张借款人支付借期内利息；借贷双方约定的利率未超过年利率24%，出借人有权请求借款人按照约定的利率支付利息，但如果借贷双方约定的利率超过年利率36%，则超过年利率36%部分的利息应当被认定无效，借款人有权请求出借人返还已支付的超过年利率36%部分的利息；预先在本金中扣除利息的，人民法院应当按照实际出借的金额认定本金；除借贷双方另有约定外，借款人可以提前偿还借款，并按照实际借款期间计算利息。此外，还对逾期利率、自愿给付利息以及复利等问题做出了规定。

（五）《非存款类放贷组织条例（征求意见稿）》

非存款类放贷组织是指经营放贷业务但不吸收公众存款的机构。中国人民银行相关负责人指出，我国信贷体系的包容度仍有不足，信贷资源配置不平衡，针对小微企业、“三农”和中低收入人群的金融服务还存在短板。制定本条例有利于完善多层次信贷市场，为发展普惠金融提供制度基础，也有利于规范民间融资、打击非法集资，加强对金融消费者的权益保护。

（六）《网络借贷信息中介机构业务活动管理暂行办法》

千呼万唤的《网络借贷信息中介机构业务活动管理暂行办法》（以下简称《暂行办法》）终于出台，整体上对网络借贷行业的发展带来了多重利好，为行业的健康发展给予了充分的包容和鼓励。这是里程碑式的事件，正式结束了网络借贷行业的野蛮式发展，进入监管合规发展时代。接下来会有资金存管细则，需要地方金融监管机构去备案，办理ICP证等，无论是对监管层还是平台，未来的几年都会有很多事要落实。

《暂行办法》的出台，使得整个行业有法可依，这对行业是最大的利好。而对于《暂行办法》中借款上限的规定肯定会让行业创新受到阻碍，许多企业的过桥、供应链等业务会在12个月后的执行日受到限制而无法开展，部分业务即使能做也面临无法创新的尴尬。而对单一平台限额无法满足其融资需求的借款人，他们可能会寻求多个平台融资，甚至转向民间融资渠道，这样不仅增加了借款人的融资成本，也增加了融资难度。在互联网金融平台方面，企业为了保持利润将会提升发标量，届时资产端的争夺战可能更加激烈，也不排除某些企业铤而走险多头借款。对风控数据未能共享的网络借贷平台来说，将直面新一轮挑战，也不排除部分平台因为限贷而政策性出局。

总体来说，《暂行办法》让投资端、借款端、业务发展逻辑等都回归规范和理性，让整个行业更为稳健、良性地前行。

本章小结

1.互联网金融的出现改变了金融机构及众多金融平台的服务手段，使其效率得到了很大的提高。但是，互联网有其脆弱性，风险波及范围广，破坏性强。由于我国正处于互联网蓬勃发展的初期，对互联网金融的约束性不强，因此对互联网金融进行监管极其重要。

2. 互联网金融监管是在金融自由化、网络化的背景下，金融主管机构或金融监管执行机构为保护存款人和投资人的利益，维护金融体系的安全稳定，推动经济的发展，根据金融法规对以互联网为技术手段的金融活动实施的监督管理。

3.对于互联网金融这个“新事物”，金融监管总体上应当体现开放性、包容性、适应性，同时坚持鼓励和规范并重、培育和防险并举的原则。

关键概念

互联网金融风险　互联网金融监管　金融网络化监管

知识掌握

一、单项选择题

1.互联网金融市场风险是指互联网理财或其他产品在经济环境的影响下无法实现其承诺的（　　）风险。

A.投资收益率　B.借贷利率　C.本息安全　D.资金配置

2.在原则性监管模式下，监管当局对监管对象以（　　）为主。

A.指导　B.引导　C.控制　D.约束

3.以下不属于中国金融业“一行二会”的是（　　）。

A.中国人民银行　B.中国证券监督管理委员会

C.中国银行业协会　D.中国银行保险监督管理委员会

4.对于互联网金融这一类新出现的金融业态，需要留有一定的（　　）空间。

A.违规　B.犯错　C.违法　D.试错

5.相对于政府监管，以下不属于行业自律优势的是（　　）。

A.作用范围和空间更大　　B.效果更明显

C.自觉性更强　　D.约束力更强

二、判断题

1.随着参与金融交易的人数增加，监管的必要性也因此增强。（　　）

2.金融监管机构与互联网金融企业之间是管理与被管理的关系。（　　）

3.监管是保障互联网健康发展的最有力武器。（　　）

4.P2P网络借贷平台可进行规定许可内的吸储业务和放贷业务。（　　）

5.互联网监管的良好目标应是：既要避免宽松监管，又要防范重大风险。（　　）

三、简答题

1. 什么是互联网金融风险？

2. 什么是互联网金融监管？

3. 简述互联网风险控制的途径。

4. 互联网金融监管的目的有哪些？

知识应用

一、案例分析

网络借贷信息中介机构不得从事或者接受委托从事的活动

2016年8月17日，为加强对网络借贷信息中介机构业务活动的监督管理，促进网络借贷行业健康发展，依据《中华人民共和国民法通则》《中华人民共和国公司法》《中华人民共和国合同法》等法律法规，中国银监会、工业和信息化部、公安部、国家互联网信息办公室制定了《网络借贷信息中介机构业务活动管理暂行办法》。经国务院批准，现予公布，自公布之日起施行。

第三章　业务规则与风险管理

第十条　网络借贷信息中介机构不得从事或者接受委托从事下列活动：

（一）为自身或变相为自身融资；

（二）直接或间接接受、归集出借人的资金；

（三）直接或变相向出借人提供担保或者承诺保本保息；

（四）自行或委托、授权第三方在互联网、固定电话、移动电话等电子渠道以外的物理场所进行宣传或推介融资项目；

（五）发放贷款，但法律法规另有规定的除外；

（六）将融资项目的期限进行拆分；

（七）自行发售理财等金融产品募集资金，代销银行理财、券商资管、基金、保险或信托产品等金融产品；

（八）开展类资产证券化业务或实现以打包资产、证券化资产、信托资产、基金份额等形式的债权转让行为；

（九）除法律法规和网络借贷有关监管规定允许外，与其他机构投资、代理销售、经纪等业务进行任何形式的混合、捆绑、代理；

（十）虚构、夸大融资项目的真实性、收益前景，隐瞒融资项目的瑕疵及风险，以歧义性语言或其他欺骗性手段等进行虚假片面宣传或促销，捏造、散布虚假信息或不完整信息损害他人商业信誉，误导出借人或借款人；

（十一）向借款用途为投资股票、场外配资、期货合约、结构化产品及其他衍生品等高风险的融资提供信息中介服务；

（十二）从事股权众筹等业务；

（十三）法律法规、网络借贷有关监管规定禁止的其他活动。

资料来源：中国银行业监督管理委员会．网络借贷信息中介机构业务活动管理暂行办法［EB/OL］．［2016-08-24］．http：//www.cbrc.gov.cn/govView_37D312933F1A4CECBC18F9A96293F450.html．有删减。

分析探讨：《网络借贷信息中介机构业务活动管理暂行办法》第三章第十条所提出的“十三不准”，对目前网络借贷平台的冲击是空前剧烈的，请根据所学到的互联网金融知识及有关的案例，分析“十三不准”对网络借贷平台带来的具体影响。

要求：

1.将本班学生组成金融活动小组，以金融活动小组为单位，对题目认真分析并做准备，列出发言提纲。

2.教师巡视课堂进行指导，然后各金融活动小组选派一位代表将分析结果向全班陈述。

3.全班同学以自由发言的形式对各小组的发言进行讨论，再由教师点评。

二、专项实训

［实训题目］

根据所学知识，上网查询互联网金融风险的案例，撰写案例分析报告。

［实训要求］

1.针对案例进行风险背景、风险来源、风险类型、风险预防、风险监管等方面的分析。

2.可以重点分析某一方面，也可以进行全面的分析。

主要参考文献

[1] 马化腾，张晓峰，杜军，等．互联网+：国家战略行动路线图［M］．北京：中信出版集团，2015.

[2] 阿里研究院．互联网+：从IT到DT［M］．北京：机械工业出版社，2015.

[3] 谢平，邹传伟．互联网金融模式研究［J］．金融研究，2012（12）：11-22.

[4] 张进，姚志国．网络金融学［M］．北京：北京大学出版社，2002.

[5] 谢平，邹传伟．互联网金融手册［M］．北京：中国人民大学出版社，2014.

[6] 马克思，恩格斯．马克思恩格斯全集：第31卷［M］．中共中央马克思恩格斯列宁斯大林著作编译局，译．北京：人民出版社，1998.

[7] 杨青，霍炜．电子货币——互联网金融下的货币变革［M］．北京：中国金融出版社，2015.

[8] 阮一峰．电子货币特征及对货币政策影响实证研究［J］．商业时代，2008（8）：85-87.

[9] 周虹．电子货币论［M］．北京：中国人民大学出版社，2010.

[10] 陈龙．互联网小微银行监管与风险规制研究［D］．上海：华东政法大学，2015.

[11] 张爱军．互联网银行发展模式与借鉴——基于美国的经验［J］．新金融，2015（6）：61-64.

[12] 张凯，李天一，刘杨．当前互联网银行发展的思路及建议——以前海微众银行与浙江网商银行为例［J］．三峡大学学报（人文社会科学版），2016（3）：51-55.

[13] 王晓宇．互联网证券步入2.0时代［N］．上海证券报，2016-05-09.

[14] 罗艳君．互联网保险的发展与监管［J］．中国金融，2013（24）：49-50.

[15] 唐金成，韦红鲜．中国互联网保险发展研究［J］．南方金融，2014（5）：84-88.

[16] 罗明雄，唐颖，刘勇．互联网金融［M］．北京：中国财政经济出版社，2014.

[17] 中国人民银行公告〔2015〕第43号，非银行支付机构网络支付业务管理办法［S］．2015.

[18] 中国人民银行令〔2010〕第2号，非金融机构支付服务管理办法［S］．

2010.

[19] 马梅，朱晓明，周金黄，等. 支付革命：互联网时代的第三方支付 [M]. 北京：中信出版社，2014.

[20] 蒋先玲，徐晓兰. 第三方支付态势与监管：自互联网金融观察 [J]. 改革，2014 (6)：113-121.

[21] 姚余栋，杨涛. 共享金融：金融新业态 [M]. 北京：中信出版社，2016.

[22] 曾德超，张志前. 颠覆暴利：互联网思维下的金融创新 [M]. 北京：社会科学文献出版社，2015.

[23] 当代金融家编辑部. 开创者：互联网金融20人 [M]. 北京：现代出版社，2016.

[24] 许荣，刘洋，文武健，等. 互联网金融的潜在风险研究 [J]. 金融监管研究，2014 (3)：40-56.

[25] 杨东，黄超达，刘思宇. 赢在众筹：实战·技巧·风险 [M]. 北京：中国经济出版社，2015.

[26] 任昱衡. 众筹模式：募资·投资·孵化·运营 [M]. 广州：南方出版传媒，2016.

[27] 吴卫明. 互联网金融：知识读本 [M]. 北京：中国人民大学出版社，2015.

[28] 唐方杰. 大数据金融渐行渐进 [J]. 银行家，2014 (3)：18-19.

[29] 屈援，李安. 互联网金融的风险特征、监管原则与监管路径 [J]. 金融与财政研究，2014 (8)：137-141.

[30] 尹海员，王盼盼. 我国互联网金融监管现状及体系构建 [J]. 财经科学，2015 (9)：12-24.

[31] 门宇. 互联网金融风险防范策略 [J]. 现代商业，2015 (17)：169-170.

[32] 中国互联网络信息中心. 中国互联网络发展状况统计报告 [EB/OL]. [2017-02-10]. http://www.cnnic.net.cn/hlwfzyj/hlwxzbg/.

[33] 网贷之家. 中国网络借贷行业年报 [EB/OL]. [2017-03-05]. http://www.wdzj.com/news/baogao/25661.html.

[34] 全景网. 互联网证券生态发展报告 [EB/OL]. [2017-02-12]. http://www.p5w.net/stock/news/zonghe/201608/t20160805_1541247.htm.

[35] 艾格斯，麦克米伦. 互联网+方法革命 [M]. 张万洪，章小杉，译. 北京：中信出版集团，2015.

[36] 吴晓求. 互联网金融——逻辑与结构 [M]. 北京：中国人民大学出版社，2015.

[37] 盛佳，汤浔芳，杨东，等. 互联网金融第三浪：众筹崛起 [M]. 北京：中国铁道出版社，2014.

[38] 蒂尔，马斯特斯．从0到1：开启商业与未来的秘密［M］．高玉芳，译．北京：中信出版社，2015.

[39] 田原．印尼首款官方电子货币将投入使用［N］．经济日报，2019-02-26.

[40] 马红春．浅析我国互联网银行的发展现状［J］．投资与创业，2019（8）：8-9.

[41] 孙中东．Fintech时代的互联网银行建设模式［J］．银行家，2018（4）：37-39.

[42] 姜旭波．互联网银行业绩比拼，微众银行领跑［J］．金融经济，2019（11）：28-29.

[43] 廉薇，边慧，苏向辉，等．蚂蚁金服：从支付宝到新金融生态圈［M］．北京：中国人民大学出版社，2017.

[44] 陈晓勤，钱守廉，李峰．移动支付改变生活——电信运营商的移动支付创新与实践［M］．北京：人民邮电出版社，2012.

[45] 马晨明．中国支付行业的黄金时代——支付企业创始人访谈笔记［M］．北京：人民邮电出版社，2015.

[46] 刘风军，肖波．物联网与金融支付［M］．北京：电子工业出版社，2012.

[47] 曹磊，钱海利．互联网+普惠金融：新金融时代［M］．北京：机械工业出版社，2015.

[48] 翁晋阳，蔡玲．支付红利［M］．沈阳：万卷出版公司，2015.

[49] 中国电信移动支付研究组．走进移动支付：开启物联网时代的商务之门［M］．北京：电子工业出版社，2013.